卓越学术文库 ■

U0502983

新媒体传播机制及治理策略研究

XINMEITI CHUANBO JIZHI JI ZHILI CELUE YANJIU

河南省高等学校哲学社会科学优秀著作资助项目

杨 博 著

郑州大学出版社

图书在版编目(CIP)数据

新媒体传播机制及治理策略研究 / 杨博著. -- 郑州 ：
郑州大学出版社, 2024.6
（卓越学术文库）
ISBN 978-7-5773-0319-2

Ⅰ. ①新… Ⅱ. ①杨… Ⅲ. ①传播媒介 - 研究
Ⅳ. ①G206.2

中国国家版本馆 CIP 数据核字(2024)第 085756 号

新媒体传播机制及治理策略研究
XINMEITI CHUANBO JIZHI JI ZHILI CELUE YANJIU

策划编辑	孙保营	封面设计	苏永生
责任编辑	吴 静	版式设计	苏永生
责任校对	张 帆	责任监制	李瑞卿

出版发行	郑州大学出版社	地　　址	郑州市大学路 40 号(450052)
出 版 人	孙保营	网　　址	http://www.zzup.cn
经　　销	全国新华书店	发行电话	0371-66966070
印　　刷	新乡市豫北印务有限公司		
开　　本	710 mm×1 010 mm　1 / 16		
印　　张	17.25	字　　数	268 千字
版　　次	2024 年 6 月第 1 版	印　　次	2024 年 6 月第 1 次印刷

书　　号	ISBN 978-7-5773-0319-2	定　　价	86.00 元

前　言

当今时代,互联网高速发展,新媒体技术既给传统媒体带来了冲击,也给信息传播的发展提供了巨大潜力。数字化转型已经成为目前我国新型主流媒体谋求生存与发展的共识。在此背景下,我们就新媒体传播机制以及相关治理策略进行了探讨和研究。

新媒体具体指什么? 怎样定义新媒体? 到目前为止,学界业界还没有一个共同认可的界定。在本书中,作者尝试从时间性、物质性和技术性三个维度对新媒体进行相对客观的界定。概括而言,新媒体指利用数字技术、网络技术、移动通信技术和智能技术,通过互联网、宽带局域网、无线通信网等渠道,以电视、计算机和移动终端等为主要输出终端,向用户提供视频、音频、语音数据服务等集成信息和娱乐服务的所有新的传播手段或传播形式。

"新媒体"这个词本身跨越了多个历史时期。在国外,这个词的缘起可以追溯到 20 世纪 60 年代,但在中国,新媒体与互联网这两者在很大程度上是重叠的,很多时候人们不会去做区分。本书也没有严格区分这两个概念,在谈及一些总体现象时,更倾向于使用新媒体这个词,而在分析一些具体情境和应用时,比较多地使用网络、互联网等词。

本书是在广泛参考国内外相关教材与学术文献的基础上,结合丰富的媒体发展和新闻生产实践案例形成的理论研究成果,内容涵盖新媒体传播发展概况、新媒体传播的技术依托、新媒体传播的主体构成、新媒体传播模式形成的分析、浅论新媒体传播的转型与革新、新媒体传播过程中的问题探析、新时代中国新媒体传播模式研究等丰富的新媒体传播相关知识,在体例上采取理论与案例、文字与图表、介绍与解读相结合的方式,使本书立足现实,兼具拓展性和创新性,方便读者理解。

本书的讲解提纲挈领、深入浅出,知识点选取得当、难度适中,既可作为

1

新闻传播类专业的高职高专、本科新媒体传播相关课程教学用书,亦可供新媒体行业的从业者、研究者以及关注新媒体行业的其他社会成员学习参考。

本书是探路之作,在写作过程中,作者借鉴了国内外新媒体学者或机构近几年出版或刊登的相关成果,在此表示感谢。由于时间仓促,而作者水平有限,书中不足和错误之处在所难免,恳请读者批评指正。

本书是 2020 年河南省哲学社会科学规划项目"网络圈群现象与舆情疏导机制研究"(项目编号:2020BXW016)、2021 年度河南省高等学校人文社会科学研究项目"大数据时代网络社交行为中价值取向多元化透视及引导策略研究"(项目编号:2021-ZZJH-502)的阶段性成果。

目 录

第一章
新媒体传播发展概况

第一节　新媒体的定义

什么是新媒体？怎样定义新媒体？学界到目前为止并没有一个统一的界定。一般来说，新媒体是一个与传统媒体相对的概念，是继电视、广播、报纸等传统媒体之后发展起来的新型媒体形态。

1967 年，美国哥伦比亚广播电视网（CBS）技术研究所所长 P. 戈尔德马克在商品开发计划中首次提出了与电子录像相关的商品计划书，他将其称为新媒体。新媒体一词的推广归功于美国传播政策总统特别委员会主席 E. 罗斯托。1969 年，E. 罗斯托在向尼克松总统提交的报告书中多次提到"new media"这一概念，使"新媒体"一词在美国社会广泛传播，随后快速扩展到全世界，并沿用至今。

近年来，"新媒体"这个词逐渐被广泛使用，用来描述数字信息技术迅猛发展和新兴媒介形态的出现，作为这些新兴媒体的总称。人们常用"新媒体"一词来指代出现在传统媒体之后的新兴媒体，或描述其带来的传播环境变化。

虽然如此，国内外对于"新媒体"的定义始终存在分歧。一些学者认为试图对"新媒体"下定义是毫无意义的。相比之下，理解新媒体的概念比准确定义更为重要。面对各种不同的新媒体定义，人们可能无法立即达成共识,但至少可以通过这些定义来全面了解什么是新媒体。

在严格意义上,我们认为"新媒体"并不是一个科学的概念。因为"新"是相对于"旧"而言的,任何事物在刚出现时都是新的,随着时间的推移,"新"和"旧"的界限逐渐模糊,最终消失;所以本书尝试从时间性、物质性和技术性三个方面对"新媒体"作出相对客观的定义,以便更准确地描述该概念。

一、"新媒体"是一个时间性概念

传媒作为传播媒介,随着技术的发展一直在不断演变。起初,口头传播和结绳记事是主要传播方式。后来,文字的出现和印刷术的发明使书籍传播普及化。近代以来,新闻报业兴起,广播和电视等电子媒体也不断发展。如今,以数字和网络技术为支撑的新媒体兴起。媒介形态一直在不断发展演化中。因此,"新媒体"一词只是与"旧媒体"对比而产生的时间和历史概念。从这个角度来看,本书定义的新媒体指的是相对于传统媒体如广播、电视、电影、报刊等而言的新媒体形态。然而,需要指出的是,并非所有新兴媒体都可以称为新媒体,只有在支撑技术或传播方式与传统媒体相比有实质性变化时,才能被视为新媒体。

二、"新媒体"是一个物质性概念

在数字化时代,收音机、电视机、手机和计算机等各类媒介终端可被称为"媒介物",而其承载的信息内容、媒体软件或信息服务方式则可称为"数码物"。对于广播、电视等传统媒体,其媒介物和数码物在名称的使用上一般相同,如广播、电视既能指代媒介终端,又能指代媒介内容(看电视、听广播)。因此,我们往往会忽视对传统媒体的物质性探讨。由于新媒体终端和服务的扩充,其物质性则要复杂一些。首先,出现媒介物与数码物并非完全对应的情况:作为新媒体的媒介物可能承载多种数码物,如智能手机包含各种算法、程序、软件、网页等;一种数码物也可能存在于多种新媒体媒介物之中,如同样是微信,它可以在智能手机、计算机、平板电脑等多个媒介物上使用。其次,媒介物和数码物的类型都在飞快增长,媒介物和数码物的分离和组合使新媒体形态不断丰富：一方面，新的媒介物作为新媒体被凸显，如智能手机、智能音箱、智能可穿戴设备；另一方面，数码物作为新媒体形态不断增多，如新闻客户端、微博、搜索引擎和智能音频。最后，不同媒体形态之间不再完全区隔，除功能的可连接性之外，我们还能从物质性角度将一定范围的新媒体划分层级，如"智能手机—微信—小程序"（层级为从高到低），可以看出，这类划分不仅连接起了媒介物和数码物，而且使我们能直观地探究不同尺度下的新媒体形态。总之，新媒体是物质性的，不论是电视、智能手机、智能可穿戴设备等媒介物，还是微信、微博、小程序等数码物，它们都是新媒体形态的一员。

三、"新媒体"是一个技术性概念

目前，新媒体是指利用数字、网络、智能和移动通信等技术向用户提供信息服务的一系列新工具或手段。在这个信息无处不在的时代，新媒体的种类不断增加。这些新媒体可以是新的形式，也可以是新的硬件、软件或服务方式。总的来说，新媒体已成为获取信息和交流的重要途径。

由此可见，新媒体是利用数字技术、网络技术、移动通信技术和智能技术，通过互联网、宽带局域网、无线通信网和卫星等渠道，以电视、计算机和移动终端等为主要输出终端，向用户提供视频、音频、语音数据服务、社交服务、休闲游戏、远程办公、在线教育等集成信息和娱乐服务的所有新的传播手段或传播形式的总称。

第二节　新媒体的基本特点

一、微传播

在新媒体环境中，技术共享主体使用短小的多媒体内容对特定用户进行信息传递，呈现出多层级、裂变性、碎片化和交互式的特点，形成了微传播。微传播包括微媒体形式(如微博、微信)和微内容形态(如微电影、短视频),甚至引领了微生活方式(如微社交、微支付)。微传播带来了深刻的变化,影响着人们的表达方式、内容、社会文化和组织方式等多个方面。在社会文化层面,微传播开启了一个以短小精悍为特征的"微时代"。

二、交互性

新媒体的显著特点是交互性。相较于面对面或电话交流,传统大众媒体如报纸、广播和电视通常是单向的,信息传播的交互性有限。然而,互联网和移动互联网的普及使得人们可以通过便宜且方便的渠道成为信息的接收者和发送者,实现信息的双向交流。新媒体赋予了参与个体在信息交流中的自主权,使其对信息的控制具有平等性,可以选择性地交流信息,进行互动行为如点赞、转发、分享、发送弹幕等。随着 VR/AR、可穿戴设备等技术的发展,未来用户可以进入沉浸式传播状态,实现更深层次的互动,交互将变得更加自然。在新媒体环境中,交流双方能够实现信息的互相交互传播,这是互联网和新媒体的重要特点。

三、具身性

现代新媒体利用互联网和通信卫星连接全球电脑,消除了地理限制。只要有信息接收设备,就能够在任何地方接收新媒体传播的信息。移动互联网的快速发展更是提高了用户即时接收信息的能力,加速了新媒体摆脱有线网络的限制。新媒体缩短了信息交互传播的速度,甚至实现了即时传播的"零时间"效果。早期网络社区和现代社交媒体(如微信)打破了时空限制,促进了信息的交互传播。在这种情况下,新媒体可以通过弥补、增强或超越身体的限制来重新塑造人的身体。例如,图形化身、虚拟现实和数字孪生等技术可以创造不同形式的身体存在。在移动办公平台上,用户可以进行在线讨论、实时视频会议和多人网络授课等活动,这是新媒体突破时空限制、实现身体存在的典型案例。

四、个性化

在新媒体环境下,用户通常拥有专属的信息终端,如手机、智能音箱等,并且这些信息终端在网络中都有固定的标识,如 IP 地址、微信号、电子邮箱、短视频账号等。在这种条件下,用户对信息具有极高的控制权,可以通过新媒体定制、选择、检索信息。此外,用户在长期使用新媒体过程中形成的信息接收习惯也会被记录,形成特定的信息接收标签。信息传播者可以根据这些信息标识和标签确定一个或多个用户向其传播特定信息,使得每个新媒体用户都可以发布和接收完全个性化的信息,从而实现大众传播向"小众传播"乃至"一对一传播"的转变。随着大数据技术、算法推荐技术、机器学习技术等的应用和发展,新媒体将变得更加智能,从而提供更加个性化的内容和服务。这将进一步增强用户的信息控制权,促进新媒体的发展和应用。

五、虚拟化

新媒体存在于数字化的虚拟空间中,以比特("0"或"1")的排列组合来表达和传播信息,因此可轻松修改和创造虚拟信息。数字技术模拟真实世界信息,包括文字、声音、影像、互动场景等,由技术人员制作而成。近年来,人工智能已广为普及,机器人记者和围棋手是新媒体虚拟性的例子之一。虚拟现实、增强现实和混合现实技术使人们能完全沉浸于虚拟环境或虚拟与现实相结合的环境中,直观呈现新媒体的虚拟特性。这些技术的应用推进了新媒体的发展,为人们带来了更加多元化和丰富的信息传播方式。

在新媒体环境中,虚拟信息传播不仅仅指信息呈现的虚拟性,还指传播关系的虚拟性。在传统媒体中,传播者和受众的身份是明确的,人们可以知道信息的来源。但是,在新媒体环境下,传播者和受众的身份大多是匿名的,他们被赋予了"虚拟角色",交流双方在这种情况下开展交流活动。因此,建立在虚拟数字信息交流基础上的人际关系也具有一定的虚拟性,这种虚拟的人际关系将会极大地改变传统社会的人际关系模型。新媒体的发展带来了更多的交流机会和方式,但同时也存在一定的匿名性和虚拟性,因此人们在使用时需要保持理性和警惕。

六、平台化

新媒体是一种具有深刻的平台化基因的传播形式。尽管被称为"新媒体"，但它已经不再局限于传播信息的"媒体"属性，逐渐演化为一个拥有多种"平台"属性的载体。因此，新媒体不仅仅是一个单纯的信息传播平台，它还包括学习教育、休闲娱乐、购物交易、移动办公、社交等多种平台属性。以论坛为例，早期的论坛已经具备了平台化的特征，因为人们在上面发布各种类型的内容。在微博、今日头条等新媒体中，平台的入驻者可以是个人或组织，如新闻媒体、企业、行政机构，还有虚拟偶像等。随着"万物皆媒"时代的到来，新媒体的应用场景将不断扩大，其平台化特征也将越来越明显。

第三节　新媒体发展历程

一、全球新媒体发展历程

对于全球新媒体发展历程的梳理是一项庞大而复杂的任务。我们认识到互联网在网络新媒体的发展中扮演着重要的基础性角色。因此，我们可以通过结合全球互联网的发展主线，并结合互联网媒介进行系统性的审视。总的来说，全球新媒体经历了六个主要阶段。在 1969 年之前，处于技术准备阶段；从 1969 年到 1985 年，进入了初步形成阶段；从 1986 年到 1995 年，进入了逐渐发展阶段；从 1995 年到 2003 年，进入了规模高速扩张阶段；从 2003 年到 2009 年，出现了 Web 2.0 及媒体融合阶段；从 2009 年至今，进入了移动互联网阶段。

(一)第一阶段：技术准备阶段(1969 年以前)

从计算机学科的视角来看，互联网实际上是一个计算机网络系统。要回答关于互联网诞生的问题，我们首先需要回溯计算机的起源和发展。计算机是一种用于高速计算的电子计算器。在 20 世纪，伟大的数学家冯·诺依曼提出了电子数学计算机的基本方案。1946 年 2 月 14 日，世界上第一台电脑 ENIAC(电子数字积分计算机)在美国宾夕法尼亚大学诞生。这台计算机使用了 18 800 个真空管，长 15.24 米，宽 9.144 米，占地约为 139.35 平方米,重达 30 吨。它是一台运算速度快(每秒 5000 次加法运算)、体积庞大、能耗极高的计算机。

此后,计算机经历了从电子管数字计算机到大规模集成电路计算机的四代发展。同时,计算机也从科研和事务管理等领域走向了家庭,开启了个人计算机时代。这使得计算机普及化,并推动了互联网的发展。

随着计算机的诞生和发展,面向终端的计算机通信网络逐渐出现。这种网络的特点是将计算机作为网络的核心和控制者,终端设备分布在各个地方,形成了分层星型的结构。通过通信线路,各个终端可以共享主机的硬件资源和软件资源。然而,这种计算机系统仅限于远程通信,无法实现资源共享的功能。到了 20 世纪 60 年代,真正意义上的计算机网络阿帕网诞生并开始发展。

(二)第二阶段:初步形成阶段(1969—1985 年)

互联网的起源可以追溯到苏联和美国冷战时期。在那个时期,苏美两国的高科技和军备竞赛催生了许多新的科学技术。1958 年,美国国防部成立了高级研究计划局,旨在建立一个全球高级情报传输系统。该工程的目标之一是确保网络的稳定性和韧性,即使在战争期间,一部分失效的网络也不会影响整体通信的正常运作。互联网采用了分布式的设计理念,没有中心控制,从而实现了信息的自由流通。这种设计使得互联网具备了抗故障的能力,并保障了信息的自由传播。

在 1969 年 11 月 21 日,高级研究计划署建立了第一个计算机网络,被称为 ARPA(美国国防部高级研究计划署)网络,它仅包含两个节点。然后在同年 12 月 5 日,网络节点增加到了 4 个。随后,ARPA 网络迅速发展,到了 1981 年,节点数量已经增加到了 213 个,之后每 20 天就有一个新的节点加入网络。这种快速的节点增长使得 ARPA 网络不断扩大。

在 1977 年至 1979 年,ARPA 网络引入了 TCP/IP 体系结构和协议。在 1980 年左右,ARPA 网络上的计算机开始转换为 TCP/IP 协议,并建立了早期的互联网,其中 ARPA 网络作为主干网。在 1981 年,美国计算机网络首次使用了在线消息栏。到了 1983 年,ARPA 网络上的所有计算机都完成了向 TCP/IP 的转换。虽然 ARPA 网络在美国国内不断扩大,但它并未与美国以外的网络系统连接。然而,欧洲的科研人员开发了JANET(联合学术网络)等,并在经过一段时间的磨合后,于1984年与美国的ARPA网络相连。这一连接实现了跨国的网络互联。

(三)第三阶段:渐进发展阶段(1986—1995年)

1985年,美国国家科学基金会(NSF)采用TCP/IP协议将分布在美国各地的六个科研教育超级计算机中心相互连接,并支持地区网络,形成了美国国家科学基金会网(NSF Net)。随后,在1986年,NSF Net取代了ARPA网络成为互联网的主干网,并正式开始使用"Internet"这个名称。

在1988年,互联网开始对外开放,结束了只限计算机研究人员和政府机构使用的历史。然后在1989年,互联网开始商业化,并催生了一批提供上网服务的公司。这一时期标志着互联网的普及和商业化,使其逐渐成为广泛应用的全球性网络。

在1989年,英国科学家蒂姆·伯纳斯-李和比利时科学家罗伯特·凯利奥在欧洲粒子物理研究所(CERN)提出并构建了一种在互联网上使用超文本发布、分享和管理信息的方法。这个方法是通过一个相互链接在一起的超文本文档系统实现的,人们可以通过网络浏览器访问这些文档。在浏览器中,用户可以看到包含文本、图像和其他多媒体的网页,通过文档之间的超链接,可以从一个网页浏览到另一个网页。

同年,美国国家超级计算应用中心(NCSA)发明了一种超文本浏览器,为在互联网上查询和浏览各种信息提供了有效的工具,这就是人们现在熟知的万维网(World Wide Web)。这种创新极大地促进了信息的传播和共享,改变了人们获取和处理信息的方式。

在1990年,万维网开始在全球范围内广泛应用。万维网有两个重要特点。首先,它打破了平面文字的限制,能够展示图形、动画、声音、影像等多媒体内容,成为一种新颖的多媒体信息网络。其次,万维网采用了超文本链接技术,用于采集、存储、管理和浏览离散信息,并建立和表示信息之间关系的技术。超文本系统由存储信息的节点和信息之间的链接组成。超文本链接技术使得信息之间可以相互关联,用户通过点击链接可以在不同的信息之间跳转和浏览。这一创新大大丰富了信息的呈现形式和信息之间的连接性。

在1991年6月,商业用户首次超过学术界用户,这是网络发展史上的一个重要里程碑。随着这一时期的到来,许多商业机构开始在互联网上发布网页广告并提供各种信息。互联网的用户群体也不再局限于高校师生和计算机行业的工作人员,而是真正走入家庭生活。与此同时,各种传统大众传媒开始与互联网融合,开启了媒介传播的新时代。这一时期为互联网的商业化和普及奠定了基础,并为媒体行业带来了巨大的变革和创新。

(四)第四阶段:规模高速扩张阶段(1995—2003年)

从1995年开始,互联网进入了第四个阶段,被称为大规模国际互联网络阶段,对传统传播媒介和方式提出了巨大挑战,并以其广泛传播的优势引领着网络传播的潮流。从1995年5月起,美国国家科学基金会宣布退出互联网,并将网络运营权交给美国三大私营电信公司(Sprint、MCI和ANS),这一事件标志着互联网发展史上的重大转变。自此,美国的网络发展进入了产业化运营和商业化应用阶段。

这一阶段的互联网发展表现出三个方面的显著特点:①个人电脑迅速普及,普通人可以更广泛地接触和使用互联网;②电子商务蓬勃发展,人们开始在互联网上进行各种商业活动;③网络媒体的功能日益凸显,互联网成了传媒领域的重要平台,为新闻、娱乐等内容的传播提供了强大的支持。这一阶段的互联网快速发展推动了信息技术的普及和社会的变革。

在1973年,法国工程师弗朗西斯·热尔奈勒和安德烈·特鲁昂发明了首台个人电脑Micral,这标志着个人电脑的诞生。随后,在1975年,比尔·盖茨和保罗·艾伦创立了微软公司。1981年8月12日,IBM推出了使用英特尔x86架构和微软公司的MS-DOS操作系统的个人电脑,它可以看作现代个人电脑的原型。1985年,微软首次发布了Windows(视窗)操作系统。1993年,英特尔推出了奔腾处理器。1995年,微软发布了Windows 95,该操作系统内置了互联网功能,并在短短四天内售出了超过100万份副本。2000年,英特尔公司推出了奔腾4处理器,运行速度达到1.5 GHz,与1971年第一个英特尔芯片速度相比有了巨大的提升。个人电脑的普及为网络传播和博客的大规模发展奠定了基础。这些里程碑事件对于计算机技术的进步和个人电脑的普及起到了重要的推动作用。

电子商务利用电子信息网络进行商务活动,包括商务活动的电子化和网络化。电子商务最早出现于20世纪60年代,并在1995年后得到大规模发展。1997年5月31日,美国维萨(VISA)和万事达(Mastercard)两大信用卡组织发布《电子安全交易协议》,为网络上的电子商务提供了安全环境。欧盟和美国分别发布了《欧洲电子商务协议》和《全球电子商务纲要》,电子商务得到各国政府的重视。许多国家的政府开始实施"网上采购",为电子商务发展提供支持。电子商务经历了网络黄页、网络广告、网络销售、网络整合管理和营销、在线生产与消费五个阶段。在经济全球化时代,电子商务对各国的经济和社会发展产生深远影响。

网络媒体与传统媒体形成相互依托、共荣共存的态势。网络媒体可分为传统媒体网站和网络自生媒体。传统媒体网站是传统媒体机构在互联网上建立的网站。网络自生媒体是个人或组织利用网络工具定期制作和发布新闻的媒体,完全依托网络平台进行信息传播。互联网结合了报纸详尽深入和可保存性的特点,以及电视的视听合一和形象生动特征。互联网媒体的互动性、即时性、延展性和融合性等特点迅速对传统媒体构成巨大挑战,同时也为传统媒体提供新的发展空间。

1992年2月,美国总统在国情咨文中提出了建设美国国家信息基础结构(NI)的计划。该计划耗资2000亿~4000亿美元,旨在将其作为美国发展政策和产业发展的基础,并预计在20年内完成。倡议者认为,这一计划将永远改变人们的生活、工作和相互沟通方式,并对社会产生比工业革命更为深远的影响。该计划被比喻为信息高速公路,类似于欧美国家在21世纪初期兴起的高速公路建设对经济振兴的巨大作用和战略意义。美国政府拥有Internet的许多权限,但为了科技发展的需要,美国本身并没有对网络上的任何行为收取大量的权利费用(因为国际互联网是由美国政府资助研究开发的),因此许多研究机构能够以较低成本参与Internet技术与服务的研究开发,进而使Internet得以发展成为全球覆盖面最广的网络。

1992年,美国的《圣何塞信使新闻报》创办了全球第一份报纸网络版,标志着各类传统媒体开始进军互联网。发达国家的网络报纸经历了三个发展阶段。①1995年的电子版阶段,报纸将印刷版的内容原封不动地搬上网。

②1996 年的超链接阶段,通过在文本中建立关键字的链接,实现信息之间的直接关系。网络版上还提供了电子论坛、聊天室、邮件列表等服务,实现双向交流。③1997 年的网络专用新闻阶段,报纸的网络版与印刷版相对独立,设有专门的新闻人员和技术人员负责网络版的工作。网络版提供独家的新闻报道,并初步具备多媒体报道的特点。许多报业集团开始发展门户网站。《纽约时报》等报纸与商业公司合作建立了门户网站,提供访问者所需的各种内容,包括突发新闻报道、即时股市行情、电子商务、免费电子邮件,甚至提供网上婚庆服务,等等。

1993 年,大学生马克·安德里森和埃里克·比纳根据万维网的理念开发了网络浏览器"Mosaic"。随后,马克·安德里森与合作伙伴共同创办了 Netscape 公司,将"Mosaic"发展成为 Netscape 浏览器。万维网技术的应用降低了互联网的使用门槛,使上网不再局限于技术人员。互联网逐渐成为广受欢迎的通信和信息交流工具。

在线广播是通过国际互联网传播数字化音频视频信息的一种形式,是网络传播多媒体内容的重要方式,也是电台和电视台在网络上发展的重要方向。1995 年 8 月,美国广播公司(ABC)首次利用互联网进行全球广播。1996 年 7 月,美国全国广播公司(NBC)与微软公司合作建立了全天 24 小时有线新闻频道的网站(MSNBC)。英国广播公司(BBC)于 1997 年 9 月推出了网络频道。美国有线电视新闻网(CNN)的网络版"CNN Interactive"成为世界上最繁忙的新闻网站之一。自 1997 年以后,许多记者开始专门为互联网采编新闻,允许用户参与新闻报道,实现多元化和动态互动。

1997 年 9 月,美国之音(VOA)通过多种渠道发布了一则消息,宣布他们将从 10 月 1 日起提供一项新的服务,即通过电子邮件将每天的重大新闻、突发事件和趣味消息发送到用户的电子信箱。如果用户或他们的朋友对这项新的资讯服务感兴趣,可以将他们的电子信箱告知美国之音。这标志着网络新闻订阅的起步。

1998 年,美国总统克林顿与莱温斯基的绯闻成为全球媒体关注的焦点。这一爆炸性新闻最早是由年轻人马特·德鲁吉在他的个人网站上发布的。当时,德鲁吉得知《新闻周刊》一名记者写了一篇关于克林顿与莱温斯基关系的报道,但该报道被编辑部拒绝发布。于是,德鲁吉迅速将该报道发布在自己的网站上。这一事件使德鲁吉声名大噪,同时也成为网络媒体首次向传统媒体发起严峻挑战的例子,充分展示了网络媒体的传播优势。2001年9月11日,美国遭受了世贸大楼恐怖袭击。博客在这一事件中成为重要的信息来源,逐渐进入主流社会的视野。

(五)第五阶段:Web 2.0 及媒体融合阶段(2003—2009 年)

自2003年起,互联网进入了被称为"Web 2.0"时代,此前的网络应用方式被称为"Web 1.0"。Web 1.0 时代的主要特点是用户通过浏览器获取信息,而 Web 2.0 更加注重用户的互动参与,用户不仅是网站内容的消费者,也是内容的创造者。

Web 2.0 的概念起源于2004年3月美国 O'Reilly 公司与 Media Live 公司的一次头脑风暴会议。会议上,O'Reilly 公司副总裁戴尔·多尔蒂提到互联网的重要性,指出新的应用程序和网站正在以令人惊讶的规模涌现出来。那些幸免于网络泡沫的公司都具有相似的模式,这表明互联网正在经历一种新的变革。戴尔·多尔蒂与公司总裁提姆·奥莱理创造性地提出了 Web 2.0 的概念,该概念基于分析这些新技术和新型网站的模式而得出。

他们在后续文章中解释了 Web 2.0 的概念:互联网被视为跨设备的平台,应用程序通过不断更新的服务方式,利用平台内在优势进行传递。个人用户通过组成群体贡献自己的数据和服务,同时允许他人聚合,以达到用户越多、服务越好的目的。这种"参与架构"创造出具有丰富用户体验的网络效应。网络传播的外部环境也发生了革命性的变化,2003年开始,手机媒体作为新媒体的代表异军突起,进一步融合了传统媒体和网络的优点,具有很强的便携性,能直接搜索网上信息。新媒体是指利用数字技术、网络技术和终端向用户提供信息和娱乐服务的传播形态,《连线》杂志将其定义为"所有人对所有人的传播"。

"媒介融合"概念最早由美国马萨诸塞州理工大学的伊契尔·索勒·普尔教授在20世纪80年代提出,旨在描述各种媒介呈现的多功能一体化的趋势。根据美国新闻学会媒介研究中心主任安德鲁·尼彻森的定义,媒介融合是"印刷的、音频的、视频的、互动性数字媒体组织之间的战略的、操作的、文化的联盟"。2003 年,美国西北大学的戈登将美国当时存在的五种"媒介融合"类型总结为技术融合、产品融合、业务融合、市场融合和组织融合。2004 年,日本和韩国分别提出了"Ubiquitous Japan"及"Ubiquitous Korea"计划,而"ubiquitous"这个英文单词来源于拉丁语,意为"普遍存在的,无所不在的"。此概念最早由已故的美国施乐帕克研究中心(XeroxPARC)的马克·维瑟(Mark Weiser)博士提出。在 1988 年,马克博士首次提出了"ubiquitous computing"的概念,他认为"电脑在我们没有意识到它存在的时候,已经融入了我们的生活中"。此后,日本学者衍生出了"ubiquitous network"(无所不在的网络)的概念,认为人们在没有意识到网络存在的情况下,能够随时随地地通过适合的终端设备上网并享受服务。这些计划和概念旨在实现信息技术的无所不在,让人们无论在何时何地都能够接触到信息并受益于此。

"无所不在的网络"有三个要求:①提供永远在线的宽带接入;②连接各种信息设备(包括移动电话、PDA、游戏机、汽车导航系统、数字电视机、信息家电、RFID 等);③实现对信息的综合利用(包括处理文本、数据、静态图像、动态图像和声音,实现安全的信息交换和商务交易,同时满足用户的个性化需求)。这些要求旨在实现信息技术的全面覆盖,让人们无论在何时何地都能够接触信息并受益于此。

(六)第六阶段:移动互联网阶段(2009 年至今)

移动互联网(mobile internet,MI)是一种新兴业务,通过智能移动终端以及移动无线通信方式获取业务和服务,包含终端、软件和应用三个层面。终端层包括智能手机、平板电脑、电子书、MID(移动互联网终端)等;软件包括操作系统、中间件、数据库和安全软件等;应用层包括休闲娱乐类、工具媒体类、商务财经类等不同应用与服务。未来,LTE(长期演进)和 NFC(近场通信)等网络传输层关键技术也将被纳入移动互联网的范畴。移动互联网将移动通信和互联网二者结合起来,成为一体。它们都是当今世界市场潜力最大、前景最诱人的业务,增长速度超出预期。因此,可以预见,移动互联网将会创造经济神话。

长期以来,人们对移动互联网并不了解,往往用过去的经验去看待它,将其定位为互联网的延伸和补充,是互联网的一个组成部分。在这样的思路下,移动互联网的形态和商业模式都自然地想要从互联网中搬过来,例如,2001 年 10 月第一个 3G 网络商用。这种思维方式无处不在,渗透到了移动互联网的各个领域,也渗透到了新媒体领域。在当今的中国,乃至全世界,没有一个商业上非常成功的新媒体,大部分传统媒体向新媒体转型都不算成功,很大程度上就是这个原因造成的。

移动互联网是什么? 尽管移动互联网和互联网有很大的关联,甚至带有互联网的基因、流着互联网的血液,但它并不等同于互联网,而是一种新生命的网络形态。移动互联网将超越互联网,超越那些已经成为定势的思维和模式,成为一种全新的网络形态。

当前,全球移动互联网用户总数已超过 10 亿。这意味着移动互联网正在或者已经改变着地球上六分之一人类的信息接收、处理方式,人际交往方式等与生活相关的方方面面。然而,仍有 50 亿人未接入移动互联网。正如2014 全球移动互联网大会(GMIC)所探讨的话题,下一个 50 亿才是真正"移动化"的未来。传统媒体需要应对当前移动互联网新媒体的冲击,同时也需要认真探讨如何在"下一个 50 亿"中找到各自存在和发展的机会。

2014 年的巴西世界杯是全球瞩目的体育赛事。根据思科的最新报告,2014 年世界杯带来了 43 艾字节 IP 流量,相当于所有巴西人三个月产生的总流量。此外,巴西世界杯也是社会化媒体和大数据的"世界杯"。在世界杯期间,Facebook(脸谱网) 活跃用户达到 10 亿,Twitter(推特) 月活跃用户超过 25 亿。在德国与巴西半决赛中,Twitter 创下了 58 万条相关推文每分钟的最高纪录,半决赛给 Twitter 带来了 3560 万条相关推文的新纪录。在世界杯过半的时候,Facebook 上的相关互动量突破了 10 亿条,创下了全球最大社交网站的新纪录。在中国微博空间,1.05 亿用户创造了 14.92 亿互动量,其中9.14 亿讨论量,相关话题总阅读量高达 297.5 亿。央视女主持刘语熙成为世界杯期间微博上最热门的人物,与她有关的话题"乌贼刘"阅读量突破3 亿成为微博最热话题。

从全球新媒体的概况来看,根据《2014 年全球社会化媒体、数字和移动业务数据洞察》,2014 年 1 月,全球互联网用户数量超过 24.85 亿,互联网普及率达到 35%,社交网络活跃用户数超过 18.57 亿,社交网络普及率达到

26%,移动用户数超过 65.73 亿,移动业务普及率达到 93%。

从新媒体产业来看,根据经济咨询公司 Oxera 的报告,全球网络工业每年的产值已经达到 2700 亿美元。2013 年,中国网络经济整体规模达到 6004.1 亿元人民币,同比增长 50.9%,其中移动互联网经济规模达到 1083 亿元人民币。2017 年,网络经济规模达到 17 231.5 亿元人民币。

二、中国新媒体发展历程

回顾中国新媒体发展历程,同样遵照对全球新媒体发展历程的基本思路,可以清晰地看到中国的发展历程基本是对全球发展历程的参照。在历史机遇上,中国更好地抓住了互联网全球化的机遇。从互联网在中国诞生到今天,所用时间远远少于美国等传统互联网初期强国。

1994 年 4 月 20 日,中国通过一条 64K 的国际专线全功能接入国际互联网,刻下了进入互联网时代的起始点。这一天,中国成为国际互联网大家庭中的第 77 个成员,是中国互联网发展史上的"开天辟地"之举。当时,中国互联网的发展历程曲折,发出第一封电子邮件历时 7 天,而今天,我们已经无法想象那个时候的情景。

中国互联网从边缘落后到奋起追赶,取得了惊人的发展成就。如今,中国互联网正在发生的一切,已经远远超出了当年"中国互联网之父"钱天白教授的设想。新技术层出不穷,新应用、新设备令人眼花缭乱。中国互联网已经成为全球互联网的重要组成部分,并开始在世界舞台上崭露头角。

根据国内著名新媒体研究学者闵大洪和方兴东等的研究,中国新媒体发展历程可划分为四个阶段:中前阶段(1994 年前)、互联网 1.0 阶段(1994—2001 年)、互联网 2.0 阶段(2001—2009 年)、互联网 3.0 阶段(2010 年至今)。每个阶段都有不同的特点和发展趋势,中国互联网的传播格局也差不多每 5 年就发生一次重大变化。

在互联网 1.0 阶段,中国互联网奠定了网络媒体的地位,这个阶段的代表应用是门户网站,如新浪、搜狐、网易等。在互联网 2.0 阶段,自媒体成了主流,各种社交媒体和短视频应用出现,用户可以通过自己的账号发布内容。而在互联网 3.0 阶段,社会化媒体和媒体社会化成了新的趋势,用户可以通过社交媒体和智能设备与媒体互动,形成了一种新的传播格局。

互联网传播的每一次"升级",都是在新技术的引领下出现新的应用和新的业态,进而使整个格局和市场发生变化。随着互联网进入 3.0 阶段,我们已经全面进入了光纤宽带时代、移动互联网时代、后 PC 时代、云计算时代和大数据时代。未来,随着新技术的不断发展和应用,中国新媒体的发展前景将会更加广阔。

中国互联网的发展历程是一个多元化、复杂的过程,不同的人有不同的看法。然而,不可否认的是,中国互联网已发生了翻天覆地的变化。从技术工具到网络媒体,再到网络社会,中国互联网已经实现了历史性的转变。

如今,互联网已经与社会互相嵌入、共生互促,成了像日常生活中的水、电一样的基础性社会资源。互联网不仅改变了人们的生活方式,也改变了商业模式、政府管理、文化传承等方方面面。互联网已经成为推动经济发展、促进社会进步的重要力量。

(一)第一阶段:史前阶段(1994 年前)

在 1994 年之前,中国互联网处于史前阶段。早在 1986 年,中国启动了学术网项目,通过卫星链路远程访问日内瓦的主机节点。1987 年,中国从本土经由意大利和德国的互联网路由节点发出了第一封电子邮件。1990 年,我国注册登记了顶级域名". CN",标志着中国互联网的发展迈出了重要一步。1993 年,中科院高能物理所租用美国卫星链路接入美国能源网,进一步推动了中国互联网的发展。最终,在 1994 年 4 月初,中国互联网得到美国国家科学基金会(NSF)的认可,正式开启了中国拥抱全球互联网的时代。然而,在这个时期,由于互联网初期的技术门槛较高,资源极为紧缺,因此只有极少数的群体,如科技工作者、科研技术人员等,使用互联网。而且使用的范围也被限制在科学研究、学术交流等较窄领域。这一时期,中国互联网的应用范围非常狭窄,远远没有达到后来的规模和影响力。

第一封电子邮件的"网络寻呼":1987 年 9 月 20 日 20 时 55 分(北京时间),中国兵器工业计算机应用技术研究所发送了中国第一封电子邮件,邮件的内容为"越过长城,走向世界"。该研究所所长李澄炯表示,这封邮件的目的就像是一个"网络寻呼",希望外界能够听到来自中国计算机网络的声音。

.CN 域名注册登记:1990 年 10 月 10 日,中国的王运丰教授与德国卡尔斯鲁厄理工学院的措恩教授商讨了中国申请国际域名的问题,并最终决定使用.CN 来代表中国。随后,在 1990 年 11 月 28 日,得到中方授权的措恩教授在德国卡尔斯鲁厄理工学院内建立了.CN 顶级域名服务器,并在互联网信息中心(SRI-NIC)进行了中国顶级域名.CN 的注册,开通了.CN 的国际电子邮件服务。到 1992 年底,中国科学院网(CAS Net)建成,CN 服务器也移入了该网络。

科学院所的学术研究需求:1993 年 3 月,中国科学院高能物理研究所通过卫星链路接入了国际互联网,为国内科学家提供了接入美国科研网络的机会。此前,该研究所自 1990 年开始向社会提供国际网络接入服务。通过卫星通信直接连接国际互联网的举措为更好地利用互联网资源奠定了基础,并提供了更为灵活的网络接入方式。1990 年以来,北京市计算机应用研究所、中国科学院高能物理研究所、华北计算技术研究所、中国电子科技集团公司第五十四研究所等科研单位先后将自己的计算机与 CNPAC(X.25)相连接。到 1993 年底,中科院中关村地区的 30 多个研究所以及北京大学、清华大学等高校全部通过光缆相互连接。随后,中科院启动了全国范围内的研究机构联网工程,并完成了将 12 个分院区域网和其他城市的研究所连接到北京广域网的工程,使得 24 个城市(包括北京)实现了互联。在 1993 年美国提出建设信息高速公路计划之后,中国也在同年提出并实施了"三金工程",即建设中国的"信息准高速国道",以更好地为经济社会发展服务。于是,中国在 1993 年底正式启动了这项国民经济信息化工程,标志着我国互联网基础设施建设的起步。

互联网进入中国的时机非常合适。1992 年,邓小平在南方谈话中提出加快改革开放的要求,鼓励大胆尝试、大胆创新。与此同时,美国的互联网热潮正在兴起。在改革开放的大背景下,中国加快了走出去的步伐,渴望与国外进行信息交流,早期互联网发展的需求就在这里产生。当时,电视是人们了解国外信息的主要渠道。然而,1993 年 10 月国务院发布的《卫星电视广播地面接收设施管理规定》和广播电影电视部于 1994 年 2 月发布的《〈卫星电视广播地面接收设施管理规定〉实施细则》规定,要求个人不得安装和使用卫星电视地面接收设施,单位必须持有许可证。这些规定的出台迫使一些科研学术工作者渴望引入更多的信息交流渠道,而互联网成为最适合的选择。

1993 年,位于美国伊利诺伊州的伊利诺伊大学国家超级计算机应用中心(NCSA)开发了"Mosaic"浏览器,对互联网浪潮起到了重要推动作用。同时,互联网的发展与中国市场经济和政治改革相互交汇。中国选择接纳和拥抱互联网是我们制度的一大突破,从一开始就在最高层确立了互联网的政治正确性,并保证了其在中国的高速、健康和顺利发展。在互联网引入中国的早期阶段,缺乏网络文化的演变和准备。中国没有参与互联网技术与网络诞生的过程,因此对这个来自外部的"舶来品",缺乏像十月怀胎、分娩阵痛和分娩之后的成就感。1991 年创刊的《华夏文摘》是全球第一份中文网络杂志,由中国电脑新闻网络(CDN)主办,由朱若鹏等海外学子组成。该杂志刊载的文章主要来自海内外中文刊物和读者投稿。香港早在 20 世纪 90 年代初期就开始提供互联网服务,成为亚洲最早提供互联网服务的地区之一。1991 年 9 月,香港中文大学首次通过专线接入美国,正式纳入全球互联网的版图。台湾于 1990 年建立了台湾学术网络(TA Net),并于 1992 年对一般用户开放服务。台湾地区的互联网发展始于 1991 年 12 月,教育部门的电算中心将 TA Net 以 64Kbps 数据专线连接到美国普林斯顿大学的 JVNCNET,正式成为互联网大家庭中的一员。国际人士在中国的信息与通信需求,海外学子对互联网的率先使用,以及港澳台地区对互联网的快速发展,都反映了中国与世界接轨、与先进文化结合的渴望。互联网作为一种"舶来品"在中国文化的包容性下,从未表现出任何的水土不服。这也难怪有人说互联网好像更是为中国的复兴和崛起准备的。

（二）第二阶段：互联网 1.0 阶段（1994—2001 年）

1994 年 4 月 20 日,标志着中国互联网的诞生。随后,清华大学等高校和科研机构等多个接入点开始连接互联网,邮电部门正式向社会开放互联网接入服务。互联网服务供应商(ISP),如瀛海威等,开始涌现,互联网创业浪潮逐渐兴起。

中国互联网创业浪潮是由 1995 年 8 月 9 日网景公司上市所引发的。当时全球网民数量约为 500 万人,美国网民占全球的 77%,是绝对的中心。与此同时,中国的互联网才刚刚起步,真正的创业氛围三四年后才形成。

自 1997 年起,以人民网为代表的门户网站逐渐建立并发展。中央级新闻门户网站如新浪、网易、新华网(原名新华通讯社网站)以及地方门户网站如上海热线、武汉热线等相继成立,开启了互联网门户时代。同时,阿里巴巴、百度、盛大、天涯社区等互联网公司相继创立。风险投资环境改善,互联网企业的融资路径逐渐明确。这一系列发展预示着中国互联网的第一次发展热潮即将到来。

中国互联网的第一次热潮源于新浪、搜狐、网易等三大门户网站的创建。1999 年 7 月,中华网成功在纳斯达克上市,融资达 8600 万美元;2000 年 1 月,在纳斯达克接近最高峰时,再次发行新股,募得令人惊讶的 3 亿美元。这次融资让风险投资看到了中国市场的巨大商机,引发了三大门户网站上市热潮,同时也催生了许多中国互联网公司的兴起。在那个时候,出现了"中国概念股"的称呼,因为直到 2000 年,中国的网民数量才突破 1000 万。这一轮浪潮完全是受到美国互联网热潮的影响而兴起的。

然而,好景不长。2000 年,随着新浪、网易、搜狐等三大门户网站相继上市,美国股市开始崩溃,股票价格一路下跌。新浪股价一度降至每股 1.06 美元,搜狐跌至每股 60 美分,而网易在上市当天就跌破发行价,最低每股仅 53 美分。曾经狂热的投资者也变得谨慎起来,甚至停止了投资。刚刚兴起的互联网行业还没有完全展开,就被迫经历了互联网的冬天,短短两年内可以说是"尸横遍野"。

这一场源自 2000 年的以科技股为主的纳斯达克股市崩盘和"网络泡沫"的破灭,使全球互联网行业陷入严重衰退,市场陷入低迷。据网络产业研究公司 Webmergers 的统计,仅在 2000 年,全球就有至少 4854 家互联网公司被并购或倒闭,形成了一系列连锁反应。互联网产业整体下滑,进入了严寒的冬天。

在第一次互联网浪潮的早期,中国互联网的发展处于探索阶段,制度管理主要采用社会化形式,属于非政府组织治理的初级阶段。1994 年,中国完成了互联网的首次全功能接入,主导者并非邮电部或其他政府部门,而是由中科院领导的中关村教育与科研示范网(NCFC 项目)。1997 年,中国互联网络信息中心(CNNIC)成立,负责域名管理,并选择设在中科院这样一个科研单位。将 CNNIC 置于学术性质的中科院,符合国际互联网惯例,有利于国际交流和参与。

早期的互联网发展由产业部门负责,而非宣传部门,这是一项不经意但重要的制度创新。这种安排确保了早期开拓阶段以发展为主的思路,采用了"先发展,后管理"的理念,为前期的探索提供了最佳保障。1997 年 2 月,国务院信息办组织了"数字化信息革命报告会",开启了中国互联网启蒙的第一课。尼古拉斯·尼葛洛庞帝首次正式访华,唤醒了政府、商业和公众各个层面对互联网的意识。在与国际互联网络实现早期互联互通之后,中国成功迈出了与国际互联网思想接轨的第一步。

1998 年,信息产业部成立,正式成为互联网产业的主管部门。1999 年,中央首次提出利用现代化信息技术加强和改进对外传播手段,并开始调研和视察新闻媒体网站,加大对新闻媒体网站建设的力度。中央宣传部、中央对外宣传办公室发布了《关于加强国际互联网络新闻宣传工作的意见》,明确了网络新闻宣传工作发展的方向,并对网上新闻信息发布提出了规范原则。同时,发布了《中国新闻界网络媒体公约》,在赋予网络媒体权利的同时,也约束了其职责。强国论坛的诞生打开了网络媒体在中国洞察和影响社会舆论的窗口。经过十余年的发展,网络媒体已成为网民获取信息的主要途径。网络媒体具有互动性和即时性等特点,逐步成为影响社会舆论的重要手段。

在 1997 年,中国队在主场迎战卡塔尔队的世界杯预选赛上,网民的热情达到了高潮。《大连金州不相信眼泪》这篇帖子迅速传播开来,并被传统媒体广泛报道和转载,引起了社会的广泛共鸣。这一事件让整个社会意识到互联网不仅仅给我们带来了上网冲浪的娱乐体验,还能够连接人与人,引发全社会的情感共鸣。对于网民来说,上网冲浪已经成为一种时尚。城市中的网络爱好者自称为"网虫",将电子邮件称为"伊妹儿",将 Java 技术称为"娇娃",而调制解调器(modem)则被戏称为"猫"。从 1999 年开始,国内互联网传播领域发生了多起重要的里程碑事件,网络作为中国第四大传媒形态的地位初步确立。新浪、搜狐、网易等门户网站以及许多新开通的网站开始涉足新闻传播领域。

(三)第三阶段:互联网2.0阶段(2001—2009年)

在互联网第二次浪潮中,中国互联网发展出了结构化编程、网络游戏和网络广告这三种盈利模式,每一项都实现了数十亿的年收入规模。到了2002年,中国互联网已经迎来了夏天的繁荣,而美国互联网才开始感受春天的温暖。这场热潮是由中国移动推动的短信SP业务所带动的,不仅使三大门户网站集体复苏,还推动了一批新兴网站的崛起。携程旅行网上市、盛大网络上市,以及一批SP公司的上市,标志着中国互联网的第二次热潮的开始。

当然,推动这股热潮达到巅峰的是2005年8月5日百度的上市。当天股价涨幅达到了353.85%,在华尔街引起了震动。随后,博客网的成功融资带动了Web 2.0热潮,成为这一轮热潮的主要主题。热潮来得非常迅猛,对于需要时间发展的Web 2.0来说,发展得太快可能会失去其本质,而资本推动下的互联网公司追求短期利益成了巨大的负面力量。Web 2.0经历了过度期望后的失望,再加上长达两年没有一家新的互联网公司在纳斯达克上市,风险投资开始冷却,长时间缺乏新的刺激。互联网第一次热潮启发了风险投资的概念和模式,第二次热潮促成了中国风险投资行业的整体形成,但新兴行业毕竟不够成熟,追涨杀跌的心态也是正常的。从2006年开始,观望的风险投资态度让中国互联网行业的数亿网民感受到寒意。

从2007年开始,网络游戏成为中国互联网的主要收入来源。2007年8月份,连业界都不太熟悉的完美时空成功上市,融资额接近两亿,这是中国互联网公司首次达到如此高的融资规模。2007年下半年,征途、金山、久游等至少四家以网络游戏为主要业务的公司相继上市,为第三次互联网热潮的开始预热,积累了更多的发展动力。

阿里巴巴的上市直接推动了中国互联网迎来了第三次更大规模的繁荣,电子商务成为其中的重要驱动力。在2007年11月6日,阿里巴巴在香港成功上市,首日股价接近每股40港元,市值超过250亿美元。这一成绩让阿里巴巴超越了在中国互联网领域领先的腾讯和百度两家公司,与市值只有 20 多亿美元的传统三大门户网站形成明显的差距,为中国互联网开创了一个全新的格局。

电子商务的崛起为中国互联网带来了更深层次和广泛的发展。尽管电子商务已经是一个旧概念和老模式,但由于受 2000 年低潮的影响,它在中国并没有成为主流热潮的中心。一些企业如 8848、当当、卓越等一直在边缘摸索,艰难发展。相比之下,美国的电子商务一直是重点发展领域,其中易贝和亚马逊成了四大互联网巨头中的两家电子商务巨头。因此,中国的电子商务热潮可以说是经过长期积累后的成果展示。同时,电子商务与传统产业的紧密结合也使得中国主流社会对其更加信任和接受,有助于改变互联网的社会影响和形象。

阿里巴巴的上市将中国推向全球竞争的高度,标志着中国首次诞生了世界级的互联网巨头,重新定义了中国互联网的地位,大大提升了投资者的想象空间。此前,腾讯和百度在上市 2 至 3 年后已经超过了百亿美元的市值门槛,但阿里巴巴的亮相规模完全达到了世界级水平。当时,全球四大互联网巨头的市值分别为谷歌(2000 亿美元)、易贝(500 亿美元)、雅虎(400 亿美元)和亚马逊(250 亿美元)。而阿里巴巴的市值已经达到了 250 亿美元,仅包括 B2B 业务,不包括备受瞩目的支付宝和淘宝。阿里巴巴的上市引起了全球的关注。到 2007 年,全球网民数量达到了 13 亿,普及率约为 20% 左右。与之相比,美国、日本、韩国以及许多欧洲国家的网民普及率已经超过了 70%。中国的网民数量达到了 1.6 亿,接近美国的 2 亿,但普及率仅为12%。这进一步增加了人们对中国互联网未来发展的期望。

谷歌、易贝、雅虎和亚马逊等互联网巨头在全球范围内布局,并以发达的美国为基础,在许多国家成为该领域的领导者。相比之下,阿里巴巴等国内网站仅仅依靠还处于互联网发展初期的中国市场。尽管中国互联网公司的市值曾一度很高,但实际上它们在全球竞争中缺乏竞争力。甚至在中国市场的创新方面,它们的核心竞争力也显得薄弱,需要更加稳固的商业模式和更具有中国特色的创新能力。因此,这些公司需要在全球范围内发展并加强与其他国际巨头的竞争,以提升其全球竞争力和创新实力。

中国互联网协会是中国互联网制度创新的重要成果之一,为中国互联网产业作出了巨大的贡献。互联网与其他行业和领域有所不同,它不仅需要不断创新和变革,更重要的是其独特的文化基因和互联网精神,崇尚自组织和自下而上的草根精神。为了让互联网顺利发展和繁荣昌盛,传统的管理方式和制度是不够的。在全球范围内,证明互联网治理最有效的方式并非通过政府,而是通过社会化的非政府组织来实现。因此,通过中国互联网络信息中心和中国互联网协会等核心机构建构社会化治理体系,虽然表面上看起来平静,但实际上发挥了不可替代的重要作用。这种社会化治理体系为中国互联网的稳定发展提供了支持和指导,确保了互联网在中国能够充分发挥其潜力,同时保护用户权益和维护网络安全。中国互联网协会的存在和运作为中国互联网产业赋予了新的动力和活力,促进了互联网与社会各个领域的融合和发展。

互联网第二次浪潮的兴起导致互联网管理的重心逐渐从产业部门转向意识形态部门。为了规范互联网文化市场和网络经营场所,相关的法规和制度不断出台。文化部(2018 年 3 月,根据《国务院机构改革方案》,组建文化和旅游部,不再保留文化部)发布了《关于加强网络文化市场管理的通知》,并在北京发生"蓝极速"网吧火灾事件后,文化部和公安部等部门对网吧进行了专项治理。随后,《互联网上网服务营业场所管理条例》开始实施。

此外,在互联网信息传播领域,实施了《互联网出版管理暂行规定》。同时,中国互联网协会发布了《中国互联网行业自律公约》,在构建良好的网络生态环境方面发挥了重要作用。这些举措旨在加强对网络文化市场的管理,规范网络经营场所,并促进互联网行业的自律和发展。

2007 年,《国民经济和社会发展信息化"十一五"规划》发布,提出了"十一五"时期国家信息化和互联网发展的总体目标,部署了主要任务,安排了重大工程,明确了保障措施,是加快推进信息化与工业化融合和贯彻落实科学发展观的重要举措。

Web 2.0 时代的到来推动了博客、BBS 等网络媒体形式的发展,使网络媒体的影响力迅速提升。网民开始主导网络文化的发展格局。2008 年是中国网络舆论的重要一年。在国内突发事件的报道中,网络媒体与西方媒体对抗,努力揭示事实真相,回击西方媒体的歪曲报道。在汶川地震等重大突发事件中,互联网在赈灾新闻报道、寻亲、救助、捐款等方面发挥了重要作用。北京奥运期间,网络视频的应用使奥运新闻传播取得了前所未有的效果。互联网凭借在汶川地震和北京奥运会等公共事件中的突出表现,赢得了社会的广泛认可,网络媒体逐渐成为中国社会的主流媒体。随着互联网影响力的增强,政府和社会也对互联网媒体越来越关注。

(四)第四阶段:互联网3.0阶段(2009年至今)

自2009年开始,中国互联网进入了即时传播的时代,Web 2.0的概念逐渐淡出,取而代之的是SNS(社交网络服务)网站的兴起,如微博和微信等。中国的互联网发展展现出了自身的特色,并在多个指标上超越美国,成为世界领先之地。中国的网民数量、宽带用户数、CN注册域名、个人电脑等方面都名列世界前茅,标志着中国互联网的崛起。腾讯、阿里巴巴等巨头公司在中国互联网行业的发展中发挥着重要作用,其市值也居于世界前列,这进一步证明了中国互联网的实力和影响力。中国互联网的繁荣和创新不断推动着全球互联网的发展。

经过近半个世纪的发展,互联网正经历着最大的力量转移。在2008年3月,中国的网民数量和宽带用户数首次超过了美国。而在2011年第二季度,中国个人电脑(PC)销量也首次超过美国。同样在2011年第三季度,中国智能手机销量首次超过美国。到了2012年6月,中国的网民数量已经超过了美国、日本、德国、英国和法国等五个发达国家的总和,达到了5.38亿,是美国2.45亿的两倍以上。在2014年,全球网民数量突破了30亿大关,普及率约40%。而以中文为第一语言的网民数量首次超过了以英语为第一语言的用户数量。

互联网产业的全球竞争力凸显。截至2013年8月28日,谷歌的市值达到了2831亿美元,亚马逊的市值为1283亿美元,Facebook的市值为965亿美元。这三家公司是美国互联网行业的三大千亿美元级巨头。相比之下,雅虎的市值仅为275亿美元,但易贝的市值为655亿美元,使得美国互联网行业的第二梯队依然比中国强大。当然,我们也不能忽视美国还有苹果(市值4480亿美元)、微软(2795亿美元)等正在转型的一批数千亿美元级的互联网企业,以及像IBM(2002亿美元)、甲骨文(1472亿美元)、思科(1258亿美元)、高通(1140 亿美元)和英特尔(1111 亿美元)等千亿美元级的老牌 IT 巨头。与这些公司相比,中国的 IT 业仍然处于劣势地位。

2014 年,中国在网民规模和互联网企业竞争能力上的提升成为建设网络强国的重要推动力。互联网金融等新兴商业模式的发展和创新已经超越了美国。在 2014 年初,取缔余额宝引起了广泛的讨论,而打车软件和微信红包引发的腾讯和阿里的移动支付竞争更是将中国的互联网金融发展推向了新的高峰。这些事件在推动中国互联网金融行业的发展上起到了重要的作用。

微博和微信的出现使传统的由政府集中控制的信息传播模式变得无效,而社会化治理体系通过动员非政府主体的参与成为解决问题的必然选择。中国互联网的发展主要依靠了来自草根创业者的创新和创业精神。中国互联网的有效治理最终需要建立起强大的社会化治理体系。民间组织如博客自律公约、妈妈评审团和微博辟谣平台的重要性开始显现。尽管政府也在加强立法并采取措施打击在社会上产生不良影响的微博"大 V"以及清理网络谣言,但其效果明显受到质疑。

斯诺登事件在 2013 年对全球互联网发展史和网络安全历史产生了重大影响,将全球网络空间的博弈纳入各国国家战略的核心问题之中。对于中国而言,斯诺登事件唤起了中国网络安全战略觉醒,不仅政府、企业,还包括民众都开始意识到网络安全的重要性。这意味着中国网络空间安全不设防的时代结束了。作为对这一巨大转变的回应,中国成立了网络安全领导小组和国家安全委员会。短期内,我国的目标是加强内部能力,加快学习进程,尽快改变我们无防备的现状,并建立一定的防御能力。我国特别着眼于保护关键部门,争取在最短时间内确保它们能够及时监测是否受到攻击,并建立关键基础设施网络安全体系,以实现自主可控的能力。

斯诺登事件的后续影响将持续发酵,其中一个重要事件是微软于 2014 年 4 月 8 日停止支持 Windows XP 操作系统。尽管表面上看起来只是微软的一个产品问题,但实际上可能成为中国历史上最严重的网络安全事故之一。原因有两点:①Windows XP 操作系统的用户主要集中在中国,涉及 2 亿多用户。②外界鲜少了解的是,微软在 XP 之后实施了能够高度掌控用户电脑和数据的新架构,这方便了类似"棱镜门"一样的监控行为。因此,从 XP 之后的 Vista 到 Windows 7 和 Windows 8,我国政府禁止将其纳入采购目录。微软 XP 事件揭示了中国在核心信息技术和信息基础设施方面依赖他人的尴尬局面。这引发了对中国在信息安全领域自主可控能力的关注。

解决自主可控和有效防御的问题对于建设网络强国至关重要,而这个问题的解决不可能一蹴而就,也不能继续拖延,必须在三年内采取行动。在核心技术方面,我们需要下决心解决替代性技术的问题,以初步实现自主可控。在关键基础设施方面,我们应采取一系列措施,如建立产品安全审查机制、源代码托管措施、设立首席安全官职位、进行安全攻防监测等,从而建立起基本的保障能力。只有通过这些努力,我们才能逐步解决网络安全问题,确保网络强国建设的可行性。

中国互联网文化的全民创新,是由即时网络时代的到来和 SNS 网站的兴起,如微博和微信等即时网络应用发展催生的。自 2009 年以来,一系列谐音新词如"杯具""围脖""不要迷恋哥"等广泛传播。微博、微信等即时网络应用的发展也使网络媒体在舆论监督方面达到了前所未有的高度。网络媒体的参与使得诸如云南景宁的"躲猫猫"案、南京周久耕的天价烟案、湖北巴东的邓玉娇案、深圳林嘉祥猥亵幼女案、河南灵宝警方的跨省抓捕、杭州的"欺实马"等事件成为历史记录。互联网成为不可忽视的舆论力量,以惊人的速度曝光各种丑闻和不公事件。在接下来的几年中,随着各种新媒体服务的应用,互联网在舆论监督方面仍将发挥强大的作用,并成为反腐反贪的重要渠道,随着中国互联网产业逐渐步入正轨,政府开始参与互联网监管。互联网协会积极组织会员企业制定行业规范,政府加强管理规范与行业自律的同步推进,对保护网民权益更加重视。同时,互联网管理法规相继出台,互联网法治建设进一步完善。

2014 年 2 月 27 日,由习近平总书记担任组长的中央网络安全和信息化领导小组正式亮相。可以说,这是中国互联网有史以来最重要,也将是影响最深远的一件大事。如果说,2013 年是中国网络空间战略的觉醒与启蒙之年,那么 2014 年堪称中国网络空间战略的开局之年。领导小组在北京召开第一次会议,习近平总书记提出要从国际国内大势出发,总体布局,统筹各方,创新发展,努力把我国建设成为网络强国。网络强国方略是21世纪中国提出的重要举措,它关乎国计民生,影响和决定国家未来发展,与每个人的生活息息相关。中央最高规格领导小组的成立,表明我国用举国之力,建设网络空间之强大国家的决心和魄力。领导小组的成立标志着中国完成从网络大国到网络强国的制度设计。而完成制度设计仅仅是万里长征第一步,从网络大国到网络强国,我们还需要很长时间的努力。

2014年8月18日,中央全面深化改革领导小组第四次会议审议通过了《关于推动传统媒体和新兴媒体融合发展的指导意见》。习近平总书记明确指出,推动传统媒体和新兴媒体融合发展,要着力打造一批形态多样、手段先进、具有竞争力的新型主流媒体,建成几家拥有强大实力和传播力、公信力、影响力的新型媒体集团,形成立体多样、整合发展的现代传播体系。

2015年全国两会提出"互联网+"国家战略,将推动移动互联网、云计算、大数据、物联网等与现代制造业结合,促进电子商务、工业互联网、互联网金融,引导互联网企业拓展国际市场。

根据中国互联网络信息中心于2023年8月,发布的第52次《中国互联网络发展状况统计报告》,截至2023年6月,中国网民规模达到10.79亿人,互联网普及率为76.4%。中国的互联网在整体环境、应用普及和热点行业发展等方面取得了长足的进步。

未来的十年,互联网将成为中国软实力在全球崛起的主要战场,带来机遇的同时,也将面临新的挑战。内部挑战在于如何将互联网顺利融入整个社会,成为中国未来发展的全新基础设施。外部挑战在于如何将中国互联网走向国际舞台,影响全球并在全球范围内建立竞争力和话语权。随之而来的是中国互联网将面临一系列艰难的裂变,如何实现企业、政府和公民之间的良性互动和良性发展,以及如何与全球互联网文化的主旋律(开放、共享、创新、自由、平等)顺利接轨。在未来的发展中,互联网产业将继续通过技术创新来重新分配社会资源,包括注意力、财富、权力、话语权和影响力等。互联网创业将持续推动社会实现大规模且深刻的改革,激发国家的新活力和动力,并重新调整和修改社会发展的游戏规则。创业将在这种巨大的变革中获得巨大的机遇,成为创造新财富的契机。

中国互联网过去三十多年发展的浪潮对未来社会影响深远。未来互联网产业所面临的复杂挑战和裂变,以及互联网产业的发展方向,将深远影响中国社会在经济、政治和文化发展方面的主导趋势,以及其在全球格局中的地位。因此,中国互联网的发展历程将持续对社会产生深远影响,引领着社会的转型和变革,塑造着未来社会的面貌。互联网产业的发展不仅仅是经济层面的变革,更是对社会结构和价值观念的重新定义和重塑。为实现更加繁荣、创新和可持续的社会发展,需要全社会共同努力,共同应对挑战,推动互联网产业的健康发展。

第四节　新媒体传播

传播指的是信息的传递和流动,随着时间的推移,传播形式和手段不断更新。早期的传播手段包括口口相传、烽火狼烟、露布木铎、飞鸽传书等,现代的传播手段则包括收音机、电视机、计算机等。载体的不断发展推动了人类社会信息系统向系统化和结构化的方向发展。在时间的漫长河流中,任何当下被称作"新"的媒体都是相对于此前出现过的"旧"的媒体而言的。因此,在探讨新媒体传播时,需要结合时代背景,探索新技术形态下媒介传播的作用和影响,同时还需关注媒介传播的持续演变和创新。

一、新媒体传播之特征

与传统媒体相比,新媒体传播的主体性得到了极大的丰富与泛化,催生出万众皆媒、万物皆媒。在传统媒体时代,传受主体数量差异明显,地位泾渭分明。传递信息的主体数量占比较小,掌握更大的话语权;而接收信息的主体基数大,但处于被动接收信息的地位,主体能动性较低。新媒体的出现一定程度上形成话语权下放的影响,传统的"受众"升级成了"用户",这意味着任何人都能成为信息生产主体,实现了从接受者到传递者身份的过渡与变换。因此,新媒体传播的主体更加多元化和平等化,传播方式和内容也更加多样化和个性化。结合传统媒体与新媒体,可形成更加完善的信息传播体系,这种趋势必将不断地推动信息传播领域的发展和进步。

随着UGC(用户生产内容)的兴起,一些社交平台如抖音、微博、豆瓣、知乎和小红书等,涌现出大批拥有不同专业知识和背景的网络红人和自媒体用户,开始抢占信息生产与发布的市场。传统媒体为跟上新媒体浪潮,积极进行转型,建立自己的网站应用和客户端,并邀请优质原创内容生产者入驻。同时,一些新技术如云计算、人工智能、5G和物联网的发展,使得传播主体不再局限于人类,机器算法也可以实现内容生产、分发、互动和反馈的目标。传播终端也不断拓展延伸,无人超市和智能家居等智能设备逐渐进入人们的日常生活,这标志着"万物皆媒"时代已经到来。

当前,社会信息生态正在被多元主体共同参与到内容生产领域中所重构。随着时间的推移,"内容为王"的观念在新媒体传播中愈加深入人心。这种传播形式不仅具有海量化和高速化的基本特征,还在向着平民化和分众化的方向不断发展。在传统媒体时代,由于传播权力主要掌握在少数专业机构组织和公共知识分子手中,虽然也有平民视角的内容,但社会文化总体上呈现出浓厚的精英氛围。而新媒体的出现打破了这种自上而下的格局,社会议题变得更加多元、包容和平等。基于此,人们对信息的需求也变得更加多元,推动新媒体传播逐渐分众化,即根据不同层次和不同群体的需求制定特色内容,满足大众的需求。

如今,新媒体传播中越来越多的人群参与到内容生产中,使得新媒体的内容更加符合不同人群的需求和口味,从而成为推动信息多元化的重要力量。相较于传统媒体,新媒体的平民化和分众化特点使得更多人能够参与信息的生产和传播过程。随之而来的,人们对内容的需求也变得更加多样化和细分化,因此,针对不同人群需求的特色内容在新媒体传播中变得越来越重要,这也促进了新媒体的发展和创新。

同时,随着新媒体的发展,信息的传播速度和范围不断扩大,也加速了社会信息的多元化。针对不同群体的需求和兴趣,新媒体传播形式也趋向于分众化和个性化。例如,许多新媒体平台推出了不同主题的专区,如音乐、时尚、旅游等,让不同兴趣爱好的人们都能够找到自己感兴趣的内容。

这种趋势也在进一步加强,因为新媒体成为一个更加多元、平等、开放的信息平台后,各种不同的观点和声音都能够被听到和传递,进而丰富了人们的信息视野和认知层面。这种趋势的发展也提醒着我们,新媒体的发展需要兼顾信息质量和可靠性,以确保信息传递的准确性和公正性。

机器算法推荐机制的出现和发展,使得新媒体时代的信息服务更加垂直、聚焦和个性化。然而,泛媒体的普及也导致互联网生态的鱼龙混杂、泥沙俱下,大量未经过滤的信息被借助用户媒体传播。一方面,这种现象给予了草根议题和民间叙事更多的权重,推动了舆论场的下沉,打破了传统官民舆论场的界限,形成了对公权的钳制力,让人民的声音更好地被表达和传播。另一方面,海量的内容和过载的信息给人们的阅读习惯带来了碎片化和情绪化的趋势,容易滋生谣言、情绪化和极端化的言论。过度的信息连接也导致了信息倦怠等问题的出现。为了解决这些问题,需要在保障言论自由和传播多样性的前提下,建立更加严谨的信息监管体系,提高信息的真实性和可信度。此外,也需要通过智能算法、人工智能等技术手段,优化推荐机制,使其更加精准地满足用户需求,同时也应注重用户的信息素养和阅读习惯的培养,推动信息消费的合理化和规范化。

2000年以来,我国互联网技术不断地迭代升级,新媒体传播渠道也随之呈现出大规模立体网络化、平台化趋势。数字技术如流媒体技术、大数据技术和云计算技术为媒体转型与融合提供了可能,同时也深刻地改变了大众传播和接收信息的方式。计算机网络技术的革新,从最初的 Web 1.0 迭代升级至如今的 Web 3.0,移动通信技术也已发展到第五代(5G),实现了从单一、线性到智能化、整合化、个性化与交互化的传播模式转变。新媒体技术的发展催生出大量数字原生内容创作者,带动了创作者经济的蓬勃发展。随着数字技术的不断升级,新兴的虚拟社会呈现更加逼真的体验,数字化转型也成为推动企业发展的重要路径之一。可以预见,新媒体技术将不断创新和发展,将会带来更多的可能性和机遇。

近年来,媒体智能技术作为人工智能技术的重要应用之一,已经深入各个领域,成为媒体发展的重要引擎。媒体智能技术将网络技术、数字技术和移动通信技术有机结合,不仅推动了媒体自身的进化,而且深刻改变了人与媒介之间的互动关系,成为整个社会信息交流系统的重要组成部分。在技术驱动下,商业门户网站向网络化转变,传统新闻媒体逐渐转型为数字化媒体,移动网络媒体、社交媒体和聚合类媒体等新型媒体平台层出不穷,新媒体传播平台的出现更是实现了爆发式的增长。这种趋势将持续推动新型媒体平台的发展,媒体智能技术的发展也将不断创新,为社会信息交流和媒体发展注入新的活力。

随着信息生产和传播路径的变化,裂变式传播的出现使得同一条信息可以跨越平台限制,在多个平台上实现信息增量最大化。然而,这也极易导致信息变形,从而影响用户对信息的吸收和理解。这种情况促进了平台协作和治理的发展。未来,随着媒体智能技术的不断创新,媒体将变得更加智能化。媒体和用户之间的互动也将更加紧密,这有助于提高信息传播的效率和质量。

相较于传统大众传播时代,新媒体传播的最显著特征在于对时间和空间场景的重构与延伸,这导致了信息传递的速度和覆盖面的提高。与传统大众媒体仅依靠有限的信息传递系统不同,新媒体传播的接收者拥有更高的信息获取能力,观众可以随时暂停和重播电视节目,阅读连载小说也不再依赖于邮寄订阅等传统方式,这使得信息传递呈现出更为迅速的"加速型"特征。而在空间场景方面,新媒体传播则具有典型的临场化和伴随化特征。传统大众媒体的新技术发展如楼宇电视、户外彩屏和车载移动电视等虽未改变传播形式,但信息质量普遍提高、传播范围更加广泛、应用场景变得更为多元化。而新兴媒体则依托全新的传播技术,打破物理区隔,形成跨越时空的信息场域,让身处不同国家、不同地区、不同场景的人们都能同步接收到海量信息。近年来,随着 VR、4K+8K、智能语音识别字幕技术等新科技的加入以及 AI、AR、云计算、仿生机等技术的日益完善,包括 2021 年以来备受瞩目的"元宇宙"在内,新媒体传播揭示了前所未有的沉浸感与临场感特征。这些新技术为新媒体传播提供了更为多元化的发展路径和可能性,也将进一步改变人们的传播方式和习惯。

新媒体传播的影响力越来越强大,可以从辐射范围和参与群体的角度看到全新的变革浪潮。随着网络基础设施的扩建,移动电话基站、光缆线路和互联网宽带的普及,信息传播的辐射区域持续扩大,新媒体传播已成为无处不在的传播形式。尽管互联网应用适老化改造已经开始,但是新媒体用户总体上仍然呈年轻化发展态势。然而,新媒体传播已成为社会信息流动的底层逻辑。随着网络直播、网络游戏、短视频和虚拟社交等新媒体服务的下沉,越来越多的群体参与其中,更多的自媒体人和意见领袖不断涌现,推动着网络话语权的下放和分化。但是,这也带来了一系列新问题,如信息生态混乱和舆论场对立等。虽然新媒体传播的表征是去中心化,但实际上,存在着召回再中心化或者局部中心化的趋势。这种中心化结构是不断流动和更新的,而不再是稳固的。

在这种时代背景下,越来越多的企业、品牌和机构开始利用新媒体平台来进行传播营销。新媒体传播不仅可以大幅度地降低传播成本,而且具有更高的效益和更广泛的覆盖面。同时,新媒体平台也提供了更多的方式来进行传播营销。例如,短视频平台可以通过各种形式的短视频内容,包括生活记录类、知识讲解类、行业分析类、治愈解压类等,延长用户的停留时间,从而实现更好的传播效果。此外,新媒体传播还带来了创作者经济等新的经济模式。随着数字经济的发展,加强对高端技术人才和复合应用型人才的培养也变得尤为重要。在这个过程中,新媒体传播将成为更多人的职业选择,为数字经济的发展注入新的活力。

二、新媒体传播之类型

"传播学之父"施拉姆曾说:"研究传播学其实就是研究人。"这意味着研究传播需要先了解人与人之间的关系,以及人们在互动中如何被影响。传统的传播理论将传播类型分为内向传播、人际传播、群体传播和大众传播。随着传播方式的不断革新,这些传统的传播类型已经无法很好地解释新媒体时代的社会传播现象。然而,传播结构实际上并未发生根本性变化。因此,审视新媒体传播时,可以结合传统的传播理论研究框架,更新研究方向、问题和重点。

在新媒体时代,社会关系更加多元化和复杂化,人们之间的联系也变得更加紧密和广泛。因此,新媒体传播的研究需要关注人际关系的多层面和多样性，以及不同传播方式的相互影响。同时，新媒体传播也需要关注传播内容的多样性和个性化，因为不同人群对内容的需求和接受程度不同。此外，新媒体传播需要关注不同传播平台的特点和影响，以及它们对传播效果的影响。

因此，在新媒体传播研究中，需要探索新的研究方法和技术，以更好地理解和解释新媒体传播现象。同时，需要发展新的理论框架和模型，以适应新媒体时代传播结构的变化。通过深入研究新媒体传播，可以更好地理解和应对现代社会中的传播挑战。

自我传播，也称为"内向传播"或"人内传播"，指的是个人接收外部信息并在自身内部进行信息加工和处理的活动，是一切外部传播活动的基础。自我传播是个人认知和思考的过程，不仅帮助个人理解自己的思想、情感和偏好，而且更重要的是，这些理解都基于与外部世界的联系。从根本上说，新媒体时代自我传播发生的变化与媒介触达方式有着密切的关系。传播渠道（例如互联网、无线通信网、宽带局域网和卫星等）、输出终端（例如计算机、电视和移动终端等）以及传播内容或形式（例如信息和娱乐服务）的不断更新，为大众媒介的使用设置了新的技术门槛。大众需要学会使用新媒体，这一过程既是自我传播，也是建立自我传播基础的必要步骤。通过观察、分析和判断新媒体传播的内容，并将其应用于媒介实践中，实现"主我"与"客我"的对话，大众得以完成正式的自我传播。但从本质上讲，新媒体和传统意义上的自我传播并没有本质区别，即同样是对媒介传达的信息进行编码和解码，只是传播环境和土壤发生了新的变化。

新媒体时代的出现极大地改变了人际传播的方式。传统的人际传播因为受到时空限制，只能在现实生活场景中进行，无法真正实现跨越时空的信息传播。而随着新媒体技术的发展，人们可以通过各种移动终端进行视频电话等沟通交流，镜头像素和电子屏幕分辨率的提高使得虚拟联结更加真实、生动，人际传播效果得到了有效提升。同时，一些新型电子产品也在不断地推陈出新，改变着人际传播的形式和方式。例如国外有研究人员发明了一款名为 Kissinger 的"异地接吻神器"，使用时将它套在手机上，其中一个人亲吻垫子时，设备底部的塑料垫可以记录下这种感觉，并将它传递到另一方的接收设备上,接收设备通过一个具有视频呼叫功能的应用程序来重现这个吻。虽然该设备在准确模拟方面还需要进一步完善,但 Kissinger 无疑是在进一步增强虚拟人际传播方面作出的尝试。这些新型电子产品的出现,标志着人际传播已经进入了一个全新的时代,这个时代以新媒体技术的快速发展为基础,让人们能够更加便捷、灵活地进行人际交流和沟通。

群体传播是一种由具有相同社会属性的个体和集合体进行的共同交流活动。早期人们利用新媒体主要是用于获取信息和交流,以自我传播和人际传播为主。但随着互联网技术特别是 Web 2.0 的发展,越来越多的网络圈层出现,这些圈层基于共同的兴趣爱好,规模不一但分布广泛、种类繁多,具有相同的群体意识和规范。社交媒体是人们彼此分享意见、经验、观点和见解的平台和工具,如微博、知乎、豆瓣等。社交媒体的内容生产和交换属性决定了它容易成为群体传播的活跃场所。

以新浪微博为例,该平台专门设有超话、好友圈、群微博、同城热搜、粉丝群等模块,帮助具有相同兴趣爱好、地域、职业等标签的使用者沟通交流,形成分众化、垂直化的针对性群体传播。此外,一些群体意识和规范强烈且稳定的线上群体也会演变成线下联结,如明星的粉丝会、后援团等。

在新媒体时代,群体传播更加凸显、聚焦和分众化。社交媒体的普及和使用为群体传播提供了更加便捷的渠道,同时群体传播也在进一步推动社交媒体的发展。通过群体传播,用户可以更加方便地获取和分享信息,社交媒体也可以更好地满足用户需求,进一步扩大用户规模和影响力。因此,群体传播和社交媒体的关系是相互促进、相互依存的。

组织传播是指组织依靠系统化的力量进行的有目的、有计划的信息传播活动。与群体传播不同,组织更注重内部的秩序和权力结构,包括政治组织(政府、政党等)、经济组织(企业等)、教育组织(学校)、军事组织和宗教组织等。组织传播的典型特点类似于内部循环,所有的信息传播活动均需经由组织内部的结构系统完成,通常分为横向传播和纵向传播。横向传播是指个体之间、部门之间的传播,而纵向传播包括自上而下和自下而上的传播。

传统的组织传播受到技术条件的限制,常常出现信息交流不畅、结构系统崩溃的问题。然而，随着计算机、移动终端、电子白板、高清投影仪等新兴媒体的出现，组织内部的协作、管理和决策应变等功能得到了极大的改善。钉钉、腾讯会议、飞书、Zoom等应用客户端以及企业局域网帮助组织建立了专门的信息传播和交流系统，将组织成员的私域与公域分开，实现了方便的管理，也减少了矛盾和摩擦。总体而言，新媒体时代的组织传播变得更加高效、便捷，也更加私密和科学。现在，通过新媒体进行组织传播已成为常态，不仅可以提高组织内部的协作效率，也能够加强组织与外界的交流，进一步推动组织的发展。

关于大众传播，20世纪80年代，美国传播学家苏利文给出了这样一个具有代表性的解释："（大众传播）是现代印刷和广播、电视等影像和音声媒介组织运用法人资金，借助高科技和产业化手段，在国家调控的范围内向未知受众提供信息和娱乐产品的实践活动。"就传播过程的性质而言，大众传播是由专业化媒介组织所把关的一种单向性很强的传播活动。与其他传播类型不同，新媒体时代的大众传播从内涵到外延都得到了极大的泛化。新媒体的出现重构了传统大众传播的传受关系，每个人作为新媒体用户，都可以成为大众传播的主体，从而突破了传统大众传播媒介形成的话语壁垒。人人把关也造成了传播节点的分散，传播过程从线性的单向传播转为网格化的多向传播。这种去中心化的特征削弱了以往大众传播媒介的权威性与影响力，但也带来了碎片化传播的问题，个人主义与团体主义处于不断拉扯与纠缠的状态，网络意见场难以凝聚广泛共识的价值中枢。

第五节　新媒体传播之发展演变

新媒体的"新"具有从传统媒体演变、发展而来的意义，但新媒体本身的转变、发展也不是一蹴而就，一息万变的。随着技术发展与其他需求的增长，新媒体传播经历了从门户时代到泛媒时代的演变。

一、新媒体传播渠道的扩张

在20世纪90年代,互联网进入大众传播领域时,最早出现的传播渠道是门户网站。在随后的十几年间,门户网站一直是互联网信息传播的主要渠道,成为传统媒体传播模式的延续。尽管网络赋予了受众更多的选择和互动的权利,门户网站的用户在很大程度上仍然扮演着传统媒体时代受众的角色。

然而,随着时间的推移,搜索引擎以及各种新型信息传播渠道和分发平台的出现,逐渐打破了门户网站的垄断地位。这些信息传播渠道或平台,各有不同的内容聚合与分发思路。新的渠道的不断出现不仅丰富了用户获取信息的途径,也使用户在内容分发中扮演着越来越积极的角色。现在,随着社交媒体的崛起和移动互联网的普及,信息传播已经越来越多元化和个性化,用户获取和传播信息的方式也更加多样化和方便化。

(一)门户网站、资讯客户端:编辑把关+大众化推送

门户网站的崛起对传统媒体渠道产生了冲击,成了内容的集成商。门户网站通过聚合多个媒体的内容,再以编辑的判断为基础进行内容筛选,最后以无差异的方式将内容推送给大规模用户,这一过程中,人工判断仍然起着主要作用。门户网站、资讯客户端等整合类平台拓展了信息传播的渠道,同时也引发了传播机制与模式的变革。虽然这些平台从传播机制上看与传统媒体的点对面模式并无差别,但是它们在内容生产与传播中的模式却更加多样化和自由化。用户不再仅仅是信息的接收者,而是参与信息生产和传播的过程。用户可以通过社交网络、在线互动等方式参与内容生产和传播,形成UGC的模式。这种模式使得用户接收到的信息更加多样化,也提高了用户的参与感和体验。

(二)搜索引擎:多源搜索+算法调度

随着搜索引擎的兴起,其作为信息分发工具的作用逐渐凸显。当用户搜索某个关键词时,搜索结果的排序展示了相关内容及其生产者被用户点击的可能性高低,这种排序更多的是对传播者及其内容的一种权重衡量。搜索引擎不仅能搜索广泛的信息源,还能通过算法决定搜索结果的排序。

虽然搜索引擎本身并不生产内容,但它们在调度网站流量方面发挥着重要作用。

搜索引擎将用户的搜索请求作为信息整合的起点,这意味着用户在内容消费中的主动性开始受到重视。搜索引擎通过为用户提供更精准的搜索结果来满足其需求,同时也为网站提供更多流量,增加了网站的曝光度和商业价值。因此,许多企业会采取SEO(搜索引擎优化)的方式来提高网站的搜索排名,以吸引更多的用户流量和商业利益。随着人工智能和大数据技术的不断发展,搜索引擎的智能化程度和精准度将不断提高,为用户提供更加个性化和优质的搜索服务。

(三)社会化媒体:人际网络+大众传播

社交媒体在成为人们社交空间的同时,也成了新的内容集散与分发地,对于整个新媒体新闻及其他公共信息传播的结构与模式产生了深层的影响。社交媒体将公共信息传播带向了社交化传播,由社交网络构成的人际传播渠道成了公共信息传播的基础设施。在社交媒体上,激活的人际传播网络规模,很大程度上决定了媒体内容的再分发能力。

在传播的历史长河中,公共信息传播模式一直以社交网络来传递公共信息。因此,可以说,社交媒体带来的是一种"回归"。但是,随着互联网社交网络规模的不断扩大,社交媒体传播的效率远高于以往的人际传播。这种传播模式使信息的筛选机制发生了变化,过去由职业媒体人进行的信息"把关",不得不受到社交媒体中用户"鼠标投票"的冲击。

社交媒体为用户提供了更多自主的话语权和传播渠道,使得传统媒体的垄断地位在一定程度上被打破。同时,社交媒体平台对于传统媒体的信息传播进行了有力的补充和推进,不断丰富和扩展着公共信息传播的形态和范围。在这种新的传播环境下,新闻媒体需要不断适应和创新,才能更好地发挥其传播和监督的作用。

(四)个性化推荐平台:个性分析+算法匹配

近年来,客户端如"今日头条"等的兴起成为公共信息传播的一种新现象。这些客户端以"个性化"为卖点,通过算法为内容与用户间的匹配提供新依据。客户端中的个性化算法主要针对每个具体的个体,将个性作为核心变量,强调个人偏好的价值。未来,个性化算法将继续得到优化,对用户需求的解读水平和匹配精准度也会随之提高。然而,个性化推荐并不能完全取代对大众的公共信息服务。

虽然个性化算法可以减少人们在信息消费中的成本,但是长时间使用可能会导致消费疲劳和厌倦。如果算法只是迎合用户的阅读偏好,可能会使用户的视野变得越来越狭窄,逐渐失去对外界环境的全面感知。对于沉浸在个人天地里的离散个体,社会整合会变得越来越困难。因此,为了平衡个性化信息服务,面向大众推送常态化的公共化信息,仍然是必要的。

未来,个性化推荐和公共信息服务应该相互配合,避免陷入"信息茧房"。客户端应该关注用户的全面需求,不仅仅追求个性化推荐,而是同时推送一些普遍适用的公共信息,为用户提供更加全面、多样化的信息服务。

(五)视频和 VR/AR 平台:临场体验+社交传播

网络视频和 VR/AR 应用的发展,为信息传播提供了新的平台和方式,成为一种新的公共信息分发平台。这些平台的优势在于直观的视觉感受和身临其境的体验,让用户更加贴近内容。从新闻呈现的方式看,网络视频直播和 VR/AR 技术,使新闻现场被重新定义。传统电视直播中,记者、导播、摄像等视角对用户的限制比较大,而在网络视频和 VR/AR 新闻里,人们可以直接"进入"现场,自主观察和体验,更加立体真实。他们对新闻的认知也更多取决于自己的临场观察,而非受到传统媒体的限制。

在这些平台上,内容分发也会较多借鉴社交媒体的模式。社交关系对于视频或 VR/AR 信息的传播,也起着重要的作用。例如,许多网络视频平台和 VR/AR 应用都会根据用户的浏览记录和兴趣爱好,自动推荐相似内容,增强用户黏性和消费体验。

此外,数字经济和互联网的快速发展,也催生了视频和 VR/AR 平台的增长。很多传统媒体开始转型数字化,采用新媒体技术来传播信息。同时,大量用户的数字化需求也在增加,VR/AR 技术在游戏、旅游、教育等领域得到广泛应用,数字内容的产生和传播也在加速。

综上所述,网络视频和 VR/AR 应用是数字经济和互联网发展的重要组成部分,也是一种新的公共信息分发平台。在不断探索和发展中,这些平台的优势将不断得到挖掘和发挥，为人们带来更加丰富、直观的数字内容体验。

（六）专业化服务平台：生活场景＋资讯推送

除了上述以内容生产与传播为核心的平台外，一些原本是以生活服务为核心的网络平台，也在某些领域里逐渐媒体化。如淘宝、高德地图等已经整合了一定的新闻资讯内容。它们的优势是与特定的场景相关，容易成为某个方向上的"入口"。这类平台，同样需要把对用户个体的分析与把握作为前提。

在未来，上述这些平台也可能会相互融合，成为混合型的平台。

二、新媒体传播模式的变化

随着互联网传播渠道的延展，互联网的基本单元已经从过去承载内容的网页，转变为连接关系的"个体"。如今，互联网的重心已经从内容向"人"迁移，互联网成为连接人与人之间关系的平台。网络传播模式也发生了变化，从曾经处于绝对垄断地位的 Web 1.0 时代的"大众门户"模式，逐步转变为如今的"个人门户"模式。这种新型网络传播模式使得个人可以拥有自己的门户网站或社交媒体账号，通过自己的信息生产和传播能力，建立自己的社交圈层，并将这些圈层与其他社交圈层联系在一起，形成庞大的网络社群。随着个人门户的出现，互联网进一步实现了个性化、多元化的信息传播，同时也给用户提供了更加自由的发言和表达空间。

（一）Web 1.0 时代的"大众门户"模式

Web 1.0 时代的互联网传播模式，以 WWW 网站为主要平台，以内容为核心，被称为"大众门户"模式。这一模式延续了传统大众传播的"点对面"模式，依靠内容聚集用户，带来了巨大的流量。

在大众门户传播模式中，用户仍然处于线性传播的一端，其地位与网站的编辑是不平等的。网站编辑掌握着信息的掌控权，直接影响着用户所获取信息的范围和质量。用户只能被动地浏览网页，无法直接修改。即使有反馈手段，如留言和跟帖等，但其反馈的效果也被网站编辑所控制。

面对数以亿计的网民，网站只能提供无差别的信息供给，这也是"大众"

门户的另一层含义。大众门户时代,网站传播效果只能以用户使用规模进行衡量,而无法对信息的落点进行准确的统计和分析,也难以判断用户信息的阅读深度。网站的竞争主要体现在用户规模的竞争上。

尽管 Web 1.0 时代的网站数量众多,但经过大浪淘沙,真正具有强大生命力和影响力的网站屈指可数。整个互联网最终会集中在某几个强势门户网站上,这些门户网站将成为整个互联网的传播中心。

(二)Web 2.0 时代的"个人门户"模式

随着技术的不断创新,基于 WWW 技术的门户网站已经进入了鼎盛时期。同时,各种新技术也随之涌现,其中对等网络(Peer-to-Peer,P2P)已初步体现出去中心化、以个人用户为基础节点的思维。

P2P 技术是一种网络结构思想,它不同于 Web 1.0 时代占主导地位的客户端/服务器(Client/Server)结构,因为 P2P 结构中不存在中心节点或中心服务器。在 P2P 结构中,每个节点拥有信息消费者、通信和信息提供者等三方面的功能,每个节点的权利和义务都是对等的。BT 下载工具、Napster 应用等都是 P2P 技术的典型应用案例。P2P 技术的使用能够实现更高效的资源共享,同时降低中心化带来的系统故障风险。

这种应用思维与互联网本身的基本结构设计及终端连接思路一致。在1969 年,互联网的雏形 ARPA net 在美国诞生。为了构建这一网络,ARPA net 采用了分布式结构,这种通信网比集中型和分散型网络结构更为先进。在电话网中,集中型和分散型网络结构很常见,这些结构都是以一些中心交换点为核心构建的。而分布式网络则不需要中心交换点,它由多个节点相互连接而成,每个节点都可以通过多条途径与其他节点相互通信。因此,即使网络中的任何一个节点被破坏,其他节点之间的通信也不会受到影响。因此,采用分布式结构使得网络更为稳健。

分布式网络结构具有出色的安全性和可靠性,这使得互联网基础结构从一开始就具有去中心化的特点。尽管后来 WWW 应用强化了门户网站的中心地位,但 P2P 重新强调了去中心化和依赖每个节点的分布式结构思维。虽然 P2P 技术并未完全应用于新闻传播领域,但随着 Web 2.0 的发展,新闻传播中已经继承并应用了 P2P 的某些特性,例如基于用户生成内容的博客和社交媒体平台,以及基于点对点传输的新闻分发网络。这些技术和平台都遵循着分布式结构思想,具有更强的去中心化特征和更高的可靠性和安全性。

随着 Web 2.0 及其他技术的推动,个人门户模式越来越受关注。相较于传统的大众门户模式,个人门户模式更加灵活,它是由无数的网络节点(用户)和它们之间的多元连接共同构成的传播网络。个人门户的传播模式主要具备以下五个特点。

1. 每一个节点都是传播中心

每一个节点都不仅扮演着信息的生产者和传播者的角色,同时也是信息接收者。这些节点不仅包括个人用户,也包括媒体或其他机构用户。在个人门户模式中,每个节点都可以生产内容,这也意味着,在某些时候,网络中的内容生产是由多个节点共同参与的分布式生产过程。因此,网络中的信息不仅来自少数大型机构,而是由广泛的社区参与产生的。

2. 关系成为传播渠道

在个人门户的传播模式中,信息是通过人们的社会关系网络传递的。每个节点的社会关系(在社会学中被称为"社会网络")都成为信息流动的通道。因此,在这种模式下,传播是通过人与人之间的联系来进行的,关系渠道的数量和质量直接影响信息的传播范围。传播者之间的竞争开始转向争夺用户"关系",即社交网络中的互动和连接。这也就意味着,传播者需要积极参与并维护他们的社交网络,以增加他们的影响力和可见度。

3. 社交和分享成为传播动力

在个人门户的内容生产与传播模式中,社交和分享的作用愈发凸显。为了满足社交需求,人们持续发布内容,这些内容也成为社交互动的热门话题,被他人广泛分享。因此,社交因素反过来也推动人们更加关注某些内容。

4. 社交关系网络成为信息的个性化筛选网络

通过利用个人的社会关系网络进行信息传播,可以更好地满足信息消费者的个性化需求。这种传播方式使得信息与用户之间的匹配更加自然、准确、智能和高效。由于信息是由真实的个人和真实的社会关系组成的网络进行过滤和筛选的,因此这种传播方式自动承担了选择、过滤、传播和互动网络信息的任务,使得信息的传播更加精准和高效。

5.传播多层次,且传播路径易于观察

在现代社交网络中,个人门户及其社会关系的信息传播是一个复杂的多层次过程。通常,信息需要多次传递才能扩大其影响。然而,在高度互联的社交网络中,裂变式传播很容易发生,从而快速传播信息。同时,信息传播路径易于观察,可以实时监测和反馈传播效果,并不断优化传播模式,以实现更好的传播效果。

在这样的传播网络中,信息的变形是不可避免的,例如转发时加上自己的观点或修改原始信息。其中,加上观点的信息产生的影响更为显著。因此,信息传播并不是简单的信息复制过程,而是一个信息不断再生产的过程。

虽然传播路径复杂,但通过技术手段可以监测信息流动途径、落点以及用户对信息的阅读深度和意见等。从传播格局上看,个人化门户模式形成了一个"去中心化"—"再中心化"的过程。这种传播模式意味着每个传播者起点相对平等,但同时也加速了网络话语权的分化。虽然每个人的个人门户都是独一无二的,但最终网络中还是会出现新的权力中心。

目前,"个人门户"主要建立在社交媒体账号基础上。未来,个人门户可能出现在各种资讯分发平台中,同时集成信息传播、电子商务、社交、工作和学习等多项功能。个人门户不仅是人们与外界进行双向信息交换的"窗口",也是构建社会关系的平台。

三、新媒体传播的发展与变革

新媒体的出现确实掀起了一场革命,但这场革命不仅仅限于技术层面,更深层次的意义在于推动塑造了一个全新的时空。传统媒体的传播特性和模式在新媒体时代得到了极大的丰富和延展,各行各业都在这个新的时空中得到了发展和升级,呈现出崭新的面貌。

(一)新媒体新闻:重新定义新闻

新媒体时代下的新闻呈现在海量、碎片化的信息中,整个传播链条从生

产、把关到接收、反馈都经历了全面的重塑。新闻不再只是专业媒体的垄断工具，而是一场全民参与的生产"游戏"。在新媒体语境中，新闻的主体变得泛化，概念趋于模糊，因此需要重新界定新闻的内涵和外延。不能简单地用"新近发生的事实的报道"或者"新近变动的事实的报道"概括新闻，传统新闻学中用重要性、显著性、时新性、趣味性和接近性五个要素来衡量新闻价值的认定方式也需要重新审视。就新闻的生产主体而言，新媒体新闻既可以指专业的新闻媒体发布的新闻，如新华社、《人民日报》、中央广播电视总台等媒体发布的新闻，也可以指个人、自媒体以及其他非专业化媒介组织发布的新闻。就新闻的传播载体而言，新媒体新闻的传播平台多种多样，包括新闻网站、手机平台、聚合类媒体等，选择丰富多元。任何新兴的媒介形态都可以用来传播新闻，比如车载电视、户外大屏、楼宇电视等。

新媒体新闻相较于传统媒体新闻具有这些特点：①新媒体新闻具有较大的容量和更丰富的形式。新媒体通过数字压缩和存储技术，能够承载比传统媒体更多的信息。除了传统媒体报道的形式，如报纸和广播电视，新媒体新闻还增加了机器新闻、H5 新闻、VR/AR 新闻、传感器新闻、新闻游戏、数据新闻、短视频新闻、移动直播新闻等多种呈现形式，以更好地满足受众的信息获取需求。②新媒体新闻具有较高的生产效率。随着新闻生产主体的多元化，非专业人士也可以作为事件的见证者参与新闻生产。同时，人工智能技术推动了机器新闻写作和 AI 主播的发展，大数据技术推动了聚合媒体报道的成熟。技术的深入应用提高了新闻的生产效率。③新媒体新闻趋向个性化。信息的海量化导致新闻数量呈指数级增长，个性化成为新媒体新闻发展的必然趋势。算法智能推荐和分发可以根据受众的个人兴趣和爱好，定制推送符合他们需求的信息内容，以满足大众碎片化阅读和获取新闻信息的需求。④新媒体新闻的社交化传播程度加深。新媒体新闻实现了新闻信息的实时共享和交流，用户参与度得到提升，同时也增强了社交呈现和互动性。

近年来，随着移动智能终端的普及，新闻用户逐渐从传统媒体终端向移动终端迁移。人们通过今日头条、腾讯新闻、百度、网易等新闻资讯应用程序，在移动智能终端上获取最新的新闻消息，这已成为他们日常生活中重要的组成部分。移动终端的普及推动了新媒体新闻样式的更新,如 H5 新闻、新闻游戏、短视频新闻、移动直播新闻等。这些新媒体新闻大大丰富了新闻报道的内容,综合调动了用户的视听和互动体验,不仅适应了移动终端的传播方式,也符合新媒体用户的阅读习惯。在不断成熟的互联网和通信技术的支持下,新闻资讯平台的用户每天使用时间显著增长,日活跃用户和用户月均留存率不断提高,用户的黏性也持续增强。

然而,在激烈的市场竞争中,流量和点击率成为可见性争夺的主要量化标准。"量化新闻评断惯习"逐渐取代了传统的新闻专业主义,吸引流量和增加点击率成为新闻实践的强大推动力。为了提高生产效率和经济利益,专业媒体常常采用标题党、抢新闻、忽视事实核查和同行恶意竞争等违背新闻规范的行为。同时,在缺乏规制的情况下,非专业媒体和个人参与社会化新闻生产,对新媒体新闻的真实性和准确性监管造成巨大影响。受到猎奇心理的驱使,公众对娱乐化信息资讯更感兴趣,浅阅读和碎片化成为新媒体时代新闻报道的重要特征。严肃新闻和调查性报道变得更加小众化,导致媒体行业乃至广大受众对价值判断产生混乱,也降低了整个媒体行业的素质。

尽管新媒体新闻已经发展到一个全新的阶段,但目前大部分新媒体新闻仍主要依赖对传统媒体新闻的再采编,存在大量同质化的新闻内容。新媒体新闻在新闻内容审核和准入制度方面仍缺乏完备且刚性的准则,虚假化、娱乐化、低俗化以及同质化成为当前新媒体新闻面临的突出问题。

(二)新媒体舆论:潜伏网络的"蝴蝶"

在新媒体时代,大众通过大众传媒来表达自己的意见,形成了舆论。大众传媒成为人们公开表达意见的主要渠道和媒介,而社会公共事务信息的广泛传播和人们意见的公开状态在一定程度上决定了社会的舆论生态,即舆论的形成和存在状态。新媒体环境中出现了许多社交网络平台,为舆论的形成提供了多元化的土壤。社会公共事务信息的大规模传播和人们意见的公开表达具有传播主体的大众化、传播渠道的便捷化和传播内容的海量化的特点。因此,在新媒体时代,舆论的生成和存在状态也具有不同的特点。

在新媒体环境下,舆论呈现出更多元化的特点。在网络舆论场中,网民扮演着重要角色。网络技术的便利性和互动性使得更多人可以参与网络舆论,摆脱了时空和物质的限制。除了与事件直接相关的当事人及其亲属、朋友、同学之外,与事件无直接利益关系的"围观者"也成为讨论者的一部分。这些人可能是出于同情、道德正义感、社会责任感,或者只是为了跟风、起哄、围观,以不同程度参与舆论,推动舆论的产生、传播和扩散。然而,由于网络的开放性和匿名性,社交媒体上的舆论往往难以形成共识,尤其是在争议性社会议题的讨论中,网络舆论既包含理性建议,也存在激化言论、情绪宣泄,甚至谩骂、语言暴力和人身攻击等不良现象。与此同时,在网络空间中,普通人可以拥有更大的话语权。在现实环境中,传统主流媒体和大众传播媒介通常占据舆论引导的地位,公众往往没有通过大众传媒设置议程的自主权和可能性。但在网络空间中,网民的言论和互动行为可以影响主流媒体和政府的议程设置,推动网络舆论的形成,甚至影响舆论的走向,这种"舆论倒逼"现象正逐渐成为常态。此外,每个新媒体用户都可以成为信息和舆论传播的载体,通过各种形式如评论、转发等在网络中传播信息、意见和观点。不同类型的新媒体平台为网民提供了丰富的意见表达空间,新媒体舆论在这种互动中酝酿、发酵、传播和扩散。特别是微博、微信等社交媒体,在最短时间内,通过评论、转发等形式,在成千上万甚至上亿的群体中共享和扩散信息、意见和观点。在这个过程中,群体情绪有时会被迅速调动,意见和观点会在短时间内大量聚集,甚至呈现几何级的叠加效应。一开始看似微不足道的话题和事件都可能引发高热度和大范围的舆论震荡,产生所谓的"舆论蝴蝶效应"。

在新媒体传播环境下,舆论传播呈现与传统舆论不同的特征和规律。新媒体舆论的产生和演变受到多方影响,包括利益相关者、"吃瓜群众"、意见领袖等,这使得舆论走向变得更加不确定。特别是在重大突发事件发生后,可能引发相关次生事件,而原始舆论也可能在发展过程中产生次生舆情。此外,在新媒体环境下,舆情传播呈现出明显的"圈子化"趋势。互联网空间中形成了各种主题的"圈子",这些圈子由于亲缘关系、现实社交关系、爱好、粉丝群体等因素而形成。尽管这可以增加用户的参与度,促进公共意见的形成,但参与讨论的群体往往表现出比个人决策更极端的态度或情绪,导致群体极化现象的出现。群体极化可以加强群体的凝聚力,并在群体内部产生强大的舆论压力,从而实现共同目标;然而,群体极化也会掩盖不同声音,阻碍对问题的客观公正看待,对社会稳定产生负面影响。

(三)新媒体广告与营销:从泛化到定向

新媒体广告是指在新媒体平台上发布的广告。它利用数字技术、网络技术、移动通信技术和智能技术,利用新媒体的交互性、参与性和精准性等特点进行传播。根据不同的投放形式,新媒体广告可以分为网络新媒体广告、移动新媒体广告、新媒体互动广告和新型媒体广告等几大类。每个类别又可以根据形态和技术的差异进行细分,如 SNS 广告、H5 广告、信息流广告、短视频广告和 VR/AR 广告等。

与传统广告相比,新媒体广告具有的特点和优势:①新媒体广告可以利用互联网建立用户数据库,帮助广告主筛选目标用户群,并进行精准投放,从而提高传播的精准性,减少用户对广告的反感。②随着互联网的发展,受众不再是被动的一方,而是具有话语权和行动力的参与者。特别是在线互动游戏广告,通过在游戏中植入商品内容,让玩家在虚拟空间中体验和互动,从而产生购买欲望。③互联网的跨时空性使得新媒体广告具有前所未有的传播速度和广度。④互联网的多媒体特性为广告制作和传播提供了多样化的发展空间。通过富媒体技术,如流媒体、Flash 动画和 Java 等,新媒体广告可以采用动画、音频、视频等多种方式进行表现和传播,给用户带来更精彩的视听体验,提升传播效果。

当然,新媒体广告也存在一些缺陷,例如以点击率为主导的标准导致新媒体广告的互动性普遍较差,消费者处于被动地位。此外,不良内容的存在和监管难度的增加也暴露出新媒体广告的一些问题。这些问题使得新媒体广告存在一定的灰色地带。

广告是将产品或服务的信息传递给受众的行为,而营销则是一个更广泛的系统性工程。与传统营销相比,新媒体营销主要区别在于渠道的不同。新媒体营销通过新媒体平台作为传播和购买渠道,向目标消费者传播产品的功能、价值等信息,以提升受众的认知度和美誉度,从而实现产品销售和品牌宣传的目的。新媒体营销平台不断更新和扩充,从早期的搜索引擎、门户网站、博客,到现在的微博、微信、直播平台等各种应用程序,逐渐实现了从传统市场向数字市场的转变。典型的新媒体营销可以概括为病毒式营销、事件营销、饥饿营销、IP营销和移动直播营销等五种形式。

传统营销以4P理论为核心,即产品(product)、价格(price)、渠道(place)和促销(promotion),主要通过报纸、广播、电视等大众传播媒体进行推广传播。其突出特点是广泛传播,单向地将信息推送给尽可能多的人。而现在的新媒体营销更加灵活轻巧,它在互动性、精准度、趣味性和营销成本等方面远远超越传统营销。因此,新媒体营销应该重新定义为4C元素,包括共同创造(co-creation)、通货(currency)、公共活动(communal activation)和对话(conversation)。这些元素强调了营销的互动性和参与性,更加注重与受众之间的共创、交流和互动。

(四)网络直播:跨时空的展演与交互

网络直播是新媒体时代的产物,其底层技术基于互联网,通过视频、音频和图文等形式实时向受众传播信息。与传统媒体不同,网络直播突破了专业媒体的模式,实现了受众与内容发布者的互动。以下是网络直播的五个特点。

(1)实时性和在场感。网络直播通过移动网络和设备实现传播的实时性,打破了时空限制,使用户可以实时观看内容并与发布者进行互动。网络直播营造真实自然的情境,增强受众的体验感。

(2)多样化场景。网络直播的场景类型丰富多样,包括娱乐、电商、新闻、教育等领域。不断出现新的直播场景,让受众可以切换不同的直播房间,体验不同风格的情境。

(3)社交属性。网络直播具有天然的社交属性,通过实时交互和多元互动机制,促进受众之间的社交互动。

(4)非正式和娱乐性。网络直播采用日常化、生活化的方式,满足受众多样化的需求。与传统的严肃叙事风格不同,网络直播通过说唱、展演、调侃、戏谑等方式,具有非正式和平民化的特点。

(5)娱乐倾向和变现逻辑。网络直播主要具有娱乐性质,像说唱直播、电竞直播等受到网友喜爱。然而,背后也隐藏着变现的资本逻辑。

当前,直播带货已成为网络直播不可忽视的发展趋势。在国内,直播经济发展已经相当规模化,并逐渐朝着市场化和产业化的运营道路迈进,形成了一条完整的产业链。然而,作为新兴行业,网络直播也面临一些问题和挑战。

(1)由于主播门槛的降低,直播平台上涌现了各种各样的主播,其中不乏为了追求更多粉丝和人气以实现商业变现的主播。一些主播出于利益驱动,可能会采取影响社会风气甚至违法违规的行为,导致直播平台出现鱼龙混杂的现象。

(2)各个平台上的网络直播内容呈现同质化和泛娱乐化的倾向,甚至有些内容低俗化、色情化,有些平台主打"擦边球"的策略,导致内容质量参差不齐。

(3)随着全民直播时代的到来,公共领域和私人领域的界限变得模糊,这也引发了一系列法律问题,涉及侵犯名誉权、隐私权等方面的纠纷。

这些问题需要被认真对待和解决,网络直播行业需要建立健全规范和监管机制,以确保行业的健康发展,并保护受众和主播的合法权益。

(五)数字出版:转型、蝶变与重生

在新媒体时代,传统出版行业的物理空间和行业范畴经历了巨大的拓展。权威出版的单一维度被多维度的草根出版所改变,数字出版成为行业发展的新趋势。数字出版是出版行业在应用信息技术后出现的新形态。

根据中国版协的定义,数字出版可以从三个方面进行数字化转变。首先,出版过程的数字化,包括编辑加工、印刷等流程的数字化处理。其次,产品形态的数字化,即通过数字化媒介呈现出可交互的产品。最后,产品运营的数字化,通过建立收付系统,将终端的内容发布转化为前端的收入,形成一个闭合的产业链。

这一定义从三个方面拓展了数字出版的概念,包括对知识资源的深度加工和开发、多种媒体的结合运用以及服务的延伸。数字出版业正在沿着这三个方向不断深化、升级、融合和发展。

数字出版业在20世纪末开始兴起,由于备受热捧,我国的数字出版业一

开始就呈现出粗放式的高速发展。随着数字出版产业政策的密集出台,数字出版得以迅速发展,整体规模与产值在 21 世纪头十年得到了飞速提升。然而,高速发展的同时也显现出弊端,数字出版行业投入和产出矛盾突出,企业盲目走了很多弯路,尚未挖掘出真正的商业模式。与此同时,国外出版业在发展中,涌现出数字出版相关技术,并形成了数字出版盈利模式。

在此背景下,我国的数字出版在 2010 年之后迎来了真正的发展契机。在"十二五"时期,"出版转型"或"转型升级"成为出版业界热词,大体契合了国家产业政策由粗放型到求质量、调结构的既定目标。从中央到各地方政府都对出版行业给予了战略性支持,除了设置文化产业发展专项资金外,还投入了庞大的国有资本金预算。在此之下,除了传统出版公司的转型升级,更多专门的数字出版公司蜂起,并开始大规模探索网络期刊、电子书籍、数字报纸等数字出版新领域。

我国数字出版行业由此迅速崛起,并探索出真正符合我国国情的发展模式,逐渐迈向了下一个深度转型的发展阶段。数字出版行业的迅速发展,不仅推动了出版业的转型升级,也带动了文化创意产业和数字经济的发展。

四、新媒体传播的重构与整合

1978 年,尼葛洛庞蒂在探究计算机、印刷和广播界限问题中,提出了"媒介融合"的发展蓝图。1999 年,国内学者将美国马萨诸塞州理工大学教授 I. 浦尔提出的"媒介融合"概念引入中国,指出媒介融合是各种媒介呈现的一体化多功能发展趋势。

从理论到实践,媒介融合在中国已经走过了 20 多年的发展历程。这一理念在启发我国学术创新的同时,也推动了相关行业的实践创新,并经历了"从全媒体到融媒体到四全媒体"的发展演变。媒介融合的出现无疑为新媒体的未来发展指出了一个重要方向。在这个过程中,新媒体的应用和发展已经深入到各行各业,对社会生活产生了深刻的影响。媒介融合的发展也使得传媒行业的竞争更加激烈,同时也促进了行业的转型和升级。在未来,媒介融合将继续推动新媒体的创新和发展,成为新时代的重要驱动力。

(一)新媒体新闻:新闻形态的重塑

与传统新闻相比,新媒体新闻是在媒介融合环境中发生叙事样态革新的新闻形态。随着技术的迭代和媒介融合的深入推进,新媒体新闻形态也在不断升级和重构。受新媒体技术的直接影响,新的新闻形态出现,如移动直播技术的发展促进了移动直播新闻的成熟。同时,新媒体技术还促进了新媒体形态或传播应用的发展,间接影响了新媒体新闻形态,如短视频传播应用的发展带来了短视频新闻的出现。新媒体技术对传播环境和媒体形态的综合作用还促进了新媒体新闻形态的重构,比如社交媒体中的新闻游戏是在社交媒体和 H5 传播形态等媒介要素发展到一定程度后才出现的,这背后正是技术对社交媒体和 H5 传播形态的完善。随着新媒体技术的不断发展和创新,新闻形态也将不断地升级和变革,为传媒行业的发展注入源源不断的动力。

新媒体新闻形态的重塑是内容和分发两个方面的突破和革新。在内容方面,一个明显的趋势是语言风格的变化。在传统新闻实践中,语言风格相对单一,整体趋向严肃,缺乏活泼的气氛。而在数字新闻业发展过程中,情感因素在新媒体新闻中的"可见性"和"介入性"使新媒体新闻的语言风格持续变化。一方面,新媒体新闻语言风格多样化,不同情感组合会形成不同的新闻语言风格,如新闻标题中情感倾向的体现使新闻呈现不同的语言风格。另一方面,新媒体新闻语言风格朝着场景化方向发展,与新闻形态和传播环境要素相适配。在内容分发方面,个性化算法推荐和信息流展现已成为大数据时代主流,是目前最为火热的方向。新闻阅读产品如今日头条、一点资讯等以自己的个性化算法作为吸引用户的卖点。同时,算法推介技术本身也在不断升级,以深度学习为代表的人工神经网络方法正在被许多研究者尝试运用到计算机科学和工程的其他领域,取得了巨大的成就。

(二)新媒体舆论:舆论场的消融与打通

新媒体文化的本质是一种竞争性的"江湖式"文化,表现出开放、分权、兼容、共享、戏谑、多元等特点。新媒体舆论似乎天然迎合了这些特征,但随着"后真相"时代的来临,新媒体舆论也不断暴露出一系列新问题。网络空间逐渐成为信息的集散地、舆情的发酵池、各种思想交锋的主阵地,网络舆论场的反相共生性愈发显著。舆论场域开放、自由的特质让网络参与主体间缺乏真正的沟通与认同,反而强化了网民对精神共同体的归属需求,网络群应运而生。同时,舆论场域具有的自囿性与排外性促使"信息茧房"现象加剧,更易导致极端思想蔓延。融合语境下的网络空间充斥着各种谣言、八卦甚至无稽之谈,成为多元群体的利益角力场与争夺地,从而导致了新媒体舆论呈现出介于真实与虚假之间的极大留白,"动态、真实"成为舆情信息传播的主要特质。情绪与情感优先、理智与事实滞后以及判断上的情理倒序性使舆论生态更加难以捉摸。

传统媒体的总体文化特质是一种高高在上的"庙堂式"文化,它强调的是对多元价值观的"统合",对受众更多的是俯视的、教化的姿态,以自我为中心。媒介融合实质为冲破新旧两种截然不同文化间壁垒的过程,在舆论上表现为处理好官方和民间舆论场之间的关系。官方舆论场依托传统主流媒体,旨在宣传和解释党和政府的政策方针,反映官方意志的舆论场。官方通常掌握全面、权威的高质量信息,但在信息发布环节往往以"堵"的思维来应对危机事件,在实际操作中将"稳定"放在第一位,当官方回应社会质询时的姿态和策略与公众期待有差别时,反而容易引发信任危机和舆论声讨。民间舆论场是借助互联网平台,反映群众心声的舆论场,映射着民众话语意识和话语权的增强。当前,舆论爆发的门槛越来越低,真假信息的混杂搅动着民众敏感的神经,缺乏正确引导带来舆论的偏移和迅速发酵,更容易引起舆论的震荡。两个舆论场何以实现融合共存,对构建和谐的舆论环境至关重要。

(三)新媒体广告与营销:精细及精准的转向

2019 年 6 月,工信部向中国电信、中国移动、中国联通、中国广电发放 5G 商用牌照,同年 11 月,三大运营商正式上线 5G 商用套餐。5G 移动互联网环境为广告提供了更为强大的技术和平台支撑,使得广告投放愈加精准化和个性化。移动媒体、智能媒体与传统媒体从内容、渠道到终端的多元融合,不仅促进了传统媒体的数字化变革,也使移动媒体、智能媒体成为当下广告内容与营销创新的必然选择。据艾瑞咨询 2021 年度中国网络广告核心数据,中国网络广告市场规模达 7666 亿。受新冠疫情影响和数字化浪潮推动,广告主更加看重营销的精细化及费效管控,对数字技术的投入也更高。媒体份额持续变化,电商平台和短视频平台占据主要版图,流量与数据管理成为营销价值的突破口,私域营销顺势崛起。整体消费加速向线上平台倾斜,Z世代与下沉市场作为新兴消费势能人群,消费潜力和成长空间仍待深度挖掘。流量进一步向移动端倾斜,广告主伴随用户关注度转移,2021年移动广告逐渐进入平稳发展期,其在网络广告中未来占比超87.7%。此外,短视频行业的流量快速增长及商业化进程的加速吸引了大量广告主的关注,预算向短视频平台倾斜明显,信息流广告发展速度保持高位,未来五年内,网络广告等诸多广告形式或将逐渐呈现信息流化。新媒体广告业发展壮大的同时也对广告效果评估提出了新的要求。当前国内在衡量新媒体广告的效果上多采用激活率和连通率作为统计指标,分别测试CPM(千人成本)和CPC(每点击成本)。面对日新月异的新媒体广告,上述两种简单的评估标准显然已不够用,因此建立新的评估体系已成为新媒体广告面临的迫切问题。

随着新媒体广告的飞速发展,数字化升级大浪潮也影响了新媒体营销的转型,传统市场营销组合"4P"(产品、价格、渠道和促销)被重新定义为"4C"(共同创造、通货、公共活动、对话),社交媒体的发展注入了新的活力。然而,数字化崇拜和流量至上的行业取向导致新媒体营销形式大多流于仪式,内容短板明显。此外,精准营销捕捉了消费者的个性化需求,提高了企业的服务质量,但也游走在隐私与伦理的边界,形成了灰色地带。广告主面临的课题是如何在良性竞争的过程中实现流量变现渠道多元化、价值最大化。

(四)网络直播行业中"直播+"的纵深发展

网络直播的发展经历了从电视直播到移动直播的转型,媒介融合是一个贯穿整个发展过程的重要因素。开始,网络直播主要以秀场和游戏为行业两大支柱。然而,由于推广成本和主播签约成本都较高,仅依靠用户购买虚拟礼物和流量广告两种变现方式很难维持扩张,因此商业模式仍处于探索阶段。虽然在2017年至2019年间,以秀场直播和游戏直播为核心的网络直播业务保持了蓬勃发展趋势,但整个网络直播行业现在正处于转型调整期,发展势头尚未非常强劲。

网络直播行业在2019年后迎来了融合发展的机遇。各大直播平台积极探索"直播+"模式,布局内容生态。同时,电商、短视频等平台也利用"直播"优势,推动自身业务发展。各大直播平台积极推动"直播+"布局,与电竞、综艺、文化、旅游、教育等产业相结合,构建多元化、差异化、高品质的直播生态体系,成为行业发展的主要动力。电商、短视频等平台看重直播的盈利潜力,也布局直播领域,为行业整体用户规模的增长注入了新的活力,丰富了网络直播行业的内容和变现方式。

在 2020 年的新冠疫情和决战决胜脱贫攻坚的双重背景下,"跨越信息鸿沟、实现安全交易、形成健康循环"成为政府和企业的重要目标。电商直播作为"线上引流+实体消费"的数字经济新模式,正好满足上述需求,成为拉动经济内循环的有效途径和发展新热点。2021 年以来,电商直播进一步蓬勃发展,也极大地推动了媒体融合的步伐。越来越多的中小商户将自建直播渠道作为重点,带动商品的销售,从老字号品牌到地方特色农产品都有了好的表现。随着《关于加强网络直播规范管理工作的指导意见》《网络直播营销管理办法(试行)》等政策的陆续推出,电商直播监管体系逐渐完善。同时,新闻直播和体育直播领域也在迅速发展。在北京冬奥会的推动下,以云服务、5G 为代表的新兴技术推动了这些领域的直播业务模式的进一步升级。

(五)数字出版:探索融合出版新模式

融合出版是新兴出版范式,为顺应媒体融合时代、解决传统出版和数字出版融合发展问题而生。传统出版在政策推动和概念创新的推动下,由数字出版粗放式发展的初级阶段迈向了融合发展的新阶段。不同领域数字化进程呈现出不同的特征面貌。教育出版表现为教育与出版的深度融合趋势,大众出版表现为基于优质 IP 的全媒体整合传播,专业出版数字化则表现为出版资源数据化、出版产品服务化、消费体验智能化、产业价值链生态化、出版治理现代化等特征。到 2020 年,我国数字出版已全面进入融合发展阶段,传统出版实现了向融合出版的结构调整与深入转型,涌现了丰富多样的数字出版产品,并形成了技术赋能的数字出版产业链。传统出版产业链重构,上游聚合作者、版权资源,中游承担着承上启下的重要枢纽功能,下游建设连接不同受众的营销发行平台。整个产业链生态得到了重构,以提高内容资源的竞争力为核心,最大限度地将内容优势转化为发展优势。

数字出版进入了融合发展的新阶段,为了抓住机遇并取得成功,需要持续探索融合新模式。一方面,要加强数据驱动的专业出版内容资源建设和运营模式,完善数据要素资源体系,利用数据资源推动数字出版产品的研发、生产、流通、服务和消费的全价值链协同。另一方面,专业出版要深度融入相关产业和细分领域的数字化转型,从传统出版产品转型为嵌入式的知识密集型服务,助力产业高质量发展。尤其要将优质专业内容资源与相关领域治理需求紧密结合,服务国家治理体系和治理能力现代化建设数字化战略背景下专业出版的发展路径。

第二章
新媒体传播的技术依托

第一节 新媒体传播技术的主要类型

传播技术一直以来在人类社会的发展中都扮演着重要的角色,其发展的变革也始终与新媒体息息相关。随着网络技术的发展和普及,新媒体技术不断涌现并且不断地影响和改造着传统媒体行业。从历史的角度来看,这些新技术被归为新媒体技术的范畴。

新媒体作为一个相对的概念,是在报刊、电视、广播等传统媒体之后发展起来的新的媒体形态。这种新媒体形态包括手机媒体、数字电视、网络媒体等。它们广泛应用了网络技术和数字技术,通过互联网、无线通信网、宽带局域网、卫星等渠道,以及手机、电脑、数字电视机等终端向用户提供信息和娱乐服务的传播形态。这种广泛的涉及面使得新媒体成为一个宽泛的概念。

可以说,新媒体技术的不断革新和进步不仅给人们带来了更加高效、精准的信息传播和获取方式,而且也带来了前所未有的文化交流和互动方式。通过新媒体技术,人们可以轻松获取全球各地的信息,开展线上社交互动,创造新的文化产业。随着技术的不断升级,新媒体技术的应用范围也会不断拓展,为人们提供更加丰富、全面的信息服务,同时也带来了更加广阔的创新空间。

一、网络化新媒体技术

网络化新媒体技术是指基于网络技术的相关媒体应用技术。随着互联网的普及和发展，新媒体的出现为人们获取和传递信息提供了更加便捷、快速、精准的方式。从 Web 1.0 到 Web 2.0 时代，网络技术的发展不断引导着新媒体向更好的未来前行，这其中包括 Web 技术、HTML 技术、IPv6 技术、三网融合技术、位置服务技术等方面的不断创新和完善。其中，Web 技术是新媒体传播技术的基石之一，它是一种用于创建和发布网页的技术。Web 技术通过使用 HTML、CSS、JavaScript 等语言，使得网页内容能够以结构化、可视化的形式呈现，并且具有交互性。另外，IPv6 技术的出现也为新媒体传播技术提供了更加广阔的发展空间，IPv6 技术不仅能够提供更多的 IP 地址，还能够提高网络通信的效率和稳定性。除此之外，新媒体传播技术还不断涌现出其他创新性的技术，例如三网融合技术，它是指电信网、广播电视网和互联网的融合，为新媒体传播技术的互动性、多样性和实时性提供了更加完善的基础设施；还有位置服务技术，它能够通过全球定位系统（GPS）等技术，为用户提供更加个性化、精准的信息服务。

二、移动型新媒体技术

移动型新媒体技术是指所有具有移动便携特性的新兴媒体，包括移动手机、平板电脑、PSP、掌上电脑、移动视听设备等，其在移动性、便携性和智能性方面的特点，让人们可以随时随地获取和传递信息，享受到更加便捷和高效的通讯体验。移动型新媒体技术从移动通信的角度探讨相关技术，这是因为移动通信是移动体之间或移动体与固定体之间的通信。移动通信技术的发展是移动型新媒体技术得以快速普及和发展的基础。随着移动通信技术的不断升级和完善，从 2G、3G 到 4G 和 5G，网络速度和通信质量得到了极大的提升，为移动型新媒体技术的进一步发展奠定了坚实的基础。移动型新媒体技术的应用范围十分广泛，包括了移动办公、移动支付、移动购物、移动社交等多个领域，它们的出现和发展使得人们可以随时随地完成各种日常任务。例如，通过移动设备实现的在线购物，让人们可以在家中、办公室或者旅途中轻松购买所需商品,同时也为商家提供了更加广阔的销售渠道和机会。同时,移动型新媒体技术也在教育、医疗、娱乐等领域发挥着重要作用,例如在线教育、远程医疗等。这些应用方式不仅方便了人们的生活和工作,也为社会发展和进步带来了积极的影响。

三、新理念新媒体技术

在当今新媒体快速发展的时代,革新已成为新媒体生命力之所在。为了不断推进新媒体传播技术的发展,新理念新媒体技术应运而生。这种技术主要是依托其他技术从理念角度催生的带有技术色彩又有革新意义的理念型技术要素。这些技术包括大数据技术、云计算技术、流媒体技术等相关技术。大数据技术是指通过利用计算机技术对海量数据进行分析和处理,以提取有用信息的技术。在新媒体传播中,大数据技术可以用于分析用户的行为和兴趣,从而实现个性化推荐、精准营销等目的。云计算技术则是一种通过网络提供计算服务的技术。通过云计算技术,用户可以随时随地访问和使用计算资源,同时也能够实现数据的共享和协同处理。这为新媒体传播提供了更加高效、稳定的存储和处理能力。而流媒体技术则是一种通过网络实时传输音视频等流媒体内容的技术。通过流媒体技术,用户可以随时随地观看视频、听取音乐等,而不受时间和空间的限制,这为新媒体传播提供了更加出色的用户体验。这些新理念新媒体技术的出现,使得新媒体传播能够更好地适应用户需求和市场变化,从而不断发展壮大。随着新技术的不断涌现和应用,新媒体传播技术将会呈现出更加多样化和个性化的发展趋势,为人们的信息获取和传递提供更加便捷、高效、优质的服务。

第二节 网络化新媒体技术

网络信息资源所呈现的载体是众多网站的数以亿计的网页,网页即Web 页面。网络信息是否能更好地呈现与组织和 Web 页面息息相关,Web

技术理念引领下的网络媒介变得越来越丰富,促使网络信息资源传播组织及应用也更加多样化。根据 Web 变革历程将它分为 Web X.0,从 Web 1.0 到 Web 3.0 时代,网络技术的发展不断引导、支撑着新媒体向着更好的方向前行。Web 表现为三种形式,即超文本(hypertext)、超媒体(hypermedia)、超文本传输协议(HTTP)。

一、Web 1.0

Web 1.0 是互联网浏览器浏览 HTML 网页的模式,其主要内容单位为"网页",由"网站程序员"建立。Web 1.0 采用客户端/服务器体系结构,而受众接收信息的主要模式是"读",浏览工具为"互联网浏览器"。Web 1.0 的核心是数据,它通过超链接技术将所有资源在一个网页中直观地呈现。就知识生产而言,Web 1.0 的任务是通过商业力量将以前未被放在网上的信息放到网上。从内容生产者的角度看,Web 1.0 的主要体现是商业公司。就交互性而言,Web 1.0 主要考虑网站对用户的作用,从技术上来看,Web 1.0 的客户端化促进了工作效率的提高。

在 Web 1.0 时代,信息传播模式仍然是基于"网站—受众"这一线性模式,受众主要通过互联网"浏览"而非"分享"信息。因此,尽管新媒体通常以网络媒体为代表,严格来说,当时的网站并不满足新媒体所具有的非线性传播、交互性等特性,也无法称之为真正意义上的"新媒体"。

然而,基于 Web 1.0 的网络媒体,特别是门户网站,仍然为受众提供了传统媒体无法匹敌的传播新体验。①网络媒体的庞大数据库使受众能够接触到海量的信息;②先进的搜索技术使受众能够根据需要搜索到自己感兴趣的信息;③网络上的信息通常以多种方式(包括图片、文字、动画和影音等)呈现在受众面前,受众能够自主决定接收何种形式的信息、以何种方式接收信息;④通过网络浏览信息,没有时间和空间的限制,受众可以随时随地上网,自由支配自己的浏览时间;⑤通过浏览各种类型的网站,受众可以全面满足他们在信息、新闻、娱乐等各方面的需求。

尽管 Web 2.0 已经占据主导地位,但 Web 1.0 仍然具有巨大的推动力,并将在未来很长一段时间内继续存在。Web 1.0 为网络媒体积累了大量的受众,这部分受众可以被视为新媒体最初的受众,也是未来的潜在受众。因此,Web 1.0 不仅为新媒体的诞生提供了一个优质的受众平台,而且为新媒体的发展奠定了坚实的技术基础。

二、Web 2.0

Web 2.0 是一种新型的互联网应用,它以博客(blog)、聚合内容(RSS)、社交网站(SNS)、允许用户修改或添加信息的网站(wiki,维基)等应用为核心,并且依据六度分隔、AJAX(异步 Java Script 和 XML)等新技术实现。相较于 Web 1.0,Web 2.0 的内容更为丰富,工具性更强,联系性也更强。目前,微博、社交网站等十分流行的应用均属于 Web 2.0 的典型范例。

(一)Web 2.0 的理论基础

六度空间理论,又称六度分割理论,旨在说明在社会网络中,任意两个人之间要建立联系,其间隔的人数不超过六个。换言之,即使身处地球上不同的角落,两人之间也仅存在"六度分割"的联系。这一理论强调了社会网络的互联性和联系的广泛性,同时也提示人们,我们的行为和言语在社交网络中产生的影响可能比我们想象的要大得多。

当下流行的社交网站应用是基于"六度分割"理论的。"朋友的朋友是朋友",因此社交网站帮助用户通过认识朋友的朋友来扩展人脉,进而建立和经营自己的社交圈。近年来,人们对社会网络的传播越来越关注,因此许多网络软件开始支持人们建立更加互信和紧密的社交关系。这些软件统称为"社交软件"(social software)。

长尾理论(the long tail),长尾理论是随着 Web 2.0 的兴起而诞生的一种新理论。该理论认为,如果有足够大的存储和流通渠道,即使是需求不旺或销量不佳的产品,只要成本急剧下降以至于个人也能进行生产,它们所占据的市场份额可以与那些热销产品所占据的市场份额相匹敌,甚至更大。换言之,长尾理论指的是众多小市场汇聚成的一个可与主流大市场相匹敌的市场。这个市场的能量来自许多不同领域的产品和服务,它们在主流市场中往往被忽视或者被较少关注。因此,长尾市场的特点是多样性和个性化,能够提供更多的选择和更满足人们个性化需求的产品和服务。

去中心化理论,"去中心化"的含义是指从高度集中的控制模式转变为分散的集中控制模式。在这种模式下,出现了诸如百花齐放、百家争鸣的现象。在 Web 2.0 时代,分布式存储模式,如分散存储和网格等,逐渐取代了以前的"集中存储指向访问"模式,这使得数据存储和访问更加分散和去中心化。因此,现在越来越多的应用程序采用了去中心化的设计,以提高其稳定性和灵活性。

(二)Web 2.0 的技术特点

随着 Web 2.0 时代的到来,个性化服务不仅仅体现在网页设计和内容安排上,更多地体现在服务方面。相较于 Web 1.0 时代,网站之间的交流互通更加顺畅,为用户提供了更大的自由选择信息的空间,这得益于 Web 2.0 采用了诸如 RSS、XML(可扩展标记语言)等技术。特别是 XML 是一种方便、易于使用的标记语言,可以使用一系列简单的标记描述数据。通过使用 XML 处理数据,网站上的内容可以自由组合,并能够被各种应用程序呈现和处理。数据不再与页面和网站混合在一起,而是成为独立的实体,与用户绑定在一起。此外,Atom、RSS 等基于 XML 的多种内容格式和基于这些格式的互操作/通信协议,扩展了 Web 2.0 网站的功能,允许用户进行分布式交互。这些技术的使用使得个性化服务在 Web 2.0 时代得以更好地实现。

在 Web 应用程序开发中,AJAX 即异步 Java Script 和 XML(Asynchronous JavaScript & XML),是一种综合了 Web 信息发布技术的开发技术。采用 AJAX 进行软件开发可以使用户像在本地计算机上一样使用网络应用程序。此外,AJAX 还能够实现数据交换、处理、动态显示和交互,而无需刷新浏览器窗口或安装额外的插件,以满足用户的操作需求。目前,AJAX 技术已经被广泛应用于网络应用程序的开发中。

在 Web 2.0 时代,开放 API 已经成为一股不可忽视的趋势。API(应用程序编程接口)是预定义的一组函数,旨在为应用程序提供无需访问源代码的功能,并方便地访问一组常规程序。在 Web 1.0 时代,API 只应用于少数网站。但现在,开放 API 已经成为标配。对于公司来说,技术领域的竞争已经演变为标准之争。标准的形成取决于使用人数,开放 API 意味着更多的人会使用,从而形成标准。因此,开放 API 对公司来说是至关重要的。

此外,在 Web 2.0 时代,P2P 传输技术也被广泛应用。P2P 是一种新型的网络技术,主要依赖于网络参与者的计算能力和带宽,而非少数几台服务器的聚集。在 P2P 中,用户交换文件时可以直接连接到其他用户的计算机,而不必像过去那样连接到服务器进行浏览和下载。此外,P2P 的另一个特点是改变了互联网以大型网站为中心的状态,重新回到"非中心化"的状态。

(三)Web 2.0 的媒体应用

相对于 Web 1.0,Web 2.0 的目标是构建一个包容所有人的参与平台。在 Web 2.0 时代,任何用户都有机会直接参与内容的创作,网络用户从信息的接受者转变为信息的生产者和传播者,逐渐成为传播的主力军。随着 Web 技术的快速发展,各种新型媒体不断涌现,其中核心的应用主要有 RSS、Blog、SNS、Wiki、Tag、Podcast、IM 等。

1. RSS——站点摘要

RSS 是"really simple syndication"的缩写,它是一种简单的在线共享内容方式。与传统的阅读网站不同,使用 RSS 订阅可以使用户更加快速、方便地浏览网站新闻或摘要,而无需登录网站或浏览大量不相关的内容。

在使用 RSS 的应用中,用户可以通过在线或离线的 RSS 阅读器来浏览订阅的网站内容,这样一来,用户就不必每次都访问网站来获取新闻和文章。对于时效性强的内容,使用 RSS 订阅可以更快速地获取最新的信息,帮助用户及时了解当前的动态。

使用 RSS 订阅的另一个好处是,用户可以根据自己的兴趣和需求自由选择订阅内容,从而获得更加个性化和有针对性的信息服务。不同于传统媒体的单向传播,RSS 订阅可以满足用户的多样化需求,让用户获取到最有价值的内容,提高信息获取的效率和质量。

此外,由于 RSS 订阅是一种基于 XML 格式的协议,它可以和其他应用程序轻松地集成和共享数据,实现更加便捷的信息传递和共享。在互联网应用中,RSS 已经成为一种常见的信息共享方式,为用户提供了更加高效、便捷的信息获取方式。

2. Blog——博客/网络日志

博客是一种利用网络媒介发布信息的新型方式。它提供了一个简单而方便的平台,让用户可以快速地发布个人所思所想,与他人进行互动和沟通。由于其简单易用,博客迅速流行开来,成千上万的博主不断创造并分享各种信息,这使得他们成为互联网信息的自发生产者。此外,由于 Blog 可以方便地发布个人信息,因此它在隐性知识的挖掘和共享方面具有重要意义。

如今,博客已成为网络传播的重要组成部分。它的广泛应用在网络信息的传播、社会交流以及个人形象塑造等方面都产生了深远的影响。在网络信息的传播方面,博客为人们提供了一个自由、开放的平台,使得信息可以在网络上快速传播,也让信息更容易被人们所关注和分享。在社会交流方面,博客为人们提供了一个开放的交流平台,使得人们可以借此了解他人的生活、想法和观点,进一步促进了人们之间的交流和沟通。在个人形象塑造方面,博客可以帮助人们展现自己的个性和能力,让人们通过个人信息的发布和分享建立自己的品牌形象。

总之,博客作为一种新型的网络信息发布方式,不仅具有快速、方便、开放的特点,而且已经成为网络传播中的重要组成部分。它的应用在信息的传播、社会交流和个人形象塑造等方面都产生了深远的影响,为人们提供了更加自由和开放的信息传播平台。

3. SNS——社会性网络服务/社交网络

SNS 是 social networking services 的简称,也称为社会性网络服务。此外,SNS 还有另一个常见的解释,即 social network site,也就是我们熟悉的"社交网站"。它是一种在线社交媒体,允许用户通过平台建立个人主页、发布信息、交流互动等。在 SNS 上,用户可以利用"朋友的朋友"扩展社交网络,建立社交圈,并更科学地管理和经营人际资源。由于 SNS 强调实名制,因此被认为是 Web 2.0 时代最理想的社交手段之一,具有广阔的市场和远大的前景。

通过 SNS,用户可以轻松找到志同道合的人,分享自己的兴趣爱好、经验和想法,并与他们建立深入的关系。SNS 在商业和营销方面也具有重要意义,企业可以利用 SNS 的大数据和用户画像等功能,通过定向广告和精准推荐等手段,将产品和服务推广给潜在的客户,从而实现更好的营销效果。

同时,SNS 也面临一些挑战和问题,例如虚假信息和个人隐私的泄露等。

因此,社交网站需要不断完善技术和管理手段,加强安全防范,维护用户权益,保护个人隐私,才能更好地服务于用户,实现良性的发展。

4. Wiki——百科全书

wiki 是一种基于多人协作的写作工具,其特点在于允许多人(甚至包括访问者)共同维护站点,发表个人意见,或者对感兴趣的主题进行扩展和探讨。相比传统的 HTML 文本,wiki 的创建、更改和发布文本成本较低,这也是其在共建和共享知识库方面,具有极大优势的原因之一。另外,wiki 的使用便捷和开放性,也使其成了知识社会条件下创新 2.0 的一个典型范例。

wiki 的诞生源于人们对知识共享和交流的需求。在过去,知识的传播和交流往往受到限制,仅仅由少数权威人士进行掌控和管理。而随着互联网的普及和信息技术的发展,人们对于知识共享和交流的要求越来越高,也催生了 wiki 这种多人协作的写作工具的诞生。

在 wiki 中,任何人都可以创建和编辑文章,这使得知识共享和交流的门槛大大降低,同时也使得信息的准确性和全面性得到了更好的保障。另外,wiki 的开放性和便捷性也促进了信息的流通和交流,使得人们可以更加便捷地获取和分享知识。这也为创新 2.0 的发展提供了有力的支持和保障。

总之,wiki 作为一种多人协作的写作工具,在知识共享和交流方面具有极大的优势。它的使用便捷和开放性,为信息的共享和流通提供了更加广阔的空间,同时也推动了创新 2.0 的发展和壮大。随着技术的不断发展和完善,wiki 也将不断涌现出更加出色、高效的应用方式和技术手段,为人们提供更加便捷、精准、优质的信息服务。

5. Tag——网页书签

在 Web 2.0 的相关应用中,tag 是一种非常有用的日志分类方式,它可以方便地为每篇日志添加一个或多个标签,使得用户能够更加灵活、方便、有趣地进行搜寻、浏览和索引。相比于传统的分类方式,tag 更加灵活,可以根据具体的内容自由设置标签,便于用户更加清晰、准确地找到感兴趣的内容。

通过 tag 的运用,用户能够更轻松地找到自己感兴趣的内容,并且 tag 还能促进日志之间的交流与联结,形成更加完善的信息网络。例如,在博客或者微博中,用户可以根据自己的兴趣爱好为自己发布的内容添加 tag,其他用户可以通过 tag 寻找相关内容,从而更好地了解与自己兴趣相关的内容。此外,tag 还可以促进不同博客或微博之间的交流和联结,当多篇日志使用相同的 tag 时,它们就会自动地联系在一起,形成一个更加完善、丰富的信息网络。

综上所述,tag 是 Web 2.0 应用中非常重要、灵活、方便、有趣的日志分类方式。它为用户提供了更加高效、准确、丰富的信息获取和交流方式,促进了日志之间的联结和交流,同时也丰富了整个网络社区的内容和氛围。

6. Podcast——播客

"播客"是一个由"iPod"和"broadcast"两个词合成而来的词汇,它的出现是收音机、博客、iPod 以及宽带互联网的共同产物。它被称为"有声博客",是 Web 2.0 的家族中的一员。与网络广播不同的是,播客使用订阅模式,用户可以在互联网上订阅并自动接收新的文件,也可以制作广播节目并上传到网上与广大网友分享。

播客使用的是 RSS 2.0 文件格式传送信息,这项技术允许个人创建并发布播客。由于制作播客不需要频道资源和大量的设备,因此任何人都可以制作并发布广播节目,任何拥有智能手机、MP3 等接收终端的受众都可以自由地收听播客。这使得播客成为一种非常受欢迎的信息传播方式。同时,播客也为用户提供了一种自由、个性化的信息获取和分享方式。

虽然播客起源于 iPod,但现在已经不再局限于此。现在,许多设备和平台都支持播客,包括智能手机、平板电脑、电脑等。此外,随着播客的发展和普及,越来越多的人开始制作自己的播客节目,涉及的内容也日益多样化,包括新闻、音乐、娱乐、教育等各个领域。

总之,播客是一种非常受欢迎的信息传播方式,它的出现和发展,使得人们可以更加便捷、自由地获取和分享信息,同时也为用户提供了一种全新的个性化信息获取和分享方式。随着技术的不断进步和完善,播客也将不断涌现出更加出色、高效的应用方式和技术手段,为人们提供更加便捷、精准、优质的信息服务。

7. IM——即时通信

IM 是一种实时通信服务,通过它,使用者可以建立私人聊天室

(chatroom)并进行网络上的实时交流。这种通讯方式允许两个人同时在线的情况下,利用 IM 软件传递文字、语音、视频和文件等信息。在中国,IM 软件已经成为最为广泛使用的软件之一,包括 QQ、微信等,受到广大用户的喜爱和欢迎。

随着科技的发展,IM 软件的功能不断得到升级和改进,支持更多的语音、视频和文件格式,使得信息传递更加丰富多样。同时,IM 软件也开始向社交媒体方向发展,例如微信推出的朋友圈、QQ 推出的空间等,为用户提供更加全面的社交体验。

不过,随着 IM 软件的广泛使用,也出现了一些安全问题和隐私泄露的风险。因此,IM 软件也在不断加强安全措施和隐私保护机制,例如加密聊天、人脸识别等技术,以保障用户的信息安全。

IM 软件已经成为人们日常生活中不可或缺的一部分,为人们提供了便捷、高效的实时通讯方式。随着技术的不断发展和进步,IM 软件的功能和体验也将不断得到提升和改善,为人们带来更加优质的通信服务。同时,IM 软件也需要不断完善安全机制和隐私保护措施,以确保用户信息的安全性。

三、Web 3.0

Web 3.0 是一个全新的数字生态系统,基于去中心化理念和数字技术如区块链构建,它超越了 Web 1.0 的"只读"和 Web 2.0 的"可读可写",实现了"可读可写可拥有"的互联网。Web 3.0 将成为用户和建设者所拥有并信任的互联网基础设施,融合了多个场景,具有更高的自主性和开放性。它将为用户和企业提供更加安全、去中心化、透明和可持续的数字生态环境。这种新型互联网将为个人和组织赋予更大的权力和控制,推动互联网的发展进入一个新的阶段。

Web 3.0 的网站架构由三个层次构成,带来了更高级的互动性、数据共享性以及更强大的功能和灵活性。首先,网站内的信息可以直接与其他网站的信息进行交互,而这种交互可以通过第三方信息平台对多家网站的信息进行整合和利用。其次,用户在互联网上拥有自己的数据,这些数据可以在不同的网站上使用,实现了数据的跨网站共享。最后,Web 3.0 的网站完全基于 Web 技术,利用浏览器即可实现复杂系统程序才有的功能,为用户提供更多的交互和操作选项。因此,Web 3.0 的网站架构在交互性、数据共享性和功能上具有显著的优势,为用户和企业带来更丰富、更便捷的互联网体验。

Web 3.0 时代的网络传播主要采用信息过滤技术,以更加聚合和个性化的方式进行。因此,Web 3.0 时代网络传播的特点主要体现在个性化、用户体验、定制化和内容整合方面。这些特点旨在更好地满足用户的需求,提供更为精准和有针对性的网络服务。

总体可知,Web 3.0 具有两方面的典型特征:

1. 去中心化

随着 Web 3.0 时代的到来,用户可以利用分布式数字身份来管理自己的身份信息。他们可以使用该信息验证并登录到任何平台和应用程序,这一时代最大的特点是去中心化,将原本属于互联网服务提供商的权力下放到用户手中。因此,Web 3.0 不仅提升了用户的隐私和信息安全,使他们能够掌握自己的数据信息、数字身份和数字资产,而且打破了平台对信息算法和管理的垄断。通过设计机制引导人们自发协调行为,Web 3.0 从根本上改变了用户和平台之间的权利义务关系。这种去中心化的模式使得用户可以自由选择替代产品,极大地挑战了平台的垄断地位,从而为用户提供更多选择。

2. 融合发展

Web 3.0 是一种新的数字空间技术,通过基于分布式账本的去中心化 DNS 根域名治理体系,实现了端到端访问过程的去中介化,重塑了数字空间与现实经济社会活动的边界。这种技术推动了实体与数字产业的融合发展,用户可以自行命名和解析域名,并将其应用于数字实体、数字资产等资源中,从而实现了现实世界和数字空间的更好融合。Web 3.0 的发展将对未来的数字经济产生深远的影响,打开了更广阔的可能性和创新空间。它为个人和企业提供了更多的自主权和创造力,促进了数字经济的可持续发展。

Web 3.0 被视为互联网和通信服务的结合,其用户可以通过智能终端(例如电脑、手机、IPTV、PC 和其他智能终端)轻松获得高质量的即时交互信息服务,它应具备即时性、互动性、融合性、自主性和个性化等特征。因此,Web 3.0 的媒体形式主要包括个性化搜索和个人门户等。Web 3.0 平台由微单元(微应用模块或单元组织)构成,用户可以完全自主创建所需的信息单元模块,从而使信息更加精准、个性化。在这个平台上,所有信息都由用户自己控制和整合,网站平台只提供技术支持和完善服务。

随着互联网的发展,个性化已经成为互联网的时代特征。在 Web 3.0 时代,个人门户网站已成为互联网发展的必然趋势,并逐渐演变成个人信息中心。个人门户网站不仅能够成为以个人为中心的上网入口,而且还能实现内容、社区、应用的有机整合,并能够进一步实现个性化定制。从技术层面来看,个人门户网站具有以下基本特征:融合化、聚合化和个性化。①融合化指用户可以轻松与手机和其他智能家电进行互动;②聚合化指网站功能更强大,实现一站式全面生活体验;③个性化是根据个人偏好和特性设计信息的呈现。个人门户的核心价值在于整合互联网和个人电脑两方面的内容、社区和应用,通过个性化的呈现扩展用户对互联网的利用,节约用户使用互联网的时间成本。个人门户的前景告诉我们,在未来,商业推广将围绕消费者的个性化需求进行设定。与传统门户网站相比,个人门户的特点在于个性化和个人参与。个人门户不再是一成不变的死板网站,而是可以根据个人喜好定制各类页面样式和信息内容。同时,个人门户的内容由个人自主添加或编辑,不再由门户网站决定。这使得个人门户成了真正符合个人需求和参与度的互联网平台。

第三节　移动型新媒体技术

移动通信是指在移动体之间或移动体与固定体之间进行通信的技术。如今,移动通信已经成为人们生活中不可或缺的一部分,这种无处不在的服务深刻地改变了社会生产和人们的生活方式。随着移动通信技术的不断发展,整个行业与社会经济各领域的融合程度不断加深,新业态、新模式层出不穷。共享经济、移动支付、电商直播等新兴产业都受益于移动通信的发展。

一、移动通信技术的发展

(一)第一代移动通信技术(1G)

第一代移动通信技术(1G,1st Generation)是指最早在全球使用的模拟制式移动通信技术。1987年11月,我国引进了第一套模拟移动通信设备,标志着我国移动通信产业的开端。然而,当时的移动通信设备存在显著缺点。除了体积较大外,其频率利用率也很低,只能支持极其有限数量的用户,保密性、安全性、通话质量、业务功能等方面都不理想。因此,那时的手机只能作为移动通信工具,且其移动性极其有限。2001年12月31日,我国完全关闭了模拟移动通信网。随着技术的进步和发展,移动通信技术从1G向2G、3G、4G、5G等不断迭代,实现了从通信功能到多媒体和智能化的巨大飞跃。

(二)第二代移动通信技术(2G)

在20世纪90年代初期,数字技术和微型电子芯片技术快速发展,移动通信终端的硬件和软件实现了数字化。随着这一趋势,第二代移动通信技术(2G,2nd Generation)应运而生。第二代移动通信技术采用了数字的码分多址(CDMA)和时分多址(TDMA)技术,并以PDC、GSM、D-AMPS、CDMA等系统为代表,核心是数字语音传输技术。

相较于第一代模拟蜂窝移动通信,第二代移动通信系统采用数字化制式,具有保密性强、标准化程度高、业务丰富等特点。与第一代相比,第二代移动通信在通话质量和安全性等方面取得了显著进步,使移动通信得到了空前的发展,并从过去的辅助地位一跃而成为主导地位。

(三)第三代移动通信技术(3G)

第三代移动通信技术(3G,3rd Generation)是一种新一代移动通信系统,它实现了无线技术和网络信息技术的结合,将传统手机和电脑融合在一起,使手机成为新的"个人通信终端"。相较于第一代和第二代移动通信技术,3G超越了仅依赖于无线通信技术的手机,具备了更强大的功能和性能。

全球 3G 技术标准主要有美国的 CDMA2000、欧洲的 WCDMA、中国自主研发的 TD-SCDMA 和 WiMAX 四种。3G 网络首先在日本和韩国建成,2001 年 10 月 1 日,日本移动通信龙头 NTTDoCoMo 在全球率先开通基于 WCDMA 标准的 3G 服务。随后,3G 网络在全球范围内发展势头越来越强劲,商用很快得以普及。

手机上网因其便捷性而备受青睐,移动网民数量急剧增长,为 3G 的商用提供了前提。2008 年 4 月 1 日,在北京、天津、上海、广州、沈阳、厦门、深圳和秦皇岛等 8 个城市,中国移动通信集团公司启动了 3G 的"中国标准"TD-SCDMA 社会化业务测试和试商用,这标志着我国第三代移动通信(3G)标准 TD 的商业化应用的起航。2009 年 1 月 7 日,我国工业和信息化部为中国电信、中国联通和中国移动发放了三张 3G 牌照,其中,中国电信获得基于 CDMA2000 制式的 3G 牌照,中国联通获得基于 WCDMA 制式的 3G 牌照,中国移动获得基于 TD-SCDMA 制式的 3G 牌照,这标志着我国进入 3G 时代,2009 年也因此成为我国的 3G 元年。

3G 技术有以下五个特点。

1. 高速传输性

采用了 HSDPA 等新技术,可以提高无线接口数据业务的传输速率,同时支持高频率的数据传播。在 WCDMA 中,信道宽带可达到 5 MHz。

2. 无缝全国漫游

支持与 UMTS CS、GSM、PSTN 互通,双模终端能够在 UMTS/ITM-2000 网络和 GSM 网络之间无缝切换和漫游。这也表现了 3G 技术的高兼容性。

3. 业务多样性和灵活性

在 3G 技术中,可以同时处理多种业务。例如,在 WCDMA 中,每个 5 MHz 载波可以处理 8 Kbit/s ~ 2 Mbit/s 的混合业务。在同一信道上,既可以进行电路交换业务,也可以进行分组交换业务。因此,一个终端可以处理多个电路交换业务和分组交换业务,从而实现真正的多媒体业务。这一技术支持处理音乐、图像、视频等多种媒体形式,可以让人们随时随地享受高速上网的乐趣,从而大大丰富了人们的生活。

4. 容量更大

在 WCDMA 中,基本上是窄带 CDMA 的两倍,在上/下行链路中能够使用更大的宽带。

5. 高安全性

3G 技术采用五元组 AV,实现了网络和用户之间的双向认证。同时,在 RNC 中实现了加密和完整性保护,增加了信令的完整性保护,并能够同步消息认证机制。这样,通话安全性得到了提高,不易被窃听。

(四) 第四代移动通信技术(4G)

第四代移动通信技术(4G,即 4th Generation)是在 3G 基础上发展而来的。相比 3G,4G 在技术和应用方面实现了质的飞跃,集合了 3G 技术和 WLAN 技术的优势,能够在极短时间内向用户传递清晰的视频图像,或者满足用户在线的各种需求。

2013 年 12 月 4 日,工信部正式向三大运营商发布 4G 牌照,中国移动、中国电信和中国联通均获得 TD-LTE 牌照。2014 年,中国 4G 产业大规模启动,标志着中国迈入了移动互联快速发展的时代。

在应用方面,相比 3G,4G 可以支持双向下载传递文件、图片、影像,接收高分辨率的数字电影和电视节目,观看视频直播,还可以与其他玩家一起联机玩手机网游。普及的 4G 手机已成为小型移动电脑,能够提供多媒体信息服务的综合性信息接发终端。

经过几年的建设,我国已拥有全球规模最大的 4G 网络,移动宽带网速达到 33.49 Mbps,比全球平均水平高出 22%。自 2015 年以来,流量单价下降 90% 以上,4G 网络的"提速降费"目标已经实现。可以说,4G 技术支持下的移动终端功能已经满足了人们大部分生活场景的使用需求。

与传统通信技术相比,4G 通信技术在通话质量及数据通信速度上具有明显优势,同时还具有更好的数据率、频谱利用率、业务质量、安全性、智能性、传输质量和灵活性,能够支持非对称性业务和多种业务。

4G 技术的特点具有如下五个方面。

1. 从传输速率方面看

1G 仅能提供语音服务,2G 传输速率仅有 9.6 Kbps,而 3G 数据传输速率最高可达到2Mbps。相比之下,4G可以实现10Mbps至20Mbps的传输速率,甚至能够达到100Mbps的速度,以传输无线信息。

2.从网络频谱角度看

每个4G信道占有100 MHz的频谱,相当于3G网络的20倍。

3.从频率资源利用方面来看

3G使用的频率为1.8~2.5 GHz,其频谱效率仅有2 bps/Hz,而4G使用的频率为2~8 GHz,其频谱效率可达到5 bps/Hz,大大满足了移动用户日益增长的需求。因此,与3G相比,4G具有更好的灵活性,能够自适应地完成资源分配。

4.从覆盖性能方面来看

目前3G在地区覆盖方面仍存在很多技术问题,而4G可以实现全球漫游和互通,在不同接入技术之间实现无缝通信。此外,4G还可以在数字用户线路和有线电视调制解调器覆盖不到的区域进行部署,然后再扩展到整个地区。

5.从IP网络兼容性方面看

3G系统不是基于IP的,例如WCDMA基于GSM-移动应用层,CDMA2000基于美国国家标准局-41。相比之下,4G则支持所有信息设备以及下一代的互联网,将能够在IPv6网络上实现语音和多媒体业务。

(五)第五代移动通信技术(5G)

随着经济社会的快速发展,物联网技术的迅猛普及,新型移动通信业务如云计算、社交网络和车联网等不断涌现,对移动通信技术提出了更高的要求,第五代移动通信技术(5G,5th Generation)应运而生。它是4G技术的延伸,旨在实现高数据速率、节省能源、降低延迟、降低成本,提高系统容量和支持大规模设备连接。根据国际电信联盟(ITU)的规范,5G的速度可达20Gbit/s,能够实现宽信道带宽和大容量多进多出(MIMO)。

2016年6月1日,我国5G推进组在第一届全球5G大会上正式发布了《5G网络架构设计》白皮书,这标志着我国5G网络技术研究取得了新的成果,同时也意味着我国的5G研发已经进入实质推进阶段。2019年6月6

日,工信部向中国移动、中国电信、中国联通和中国广电发放了 5G 商用牌照,这标志着中国正式进入了 5G 商用元年。

5G 技术的特点在于它不仅推进了技术变革,而且更注重用户体验。在衡量 5G 系统性能的重要指标中,传输时延、网络平均吞吐速率以及对新兴移动业务如 3D、虚拟现实、交互式游戏等的支持能力都扮演着重要角色。

相较于传统移动通信系统,5G 系统的研究不再仅仅以点到点的物理层传输与信道编译码技术为核心目标,而是将更为广泛的多点、多用户、多天线、多小区协作组网作为突破重点,力求通过体系结构来大幅提升系统性能。

目前,室内移动通信业务已占据应用的主导地位,因此,5G 室内无线覆盖性能及业务支撑能力将成为系统优先设计目标,从而改变以往移动通信系统"以大范围覆盖为主、兼顾室内"的设计理念。

由于高频段频谱资源将更多地应用于 5G 移动通信系统,而高频段无线电波的穿透能力有限,因此无线与有线的融合、光载无线组网等技术将被更广泛地应用。

未来,可配置的 5G 无线网络将成为重要研究方向。运营商可以根据业务流量的动态变化实时调整网络资源,从而有效降低网络运营成本和能源消耗。

二、5G 技术对新媒体传播的影响

(一)对新媒体传播内容的再造

5G 技术将为人工智能发展注入新的动力,进一步推进人工智能与新媒体内容生产的深度融合,形成更加紧密的"人机协同"格局。在 5G 时代,传感器等智能设备变得更加主动,能够即时记录现实和虚拟时空的信息现场,并进行大规模的存储和采集,实现信息采集的全面性、即时性和多角度可追溯性,从而帮助记者和其他信息采集者尽可能还原真实的事实信息。同时,5G 技术也将推动超高清、全景化、实时化的批量图像和视频的自动化生产,让自动化生产的各类内容得到更深入的提升,甚至可以做到"千人千面"的定制化生产。

相比4G技术,5G技术在流量密度、用户体验速率、移动性、时延和峰值速率等方面都有着更高的性能。依托于5G技术的优势,新媒体内容生态将迎来新的发展突破。首先,5G技术将推动"超视频"的发展,即"4K、8K、VR/AR+直播"形式的视频内容将成为新媒体视觉内容的常态,大幅提高新媒体视觉内容的品质。其次,5G技术将使信息反馈延迟接近于无,进一步开拓了新媒体视觉内容的双向互动和沉浸互动体验以及游戏互动体验。最后,5G时代新媒体用户创作的视觉内容比重将继续提升,用户将借助直播、互动、VR/AR以及智能场景等多种方式来创造高质量的视觉内容。

在理想的内容分发机制中,不仅仅是单纯地向用户推送与其兴趣相关的信息,而是更加注重"价值信息"的传递。5G时代的内容分发机制将在加强精准性的基础上,重构内容分发的算法模型,挖掘用户的边际兴趣,提升信息传播的匹配性和内容本身的附加值。此外,5G时代的内容分发形式也将更加多样,借助生理、情感、环境和社交等多维度个人数据信息,自然对话式分发、智能家居和交通场景分发等形式将被广泛应用。最后,5G时代的内容分发将朝着"融化分发"的方向进一步发展,分发主体、机制、途径、算法的多样与融合,将用户陷入"回音室效应"的可能性大大降低。

(二)对新媒体传播场景的升维

1. 从平面场景到立体场景的升维

在5G时代之前,我们所处的场景主要是平面场景。所谓平面场景,就是指用户主要通过屏幕和终端设备来进行连接和交互。这种连接方式有一定的局限性,限制了应用场景的发展。同时,用户在平面场景中扮演着支配媒介的角色,与媒介之间存在相互独立和分离感较强的现象。然而,随着5G技术的不断发展,这种状况正在发生改变。尽管平面场景仍然发挥着重要作用,但它已经成为立体场景的一个组成部分。在立体场景中,用户与设备的连接更加自然多样。除了屏幕式连接,语音、手势、动作、眼睛、神态、神经等各种形式也已经加入了连接范畴。5G技术还使得更多的物体成为媒介,用户与媒介的角色变得更加对等,这种趋势正在加强。人们可以通过不刻意接触实体媒介来达成传播目的,这并没有增加分离感,反而让用户成为传播过程中的自然存在。人本身也是一种媒介,是立体场景中的有机构成要素之一。

2. 从单一场景到叠加场景的升维

按照不同的界面形式,场景可以划分为现实性场景、虚拟性场景和现实增强性场景。在4G时代,新媒体场景主要以虚拟性场景为主,满足了用户对虚拟内容连接的需求,如音视频应用、社交媒体等。当时,新媒体已经初步介入现实性场景,但这种介入只是表面上的,仅仅是新媒体的伴随状态。因此,4G时代的现实性场景只是新媒体的初级介入,还没有深刻影响场景,也没有形成广泛应用的新场景。然而,5G技术的发展塑造了许多新的场景,如5G个人移动新媒体、5G家庭新媒体和5G车载新媒体,拓宽了新媒体信息传播的应用场景。这也为各行各业提供了创新新媒体传播生态的现实可能。在5G新场景下,现实性场景和虚拟性场景之间的界限被打破,新媒体深度介入现实性场景,创造出现实增强性场景。各种具体场景自由组合,呈现出"叠加态"的场景形态。这样的发展,不仅满足了用户对虚拟内容连接的需求,也拓展了现实场景的应用范围,创造出全新的新媒体生态系统。

3. 从真实场景到"拟真实"场景的升维

在4G时代,我们对场景的真实性有了更加明确的认知。但是在5G时代,随着虚拟现实(VR)、增强现实(AR)等沉浸式技术的不断发展,真实场景与虚拟场景之间的界限逐渐模糊,新媒体信息场景也开始向着"拟真实"场景的方向发展。在这种场景中,虚拟性场景和现实增强性场景都能够被构造出来,且与真实场景的差异越来越小,让我们很难区分"拟真实"与真实。对于这种"拟真实"场景,我们很容易沉浸其中,不自觉地接受其中的信息和感受。这种场景的存在让我们开始重新审视和思考真实性的定义,也促使我们意识到沉浸式技术的潜力。随着技术的不断进步和发展,未来"拟真实"场景的应用将变得更加广泛,在娱乐、教育到商业等领域都将得到广泛应用。但是,我们也需要保持警觉,不断思考和探讨真实性的本质和界限,以确保我们在这个"拟真实"的世界中能够保持理性和清醒。

(三)对新媒体传播关系的重塑

在5G时代,技术对人体的嵌入程度更深,从而创造出了一种新的人体感官体验。这些新技术的发现和应用将不断改变人与人、物与物、人与物、人与社会之间的关系,从而重塑着人类的生活方式和思维方式。"万物皆媒"的传播格局正在形成,这意味着一切都成了传播的媒介,从而使得信息传递更加方便、快捷。

在这个时代,人与人之间的联系更多的是通过虚拟技术来连接的,而不是通过面对面的方式。虚拟在场成了一种全新的交流方式,通过符号影像等方式,我们可以在虚拟的世界里和其他人进行互动。在4G时代,网络人际互动和网络社群互动为虚拟在场的发展提供了坚实的基础。而在5G时代,虚拟在场将得到更大的发展,沉浸式技术将被更广泛地应用。通过这种技术,我们可以打造出更加逼真的虚拟影像,人与人之间的互动也将更加丰富多彩。无论身在何处,我们都可以享受到全真模拟的虚拟在场感,这将极大地改变我们的生活方式和社会关系。

在5G时代,物体之间的联系变得更加紧密,可以实现万物互联。5G技术是实现物联网的基础技术之一,它使得物体之间无限量的通信成为可能。许多物体都被赋予了"信息标记"(通常是传感器),这些标记使它们能够接收或传输各种信息。因此,物体被媒介化,实现了"万物皆媒"的理念。在这种情况下,物体之间的关系不再是互相独立的个体,而是密切关联的传播节点。

这种紧密的联系可能会促进全新的信息生产者的诞生,物体可以共同采集、加工、分发信息,就像一个"媒体大脑"。同时,物体之间的联系也可以协作解决问题,例如在智慧家居和无人驾驶汽车中,物体之间相互协作,共同保证整个生态的和谐运转。此外,物体之间的联系也可以是竞争者,在某些竞技类比赛中,例如机器之间的象棋比赛,物体之间可能会相互竞争,以展现它们的技术水平。

因此,在5G时代,物体之间的联系变得更加紧密,它们的关系不再是互相独立的个体,而是可以相互协作、竞争,促进全新的信息生产者的诞生,共同创造一个更加先进、更加智能的物联网生态。

随着5G时代的到来,人与物的关系将呈现两个极端:完全嵌入和完全"分离"。在完全嵌入的情形下,未来的人将被打上"信息标记",这个标记就像人体的一部分一样。如果缺失了这个标记,人们很可能会面临无法正常开展许多活动的困境。与此同时，在完全"分离"的情形下，人和物之间的关系也将发生变化。这种情况有两种可能：①物理意义上的，也就是说，在人所处的任何场景中，物体都会被媒介化，人和物之间不需要接触就可以完成大部分传播活动。②功能意义上的，也就是说，机器学习可以独立于人进行"思考"，并与人形成互补关系，如机器自动化生产内容。无论是完全嵌入还是完全"分离"，人与物之间实际上保持着高度的联系，形成一种如影随形的"共生关系"。这种关系将为人与机器之间的互动和协作提供更多的可能性，最终可能实现"人机合一"的局面。

在当今社会，随着5G时代的到来，人与人、物与物以及人与物之间的关系正在被重新定义和重构，这种变革深刻地影响着个人与社会之间的关系。信息的采集、生产和传播不再完全依赖于人类，甚至信息交互的主体也可能不再是人。在某些信息传播环节中，人类更多地扮演着指引者、引路者的角色，而不是直接的执行者。然而，在另一些情况下，人类或许不再是主导者，而是变成了辅助者、协作者，甚至是旁观者。这些变化让我们不禁思考人在这个社会系统中所处的地位。

在这个新的社会关系系统中，除了传统的媒介之外，越来越多的物体成了媒介，而人类本身也被看作是广义上的媒介。因此，媒介的定义和意义也在发生着变化。传统媒介可能逐渐被淘汰，而新兴媒介的价值也将被重新定义和评估。这种变化也在推动着媒介产业的转型升级。

在这个变革中，我们需要更加重视人类在社会系统中的地位和作用，尤其是在人工智能和自动化技术不断发展的时代。我们需要探索和建立新的人机交互方式，以更好地适应这种变化带来的挑战和机遇。同时，我们也需要认真思考人类在这个新的社会系统中所扮演的角色和责任，并积极探索如何利用新技术促进社会的进步和发展。

第四节　新媒体技术的新理念

一、流媒体技术

（一）流媒体技术基本含义

随着现代技术的不断进步,网络为人们带来了丰富多彩的信息和娱乐方式。从网络上出现第一张图片开始,到如今出现的各种网络视频和三维动画,网络已经成为人们获取视觉和听觉满足的重要途径。

然而,在流媒体技术出现之前,想要欣赏多媒体内容就必须先将它们下载到本地计算机。由于受限于网络带宽,下载需要耗费大量时间等待,这成为许多人的烦恼。不过,随着流媒体技术的出现,这一问题已被完美解决。现在,人们可以轻松地通过网络在线观看各种多媒体内容,而无需等待下载完成。流媒体技术使得人们能够即时享受高清视频和音频带来的视听盛宴,方便快捷地满足个人需求和娱乐欲望。因此,流媒体技术已经成为网络娱乐的主流方式之一,也为人们的生活带来了极大的便利。

流媒体是一种实时播放媒体的格式,它采用流式传输技术在网络上传输视频、音频或多媒体文件,与传统的下载方式不同,用户可以在下载过程中实时观看或收听内容。这种技术也被称为流式媒体技术。具体而言,将连续的声音和影像信息经过压缩处理后存储在网站服务器上,然后由视频服务器按照顺序或实时的方式传送给用户计算机。通过在用户计算机上创建一个缓冲区,在播放前预先缓存一段数据,即使网络连接速度较慢,播放程序也可以从缓冲区中取出数据,避免了播放中断,保证了播放的连贯性。这种技术不需要等到整个文件下载完成后才能观看,从而使用户的使用体验更加流畅和便捷。

传统下载方式的时延很大,这是因为音视频文件本身占用较大的存储容量,导致下载速度较慢,往往需要耗费几分钟,甚至几个小时。此外,网络带宽也是下载速度的限制因素,对于下载大文件尤其明显。这种方式不仅会占用大量的硬盘空间,而且使用起来也十分不便。

但是,随着流媒体技术的发展,人们实现了"即点即看"的功能,即可以边下载边播放多媒体文件,大大缩短了启动延时。与传统下载方式不同的是,流媒体技术不需要太大的缓存容量,因此用户在线等待的时间也大量减少,有效提升了互动性。现在,我们可以轻松享受高清视频和音频的流畅播放,而不必再花费大量时间等待文件下载完成。

流媒体技术不是单一的技术,它是视音频技术与网络技术的有机结合。在网络上实现流媒体技术,需要解决流媒体的制作、发布、传输及播放等问题,因此就需要利用视音频技术和网络技术来解决这些问题。

(二)流媒体技术实现原理

过去,在网络中传输多媒体信息的过程中,用户需要等待数分钟甚至数小时来完成整个文件的下载才能开始观看。这给用户的体验带来了很大的不便,也限制了网络媒体的应用和发展。随着流媒体技术的发展,我们可以实现音频、视频、动画等多种媒体文件的流式传输。流媒体技术将这些多媒体文件从服务器端流式传输到用户的计算机上,用户可以在几秒钟或者十几秒钟的时间内启动观看,而不必等待整个文件的下载完成。当用户开始观看时,文件的余下部分也会继续从服务器上下载,确保用户可以连续、不间断地享受完整的流媒体体验。这种技术为网络媒体的应用提供了更多的可能性,并使得观看多媒体内容变得更加便利和舒适。

流式传输技术分为顺序流式传输和实时流式传输两种类型。顺序流式传输是指按顺序下载的传输方式,用户可以在下载文件的同时观看内容。然而,用户的观看与服务器上的传输并未同步,导致用户需要等待一段时间才能看到服务器传来的信息。换言之,用户看到的信息总是来自服务器在若干时间之前传出的。适合使用顺序流式传输的内容,一般是高质量的短片段,例如在网站上发布的供用户点播的视音频节目。相比之下,实时流式传输允许用户在观看音视频信息的同时,实时地接收服务器传来的内容,并且能够快进或后退以查看前面或后面的内容。实时流式传输适合直播等需要及时反馈的场景,同时也适用于较长时间的视频或音频内容。用户可以自由跳过已经观看过的部分，或者暂停观看，下次再次观看时，能够自动续播。然而，如果网络传输状况不理想，用户收到的信号效果可能会比较差。

近年来，随着互联网的迅速普及和不断发展，流媒体业务成了一个备受关注的领域。在互联网的强大市场动力下，流媒体技术不断创新，其应用领域也日益扩大。目前，流媒体技术已广泛应用于各种互联网信息服务领域，包括在线直播、视频点播、电子商务、网络广告、多媒体新闻发布、远程医疗、远程教育、实时视频会议、网络电台等。这些应用极大地拓展了人们获取信息和交流的方式，同时也为人们的工作和生活带来了很多便利。随着移动流媒体技术的不断完善和普及，移动网络通信的质量和速度也在不断提高。移动流媒体技术的应用，将进一步优化用户通信体验，为人们提供更加丰富的信息服务和交流方式。同时，移动流媒体技术的发展也将不断推动移动网络向前发展。随着5G等新一代移动网络的到来，移动流媒体技术将在更广泛的应用场景中发挥更加重要的作用，为人们的生活和工作带来更多的便利和创新。

二、大数据技术

（一）大数据技术基本含义

2011年，国际数据中心（IDC）在其报告中将大数据定义为："大数据技术描述了一个技术和体系的新时代，被设计于从大规模多样化的数据中通过高速捕获、发现和分析技术提取数据的价值。"简单来说，大数据是指数据量巨大、多样性强，难以在规定的时间范围内用传统软件工具进行捕捉、管理和处理的数据集合。这种数据集合的特点是具有大量、高速、真实、多样低价值密度。

从大数据的价值链角度出发，大数据技术可以分为四个方面：数据生成技术、数据获取技术、数据存储技术和数据分析技术。这些技术的不断发展与创新，推动了大数据技术在媒体领域的广泛应用。具体来说，大数据技术在媒体领域的应用主要有以下三个方面：

（1）进行数据转化和扩张，将传统媒体的内容进行批量数字化，并尽可能地扩大数据来源，以此增加数据的量和品质。

（2）搭建基于大数据技术的大数据资源平台、智能生产和传播平台以及用户沉淀平台,这些平台可以帮助媒体更好地获取、分析和利用数据,提升媒体的生产效率和用户体验。

（3）开发丰富多样的数据产品,例如数据新闻和精准广告等,这些基于大数据技术的媒体产品可以更好地满足用户的个性化需求,为媒体带来更多的商业价值。可以看出,大数据技术在媒体领域的应用不断推动着媒体行业的创新和发展,为媒体产业带来了无限的可能。

（二）大数据技术在传播中的基本应用

数据新闻是基于大数据技术而产生的一种新型媒体形态。它拥有高度的可塑性和适应性,能够为读者带来更多的新闻价值和深度解读,从而使抽象的信息变得更为具体、易懂。大数据技术在市场经济中的应用价值不断提升,越来越多的企业开始意识到大数据对于社会发展的重要性。在国外,利用大数据技术已经成为媒体产业发展的重要手段,它可以为媒体提供有价值的数据、信息资源,并将其转化为有用的商品,以此来拓展新媒体的策划和市场。随着传媒的传播范围逐步扩大,企业的策划能力也会不断增强。同时,新媒体公司收益的不断增加,也成了新媒体产业发展的坚实的物质基础。

1.增加了用户的黏性

现今社会,新媒体已经成为人们获取信息和交流的重要途径。作为服务广大用户的平台,其主要职责是发布信息并满足用户对真实信息的需求。近年来,随着大数据技术的广泛运用,新媒体的作用变得更加显著。大数据技术不仅可以提高信息的传播速度,而且还可以极大地丰富用户的使用体验。

在新媒体中,大数据技术是一种融合了新闻和算法的技术。它通过建立用户的兴趣模型,准确地把握用户的信息需求和心理变化,并将这些信息精准地传递到他们的手机上。这种技术的应用,为新媒体用户提供了更加优质、高效、精准的服务体验。

随着时间的推移,新媒体与用户之间的关系不断加强。用户对新媒体的依赖程度逐渐提高,新媒体也在不断地完善自己的服务体系,以更好地满足用户的需求。在这种相互促进的关系下,新媒体不断提升自身的品牌价值和用户忠诚度,从而实现双赢的局面。

2. 促进制作内容的个人化

在新媒体的领域中,热点话题是至关重要的一环。在追求新媒体发展的同时,也需要通过创新手段来不断制造新的热点话题。与传统的媒体不同,传统媒体主要以微电影、长视频为主流,但随着时间的推移,这些作品的关注度逐渐降低,远离了人们的视线。相较于传统的媒体形式,新兴的短视频形式则变得非常热门。短视频制作简单,传播速度快,而且内容也更加贴近现实,因此备受欢迎。通过运用大数据技术,新媒体平台能够轻松、快捷地追踪热门信息,从而创造更多的热点话题。这些热点话题不仅能够吸引更多的受众,也有助于新媒体平台扩大影响力。

3. 改进了数据库的科学性和完整性

在当今社会,数据处理成了一个十分复杂的问题。通过个人经验和主观的假设往往难以全面准确地分析数据。随着大数据技术的不断发展,我们现在可以通过在国内多个网络平台上构建一个强有力的数据分析模型来快速准确地了解各方面的民意,如榜单、用户分布等。这种模型能够通过对相关数据的专业化分析,帮助用户综合分析自身存在的问题,从而增强他们的竞争力。

随着人工智能和大数据技术的迅速发展,网上平台能够为数据处理系统提供全面、有力的支持。比如,哔哩哔哩粉丝数量庞大,从大数据的角度来看,本科及以上学历的用户占比高达85%,而这些用户发布的内容主要是以专业娱乐为主。因此,我们可以使用大数据技术来分析这些用户的行为,以更好地理解他们的需求和偏好,进而优化产品设计,提高用户体验。这样,不仅能够帮助企业提升市场竞争力,也能够为用户提供更加优质的服务。

4. 优化了数据收集方式

21世纪以来,随着信息技术的突飞猛进,新媒体已经打破了传统媒体的种种限制。在计算机技术的支持下,每个人都可以成为新闻信息的传播者和创作者。这种发展实现了媒体信息的快速传递,让人们能够及时地了解到国内外最新的动态和消息。当然,要利用大数据技术对新媒体进行信息采集,就必须建立一个能够实时分享数据和信息的大数据平台。通过对采集到的数据进行分类和分析,才能得到具有较高可信度的信息,从而优化和提高数据的应用质量。这种数据的挖掘和分析,不仅可以帮助我们更好地了解社会状况和人民群众的需求,也可以促进社会经济的发展和进步。

三、云计算技术

(一)云计算技术基本含义

从信息领域的角度来看,云计算是并行处理、分布处理和网格计算技术的结合运用。这种技术结合提供了一种基于互联网的超级计算模式,形似一片电脑云。用户只需通过互联网发送一个需求信息,远端就会有成千上万的计算机为用户提供需要的资源。这样,本地计算机的负担几乎为零,所有的计算任务都由云计算提供商所提供的计算机群完成。在"云"里,有成千上万台计算机为网民提供服务。云计算是一个运行在数据中心的超级计算平台,随时随地都能满足用户的各种需求。

云计算被誉为"革命性计算模型",它已成为业界的研究热点,谷歌、微软等巨头都在积极开发基于此技术的应用。云计算技术的应用不仅可以降低企业的IT成本,而且还可以提高企业的运行效率。此外,它还可以为新媒体发展提供超级技术平台,极大地促进了新媒体的发展。

在云计算的应用过程中,用户只会看到一个简洁明了的使用界面,而所有的复杂计算都在云计算的后台完成。这种技术已经成为当今信息化时代的必备技术之一,被广泛应用于各个行业,如金融、医疗、制造。它的优越性能和便利性为人们的生产和生活带来了极大的便利。

(二)云计算技术在传播中的基本应用

云计算是指通过互联网将计算机的处理能力、存储空间和软件应用等资源进行共享,从而为用户提供各种服务。目前,云计算的服务形式越来越多样化,不仅适用于企业和个人用户,还开始应用于日常网络活动中,如苹果的应用商店App Store、360浏览器的在线收藏夹、百度的在线音乐盒。

除了个人用户之外,许多行业也开始利用云计算形成了各种各样的云,从而成为云行业,比如医疗云、教育云、物流云、金融云、交通云等。这些云的出现,不仅提高了行业的效率和服务质量,也为用户带来了更加便捷和智能的体验。

那么,当新闻传播遇上云计算,又会发生什么呢?

1.云传播

传统的媒体和互联网通过点对点、点对面、面对点、面对面等多种传播方式,为人们提供了丰富的信息获取途径。随着科技的不断进步,新的传播方式不断涌现,其中云传播已经成为一种简化了传播模式的方式。

云传播模式只保留了"云"到"端"的传播路径,通过在"云"端建设新闻云、信息云、视频云等庞大的数据库,确保数据的安全性和通用性。在"端"端,我们可以为用户提供个性化的内容,让用户享受定制化服务的同时,在用户之间建立编辑操作的分享通道。这样的传播模式具有更高的效率和更大的便利性,为人们获取信息和知识带来了更多可能性。

在新的云传播模式下,数据的中心化管理和处理能力得到了进一步的提高,大规模的数据可以被统一管理和分配,数据的交流和分享变得更加方便和高效。此外,云传播模式也具有更高的可扩展性和普适性,为人们提供了更加便捷的信息获取方式和服务。

总之,随着技术的不断发展,云传播已经成为一种新型的传播模式。它的出现,使得人们可以更加高效和便捷地获取信息和知识,为人们的学习、工作和生活带来了更多可能性和便利性。

2.云监测

互联网作为一个多点并发、频繁交互的传播平台,的确使得网上内容可以在极快的速度下进行传播和改变。然而,这种传播方式也带来了一些问题,使得网上内容的管理变得异常困难。为了更好地掌握网上传播的态势,我们可以借助云计算技术对原始内容以及所有再传播内容的浏览量进行实时监测。通过深度挖掘传播内容的变异以及参与者的特性,可以更加全面地了解传播的细节。此外,我们还可以锁定特定的传播人,进行即时监测,以便及时采取措施来控制网上的信息传播。这种监测方式可以帮助我们快速、全面地掌握网上内容的传播情况,并采取有效的措施来保护网上信息的安全和稳定。

　　具体来说,云计算技术可以为我们提供高效、稳定、可扩展的信息处理和存储能力,使得我们能够及时地收集和分析网上信息。同时,云计算还可以为我们提供强大的机器学习和数据挖掘算法,以便更好地挖掘传播内容的特点和规律。通过这些算法,我们可以快速地识别出重要的传播节点和关键人物,从而更加精准地掌握信息传播的趋势和方向。此外,云计算还可以为我们提供高效的监测和报警机制,当发现有不良信息或者恶意传播行为时,可以及时通知相关人员进行处理,从而保护网上信息的安全和稳定。

　　总之,借助云计算技术的监测手段,可以更加全面、高效地掌握网上信息传播的情况,为信息管理和保护提供强有力的支持。随着云计算技术的不断发展和应用,我们坚信会有越来越多的有效手段可以用来应对互联网上的信息安全问题。

3. 云编辑

　　云存储和云计算技术的发展,使得获取信息的成本几乎可以忽略不计。各大媒体之间获取信息的时间差也已被降至最低。信息的获取已不再是媒体竞争的焦点。相反,媒体的成功关键在于对信息进行重新整合、编辑,并提供独到的解说。这种胜出方式,使得媒体从业者需要重新思考内容的生产流程。

　　在这样的情况下,"人人皆传播者"和"云计算"技术的使用,革新了媒体从业者的分工以及组织内部权重的占比。信息的生产和发布不再像过去一样由少数人掌控,而是由所有人共同参与和分享。因此,媒体从业者需要更加注重个人创意和团队协作,以提高内容质量和影响力。

　　总之,随着技术的不断发展,媒体的生产模式也在不断更新和演变。这种变化使得媒体从业者需要时刻保持敏锐的洞察力和创新意识,才能在激烈的市场竞争中立于不败之地。

4. 云媒体

　　传统媒体转型为新媒体时,往往会面临多重限制,如既定的发布流程等。然而,随着云计算时代的到来,这些限制正在逐渐消失。云计算技术的应用,让传统媒体不再需要重复购置终端设备和服务器等硬件设施,而是可以在"云端"进行复杂的内容分发、多媒体呈现、用户定制和广告细分等处理。

通过在"云计算"这个全新的平台上实现这些操作,媒体可以轻松地转型和发展,同时也大大提高了媒体的效率和竞争力。在云端,媒体可以更加灵活地管理和处理信息,实现多媒体内容的实时发布和个性化推送,同时可以更好地对广告进行定制和细分,提高广告投放的精准度和效果。

此外,云媒体也可以更好地满足用户的需求。通过云计算技术的应用,媒体可以根据用户的兴趣、偏好和历史行为等信息,提供个性化的服务和内容推荐,为用户带来更加优质和满意的使用体验。

总之,云计算技术的应用,为传统媒体向新媒体转型提供了强有力的支持。通过在云端进行处理和管理,媒体可以更加高效地发布内容,提供个性化的服务,提高广告精准度和效果,同时也为用户带来更加优质和满意的使用体验。随着云计算技术的不断发展和完善,云媒体将在未来扮演越来越重要的角色,推动媒体行业的不断创新和进步。

(三)云计算技术应用前景

云计算通过统一化的 IT 基础资源为用户提供个性化的定制服务,它巧妙地结合了标准化与差异化。这种新兴技术为互联网带来了新的发展机遇。虽然云计算还存在一些不足,但在 IT、互联网和电信巨头的共同推动下,它展现出了一个充满希望的前景。

研究机构预测未来几年云计算将保持较高的增长速度,其市场规模也会不断扩大。这说明政府的支持将成为云计算未来发展的重要趋势和主要动力之一。

数字技术的迅速发展和新媒体的不断涌现,改善了人们获取信息、分享内容和相互沟通的方式。这是以人为本的服务理念的诠释。云计算的存在更是让数据、资源和服务紧紧围绕每个人,使互联网世界的初衷——自由、平等和分享精神得以在全球范围内得到实现和传承。

第五节　新媒体技术对传播的影响

一、对媒体传播的影响

（一）重塑传媒从业人员的工作方式

数字技术对传统媒体和新媒体从业人员的工作方式产生了重大影响。在数字技术的支持下，媒体从业人员可以采用与以往不同的更具创造性的方式工作，信息的收集、加工、传送更加简单，成本更加低廉，极大地改善了媒体从业人员的工作效率。

具体来说，数字技术对新闻采访的各个环节都进行了极大地简化并改进。在采访阶段，记者可以利用数字摄影、数字录音等方式直接采集数字化信息，必要的话还可通过无线网直接将信息上传至互联网，从而优化环节，使新闻的现场直播报道更具有时效性。在信息的编辑加工阶段，数字化、非线性的编辑方式取代了烦琐的线性编辑，文本、声音、图像等不同形式的信息经数字化后，加工更加方便快捷。在信息的播发阶段，数字技术催生的各种新媒体形态提供了多种传播渠道，信息得以全方位地展示给受众，从而提高了信息的到达率。

数字技术不仅大大改变和简化了信息采编及传播的各环节，而且完全改变了媒体从业人员的工作方式和工作内容。基于数字技术的新媒体行业为从业人员提供了全新的岗位，如网络主播、自媒体创作者、内容审核员等，新媒体行业的潜质被不断发掘，新兴领域不断被创造出来。

（二）实现了传播方式的巨变

在数字技术普及之前，传统媒体主要通过一种形式传播信息，如报刊通过图文，广播通过声音，电视通过图像和声音等，传递的信息大多为实际可感知的信息。然而，数字技术的诞生给新媒体带来了巨大的变革，通过数字技术的整合，新媒体打破了不同媒介之间的界限，将文本、音频、视频等形式融为一体,向用户提供多媒体的信息内容。尤其是流媒体技术的诞生为网民带来了网络阅听的狂欢,而大数据技术、云计算技术的广泛应用,更加方便了信息与用户之间的匹配。

此外,数字技术还带来了另一个巨大的变化,即虚拟信息的产生。相比传统媒体时代的实际可感知信息,数字技术的发展让人们可以制造出数字化的虚拟信息。数字化赋予了人们制造虚拟信息的权利,网民不仅可以在互联网上生成第二身份,还可以通过微博、视频网站、短视频平台等制作出丰富多样的数字内容。同时,人们制造虚拟信息的能力也迅速转化为生产力,创造出了影响力巨大的数字内容产业。

因此,数字技术的发展为新媒体带来了巨大的机遇和挑战。新媒体的崛起和数字化的虚拟信息产生,不仅改变了信息的传播方式,而且也让人们更加便利地获取信息,同时也加速了数字内容产业的崛起。随着数字技术的不断创新,我们有理由相信新媒体的未来将会更加多彩。

二、对媒介传播的影响

(一)对传统媒体的影响

新兴媒体技术对传媒产业的影响首先体现在对传统媒体的影响上,随着新媒体技术的不断成熟,传统媒体逐步与新兴媒体融合。现在,新媒体技术已经成为传统媒体的主要新闻来源。

就新媒体技术对传统媒介的影响而言,很多人认为新兴媒体的出现将导致传统媒体的兼容性、传播模式、特点和效果等方面的缺点被凸显。新兴媒体的传播优势和精确性已经得到越来越多广告主、投资者和营销机构的认可,传统媒体面临的形势冲击越来越严峻。

新媒体对传统传播媒体带来了两个层面的冲击,这两个层面的影响都是十分显著的。

1.新媒体的出现影响了传统媒体的发行和传播

由于新媒体技术的不断发展,越来越多的手机应用开始抢占受众在传统媒体上的时间。传统媒体的受众量因此受到阻碍,导致传统媒体受众增长缓慢。

2. 新媒体对传统媒体广告资源的分流也十分明显

随着新媒体技术的成熟,越来越多有针对性的软件得到了开发,将广告受众细分成各种具有某一共性的群体。广告主在媒介选择时不用再次细分受众,而是利用新媒体技术的便捷性直接命中目标受众,以此推销产品或是获取目标群体的意见。这使得传统媒体广告资源被抢夺,难以与新媒体竞争。

随着以移动多媒体和互联网为主的新媒体技术的发展,新媒体技术进一步影响了传统的报纸、电视、广播等媒体,对传统媒体造成挑战的同时也为传统媒体带来了机遇。

新媒体技术时效性强,控制性差,而传统媒体权威性强,时效性、互动性差。因此,我们要增强新媒体的权威性,提升传统媒体的时效性、影响力,积极地与受众互动,加强新媒体技术与传统媒体的融合,要在充分运用新媒体技术的基础上,进一步扩大挖掘定货潜力,更好地服务于客户。因此,新媒体的兴起及蓬勃发展,促进了新的媒介生态环境的形成。

(二)对媒体种群格局的影响

媒体种群格局主要是指各种媒体之间形成的不同力量对比和组合的结构。由于各个媒体在发展上存在差异,因此它们之间的力量对比和组合结构总是在不断变化。一旦这种变化达到一定的程度,媒体之间的力量对比就会发生要素重组和序列变化,从而形成全新的媒体结构。

从全球的发展趋势来看,传媒业已经从过去的报纸"一枝独秀"发展到后来与广播协同并进,再到报纸、广播、电视共同进步,最终到达报纸、广播、电视与互联网"并驾齐驱"的新格局。如今,传媒业又迎来了"多媒体并存"的全新格局,其中以互联网为主体的新媒体更是打破了以往的媒体格局,推动了报纸、广播、电视、手机等多媒体的共同发展。

在这个进程中,媒体格局始终在不断变化和进步,特别是以互联网为主体的新媒体的出现,使得过去的媒体格局被彻底打破,形成了多媒体共存的全新发展格局。媒体种群格局的变化不仅是传媒业发展的必然结果,也是适应信息时代新变革的重要体现。

1. 媒介种群更加多元化

新媒体首先就是一个新兴、多变的媒介群体的总称,它包括网络媒介种群、手机媒介种群、新型互动性电视种群、户外媒体种群、移动新媒体种群等多种形态,这些媒介种群又包括了大大小小的细分种群。新媒体的出现不仅给整个媒介生态环境增添了新的媒介种群类别,同时也赋予了包括传统媒体在内的媒介生态的现代文化精神。

新媒体具有自身的兼容性、延展性等特征,这些特性不仅仅为媒介生态增添了新的媒介种群,还催生出了诸多新型媒介种类,如社交媒体、短视频、直播等,这些新型媒介种类的不断创新、重组或相互结合,大大活跃和丰富了整个媒介种群结构,使得媒介种群更加多元化。

因此,新媒体的出现不仅改变了人们获取信息和传播信息的方式,而且对媒介生态环境产生了深刻的影响。在这种背景下,媒介生态环境的发展也需要不断适应新媒体的发展变化,以推动整个媒介生态的进一步发展和创新。

2. 媒介种群向一体化发展

在传统媒体时代,报纸、杂志、广播和电视各司其职,各自发挥着不同的传播功能及扮演着媒介角色。尽管它们的功能存在一定的交叉和渗透,但总体而言,它们各自固守自己的领域,分工明确,界限清晰。

然而,随着新媒体的兴起,数字技术等新媒体技术已经将几乎所有的媒介全面数字化,从信息采集、制作到信息发布、传播,"0"和"1"的数字化排列组合成为不同媒介之间相互融合的纽带。这种融合不仅涵盖了传统媒体,也包括了全新的网络媒体、手机媒体等。

在多媒体技术的支持下,这些新媒体平台成了整合不同媒介种群的平台。不同的媒介种群在这一平台上相互融合,原本清晰的边界也开始消失。这使得媒介种群在新媒体这一媒介融合驱动者的作用下,在不断分化的同时,也开始了一体化发展的进程。因此,新媒体既带来了传统媒体的转型,也催生了新型媒介的涌现,媒介种群的格局也正在发生着深刻的变革。

(三)对媒介产业格局的影响

媒介产业格局是从产业角度对媒介生态环境的宏观考察。所谓媒介产业格局,具体指媒介产业的整体发展状态以及不同媒介产业的互动格局和相互关系。新媒体兴起前,传统媒体产业已经形成了稳定的发展格局,并牢牢地占据媒介市场的垄断地位。新媒体崛起后,新媒体与传统媒体开始进行博弈,以新媒体为主导的新的媒介产业格局逐渐形成。

1. 新媒体重构传统媒体产业链

面对新媒体的崛起,传统媒体对待新媒体的态度也经历了一波三折的变化过程:从最初传统媒体简单地利用新媒体,到传统媒体与新媒体密切合作,并向新媒体提供内容资源,再到传统媒体与新媒体相融合,最后同新媒体开展竞争。在这个过程中,传统媒介产业在新媒体的逼迫和影响下,实现了其产业链条的延伸和重构。

新媒体兴起之前,传统媒体产业链主要由媒介、广告主、广告商和受众组成,产业链短,信息产品在整个产业链中的迂回程度比较低,由此导致媒介产业的生产过程过于"独立",不利于整合媒介生态内外资源,使整体产业链实现价值最大化,社会分工得到发展。新媒体兴起之后,传统媒体主动融合新媒体,一方面,使自己的产业链向上游延伸,在内容产品的生产上增设内容提供商、服务提供商,或专门的内容、服务生产环节,注重内容服务的生产和创新,将媒介的内容服务生产功能与平台中介功能分离开来。另一方面,传统媒体的产业链开始向下游延伸,增设内容和服务产品发布推广的新平台或新载体,并利用已有的受众或者用户资源进行精准化营销,使得产业链得到延伸和重构。

2. 推动媒介产业集群化

产业集群,是指在特定产业领域内,关系密切的相关企业、团体或者机构之间相互集结成群,并形成持续的竞争优势,新媒体的广泛发展为媒介产业提供了集群的条件和平台,推动媒介产业的集群化发展。

传统媒体时代的媒介集群主要是大型媒介集团的组建。但是在传统媒体时代,媒介集团中的这种联系主要是内容或者地理位置上的联系,许多媒介实体之间并没有实现产业链的深度合作。而新媒体带来了产业深度融合的契机,能够让媒介产业实体之间充分练习、深度整合,从而改变了传统媒体时代媒介集团内部的松散联系状态,促进媒介产业集群化发展。

3. 推动传媒产业结构转型

新媒体对技术的重视会使得技术对媒介产业的影响力日益加强,从而导致传媒产业向技术创新型产业的方向发展。同时,新媒体的发展改变了传媒产业的盈利结构。传统媒体时代的盈利模式单一,主要依赖广告。新媒体兴起后,盈利模式多元化,除了广告之外,内容售卖、提供增值服务等都成为能够盈利的手段,使传媒产业盈利结构多元化。

(四)对新闻传播的影响

1. 新媒体内容呈现视频化趋势

中国互联网发展最初以图文形式发布网络内容,随后转变为网络视频形式。网络视频的发展一方面取决于用户浏览习惯的转变,另一方面归因于互联网基础设施的投入和高速宽带的铺设。与图文网络静态的呈现方式相比,网络视频具有全感官触动、可控性播放和多样化内容的特点,因此更容易赢得用户的青睐。来自国内外的数据都显示出新媒体内容正在从图文向视频转变,网络视频将会成为用户获取信息、新闻和娱乐的重要渠道。

在新媒体内容逐渐视频化的过程中,用户在消费视频内容方面也发生了改变。网站的视频节目一般包括影视剧、传统电视、播客分享和自制节目四个方面。过去,用户主要观看前三者,尤其是影视剧,各大网站重金购买版权以吸引用户。然而,随着版权购买成本的增加和用户需求的多样化,视频网站开始打造并推出自制剧、纪录片和教育科学类视频。这些视频成为新媒体内容发展的新方向。

2. 新媒体传播渠道趋向社会化网络

如果将 1997 年上线的 SixDegree 视为社会化网络的先驱,那么社会化网络及社交网站发展至今已有 20 多年的历史。其间,社会化网络与社交网站经历了许多变迁。从 Friendster、MySpace 到 Twitter、Facebook,从人人网、开心网到新浪微博、QQ 空间,各种 Web 2.0、Web 3.0 网站不断涌现,吸引了大量网民的关注,成为网民获取新闻、信息的新渠道。

社会化网络一般具备三层构造:第一层是个人信息展示,第二层是共享与分享,第三层是基于社交空间的群体协作。这三个层次推动了互联网向个性化、人性化和智能化方向的发展,使网络时代进入了一个"机器也会思考"的时代。网络能够对用户提出的问题进行准确、具体的回答。举个例子,假设你和朋友在游乐场玩耍,准备找附近的餐馆吃饭,社会化网络会根据你的位置、个人资料以及你平时浏览网页显示的个人爱好等因素进行综合判断,然后给出符合你要求的餐馆,而不需要你在海量信息中盲目搜索。这意味着社会化网络能够帮助用户过滤掉大部分不需要的信息,只展示精准的信息。

基于这样的网络环境,用户将越来越倾向于在社会化网络上获取有价值的新闻信息,而信息共享也将成为用户之间互动的方式之一。从 Web 1.0 时代用户被大量网络信息淹没,到 Web 2.0 时代利用搜索引擎进行相对精确的搜索,人们对网络提供信息的质量要求也越来越高。智能化的 Web 3.0 与拥有海量个人信息的社会化网络结合起来,不仅能为用户提供精准的信息内容,还能将这些内容直接推送到用户的桌面,成为新闻传播的主要渠道。

3. 新媒体进入整合式传播

当前,互联网生态环境面临着内容与渠道的过剩与稀缺的悖论。就内容而言,用户生成的庞大海量信息导致内容过剩,使个体在庞杂的互联网中感到困惑,与此同时,高品质、专业化、个性化的优质内容却非常稀缺。就渠道而言,除了传统的图书、报刊、电视、广播等媒介,还涌现了手机、平板电脑、楼宇电视、车载电视、电子书等新媒介,多元化的渠道带来了渠道过剩的问题,而对于针对性、高效率的渠道则相对稀缺。

新媒体形成了一个多元化的新闻产、供、销的生态环境,将用户带入了一个在信息过剩与稀缺之间犹豫不决的境地。然而,正是因为新技术的出现,新媒体具备了解决这一问题的能力,它的力量就在于能够通过更新的技术来应对这种挑战。

SoLoMo 社交本地移动模式是一种有效的途径,使新媒体能够融入整合式传播,适用于当下的互联网生态。该模式结合了社交、本地和移动这三个概念,目前在网络营销和商业模式变革中得到广泛应用。实际上,SoLoMo 模式同样适用于新闻传播和科学传播,能够实现基于内容本地化、方式社交化和获取移动化的整合传播。

新媒体未来的发展趋势是利用移动状态下的碎片化时间上网浏览、交流信息或享受网络服务。在这种情况下,每个用户将更加依赖与自己兴趣相近的社交圈,并关注与自身相关的本地群落,以节约时间成本并提高网络使用效率。同时,新媒体传播也会自然地转向根据用户的地理位置和真实社交关系推送更精准、有价值的新闻内容。

三、对文化传播的影响

文化传播,指人类文化由文化发源地向外辐射传播或由一个社会群体向另一群体的散布过程,随着新媒体技术的飞速发展,新媒体语境下的文化传播也出现相应的变化。

(一)文化传播方式、渠道的更新

文化传播离不开传播渠道的打造和传播方式的发展。作为具有特定文化内涵因素的文化产品,其由文化发源地经由传播者的双向互动,可以看作是文化传播的过程。此前,文化传播往往是通过人口流动的人际传播、商业交流活动的传播,也包括游学交流等方式。在大众传媒的传播语境下,文化传播日益脱离了人际传播的初级阶段。而书籍、著作等的流动,又赋予文化传播崭新的时代内涵。在当代,由于文化传播媒介的增多和交通通信技术手段的发达,文化传播不再只依赖于人的迁移和流动。世界范围内的文化传播正通过各种途径,以前所未有的速度和规模进行着,由此必然导致世界文化的同质性日益增强。然而,新媒体的出现为文化传播的发展带来新的契机。作为后现代文化的一部分,新媒体为文化传播提供了强大驱动力。

1.传播渠道多样化

众所周知,新媒体的诞生催生了新的传播方式的出现。当下,微信公共平台的广泛建立和发展可以看作是新媒体传播兴起的一个缩影。新媒体文化传播的方式更具现代性的特征,以微信公众号为例,其建立在以手机为通信工具的大众传媒基础之上,信息传播方式将经由手机客户端进行点对点的传播。从传播力的分析来看,新媒体的传播形式更加符合现代人获取信息的习惯,其传播效果较传统传播方式更为突出。

2. 受众人群更有针对性

在文化传播的受众人群的区分上,更加具有针对性。在进行推广和营销时,其传播效率自然要远远高于传统媒介的人群细分。传统的传播方式往往是缺乏人群定位的推广,其推广往往耗时更长、投入巨大。而微信平台的建立,则改变了由面到面的传播方式,变成由点到点的传播。这种传播方式,直接实现了从传播者到受众人群的信息传递,大大减少了中间环节,实现了传播效率的高效化。

3. 传播速度大大提升

新媒体语境下的文化传播在传播速度上大大提升。其以现代通信技术为基础,实现了传播内容的实时传播,亦即文化产品一经发布,受众便可在第一时间内进行阅读接收。

4. 传播的经济成本大大降低

在网络语境下,文化传播的经济成本将大大降低。作为对新媒体的管理,文化传播在传播渠道上实现了低成本甚至零成本运作。因此,在新媒体文化传播语境下,渠道化成本的降低有利于文化传播的低成本运作,从而提升文化传播的社会效益和经济效益。

(二)新媒体文化丰富文化传播的内涵

新媒体是信息技术革命的产物,其发展大大推动了社会信息传播方式的更新和发展。同时,在对外传播过程当中,其形成的独特文化内涵,又催生了网络文化形态的诞生和发展。这一文化形态,丰富和发展了文化传播的内涵,延展了当前我们的文化形态。

在网络社群日益发达的当下,网络已经成为普通大众的另一个活动空间,其不仅是种娱乐的形态,更是一种具有其自身特点的精神文化生活。当前,网络社区已经成为人们重要的信息来源,其作用和渗透力还将不断扩大。尽管,当前人们对网络文化的评价褒贬不一,但其对我们生活的影响作用越来越重要,已成为不争的事实。新媒体发展过程当中形成的新型网络文化,日益与我们当下的文化体系相互融合、共同发展。两者的互动延伸在内容和形态上,都大大促进了文化传播的突变。

网络文化具有颠覆性、新鲜性的特点,在其影响下,人们的思维方式和信息摄取方式也呈现出网络化的审美取向。这就要求在文化传播过程当中,牢牢把握人们的审美需求,以新鲜、好看、颠覆性的形式进行传播,从而大大增强其传播效果,赢得更为广泛的受众人群。当前,文化消费的主流人群,往往是网民群体,将文化传播与网络的传播方式结合,不仅是时代发展的要求,也是文化传播自身的现实需要。作为拥有巨大吸引力的虚拟空间,互联网促使传统的单向性的文化传播方式发生很大改变。互动性的信息交流方式和传播方式成为新媒体领域主要的文化交流方式。人们可以在此大胆发表自己的想法,贡献自己的聪明才智,充分展示自己的闪光点,并相互交流、彼此帮助,从而收获尊重、友情和自我价值。

随着科技的进步和社会的发展,各类新媒体相继涌现,对于深化文化传播和丰富社会文化发挥了重要作用,并受到了广泛关注。毫无疑问,新媒体不仅优化了文化传播系统,更新了文化传播方式,还创造了多元化的文化形式。因此,如何充分利用和发挥新媒体的优势,以扩大文化的传播力成为当前的紧迫任务。

四、对社会发展的影响

随着社会的发展和新技术的涌现,新媒体的形式越来越多样化,用户不仅能够接收信息,还可以发送和创造信息,实现了真正意义上的全民传播。每一种新媒体的兴起都带来了新的信息传播方式,从而影响了人类的交流方式、思维方式和艺术形式等。举例来说,微博的出现为人们的公共生活提供了全新的平台,为公民发布信息和表达想法提供了广阔的空间。

在新媒体的迅速发展势头下,人们的公共生活得到了重新塑造,并且舆论生态也发生了巨大变化。新媒体的影响使得人们的公共生活拥有了全新的内容和特点。与此同时,新媒体的普及和运作方式也在改变着人类大脑的认知、记忆和思维方式。在新媒体蓬勃发展的形势下,传统新闻传播业的解构势在必行。

新媒介技术的迅速发展以及其复杂性对社会生活产生了多方面的冲击。从某种意义上说,媒介的发展史也是社会的发展史。新媒介技术的出现改变了受众的媒介消费习惯,增强了受众的主体性。网络传播改变了过去大众媒介的单向传播模式,使得信息传播具有双向交互和"一对一"的特点。在网络传播中,受众不再被动地接收信息,而是主动地发现、选择和处理信息,这彻底改变了受众被动接收信息的消费习惯,使受众和传播者之间的关系发生了根本性的变化。

在新媒介模式下,受众不再是信息的被动接收者和消费者,而是信息的选择者,同时也是内容的主动参与者和创造者。新媒介技术颠覆了受众对特定媒介外形的固有印象,并赋予并扩大了受众权利。网络传播还扩大了受众使用媒介的权力。此外,网络的存在使得传统媒介的权力受到监督和制约。受众可以通过上网搜集多方信息来对大众媒体的公正性、中立性和可信性提出质疑和挑战。新媒介技术进一步分化了受众群体,加剧了个人化消费趋势。网络媒体使"点对点""一对一"的传播成为可能,互联网可以根据用户的个性需求提供定制的信息和服务,这也就是我们常说的"个性化"服务。

新媒体给社会带来了一定的负面影响,但新媒体的发展已是大势所趋。新媒体在给我们的社会带来积极影响的同时,也带来了一些负面的影响,阻碍着社会的积极发展。例如,现在互联网侵权盗版现象仍十分猖獗。很多网站未经授权且没有支付费用,就开始大量转载来自他人或其他网站的优质信息和内容,以增加点击率。一些以营利为目的的网站未经用户本人同意,就擅自使用其发布在社交平台上的照片和文字。同时,网上充斥着大量的垃圾信息,如失实信息、过时信息、诈骗信息等。为了更好地发展新媒体,我们要积极正确地运用新媒体,并尽最大的努力发挥新媒体的正面作用,同时限制约束新媒体给社会带来的负面影响。

第六节　大数据技术在新媒体传播中的实践

利用大数据技术,将媒体技术运用到广播电视以及新媒体的传播中,不仅能有效地提升其传播效果,而且还能增强其社会影响。本节对大数据技术在新媒体传播中的应用进行了详细的分析,并对其在新媒体中的应用与发展进行了探讨。

一、大数据对新媒体传播的影响

数据新闻是基于大数据技术的新媒体产物,其具有高度的可变性,为读者提供更多新闻价值。它能将抽象的内容具象化,使读者能够更好地获取有价值的信息。随着大数据在市场经济中的应用价值不断提升,它对社会发展的作用也越来越重要。

国外媒体的发展情况表明,利用大数据技术可以为媒体产业提供有价值的数据和信息资源,并将其转化为有价值的商品。这些数据和信息资源可以应用于新媒体的策划和市场中,逐步扩大传媒的传播范围,进一步增强企业的策划能力。同时,新媒体公司也能够获得更多的广告机会和收益,为新媒体产业的发展提供坚实的物质基础。

(一)增加了用户的黏性

新媒体的目标是为广大用户提供信息并满足他们真实的需求。通过运用大数据技术,可以提高信息的传播速度,并极大地丰富用户的使用体验。大数据技术是一种结合了新闻和算法的技术,它建立了用户的兴趣模型,并根据这个模型准确地把握他们的信息需求和心理变化,然后将这些信息传递到他们的手机上。随着时间的推移,用户会越来越依赖新媒体,从而加强了双方之间的联系。

通过大数据技术,新媒体能够更好地了解用户的兴趣和需求。通过分析用户的行为数据和偏好,可以为他们提供更加个性化和精准的信息推送。这样的定制化服务能够增加用户的满意度和忠诚度,进一步加强了新媒体与用户之间的互动关系。

(二)促进制作内容的个人化

在新媒体传播中,热点话题的重要性不可忽视。除了追求热点话题外,新媒体也需要不断创造新的热点来吸引用户的关注。相比传统媒体,新媒体平台更具优势,特别是短视频形式。短视频制作简单、传播速度快,而且内容更贴近现实,因此广受欢迎。借助大数据技术,新媒体平台可以轻松快捷地追踪热门信息,并创造更多热点话题。

(三)改进了数据库的科学性和完整性

通过运用大数据技术,在国内的多个网络平台上构建强大的数据分析模型,可以迅速、精确地判断各方面的民意和趋势。这种数据分析模型通过对相关数据的专业化分析,能够帮助用户综合分析自身存在的问题,从而增强其竞争能力。

随着人工智能和大数据技术的快速发展,网络平台能够为数据处理系统提供全面而有力的数据支持。以哔哩哔哩(B站)为例,这是一个日益受欢迎的网络平台,拥有庞大的粉丝群体。从大数据的角度来看,该平台的用户中,本科及以上学历的比例高达85%。他们在平台上发布的内容主要以专业娱乐为主题。

(四)优化了数据收集方式

随着21世纪信息技术的迅猛发展,新媒体打破了传统媒体的限制,利用计算机技术使每个人都成为新闻信息的传递者和创造者。这种发展使得新闻信息能够以更快的速度传递,人们能够及时获取新闻、了解国内外的最新动态和消息。

在利用大数据技术进行新媒体信息采集时,需要建立一个实时分享数据和信息的大数据平台。通过对采集的数据进行分类和分析,可以获得具有较高可信度的信息,从而促进数据应用质量的优化和提高。

借助大数据平台,新媒体可以更加准确地把握用户的需求和兴趣,从而提供更加精准的内容推荐和个性化的服务。同时,大数据技术还可以帮助新媒体进行舆情监测和分析,及时了解社会热点和民意变化,为新闻报道和舆论引导提供有力支持。

二、大数据技术在新媒体传播中应用的不足

在当今信息技术高速发展的时代,大数据已经深刻地影响了人们的思维方式。人们主要通过互联网获取信息,而大数据也为市场经济和广告投放提供了重要参考。

然而,如果新闻中的数据是伪造的,就有可能误导读者。因此,新媒体传播者在生产数据新闻时,需要具备较好的数据素养。他们需要对大量的数据进行准确的分析和处理,并能够从网络中挖掘出数据潜在的价值。

当前,国内的新闻工作者在这方面的人才相对不足,这也导致了一些问题,如"假新闻"和"垃圾新闻"的出现。这些问题对新媒体传播在现实生活中造成了困扰。当前新媒体传播中的问题表现在以下几个方面。

(一)数据爆炸导致的信息质量不均衡

随着大数据技术的迅速发展,当今社会已经进入了数据爆炸的时代,人们的日常生活中无时无刻不在产生、传播和存储各种数据。与此同时,新媒体的广泛应用和快速发展,以及信息发布门槛的相对较低,使得人们可以自由地使用新媒体来产生和传播信息。然而,这也导致了新媒体信息中存在大量的虚假和不实信息的问题。

面对这个严峻的挑战,新媒体需要应对信息筛选和处理方面的难题。如何在不侵害网民言论自由的前提下,有效地筛选出大量的信息,防止虚假信息的泛滥,已经成为新媒体产业和整个社会急需解决的重要问题。

(二)新媒体法律法规发展滞后,知识产权保护无法为创新创作提供有力保障

由于新媒体产业和大数据产业的迅猛发展,我国的相关法律制度尚未完善,这导致了信息管制的失败,给公民的人身和财产安全带来了一定的风险。

新媒体法律法规的滞后发展主要存在以下两个方面的安全风险。首先,相关法律制度有待完善,这给公民的利益和商业环境带来了安全威胁。例如,在各大商业办公楼中,楼宇电视作为一种新兴媒体,由于现行法律并未明确规定其信息传播权,导致大部分楼宇电视可以任意重复播放信息。会促使一些不良商家利用这一机会进行虚假、夸大宣传,从中牟取暴利,损害了公共利益。其次,剽窃侵权现象严重。在大数据时代,信息通过新媒体发布成为普遍方式,但也容易被他人剽窃和篡改。由于互联网上的信息众多,追踪侵权行为困难重重,给版权保护带来了巨大挑战。作家的作品可能被轻易复制、粘贴,刚出版的书籍可能被扫描制作成电子版在网上流传,电

子出版物也容易被破解和分享。这些侵权行为对原创作品产生了损害,但有效控制依然面临挑战。因此,在现有法律和法规的基础上,如何有效运用大数据技术成为当前新媒体传播所面临的重要问题。

(三)"大数据"带来的信息过载伴生网络暴力现象

网络暴力是指在网络媒体传播中对他人合法权益进行侵害的犯罪活动,其特点是可以通过匿名方式对他人进行人身攻击。随着新媒体的广泛发展和使用频率的增加,人们对新媒体的依赖性也日益提高,这使得个人的隐私信息在互联网上面临较大的泄漏风险。此外,新媒体提供了一个匿名表达观点的平台,某些人在没有顾虑的情况下会将自己的情绪发泄出来,从而在一定程度上侵害他人的权益。

三、促进新媒体传播中大数据技术应用的途径

当前,大数据技术在新媒体企业的发展中具有巨大优势,但与此同时,我们也必须承认目前的发展情况下,大数据技术的进展速度与新兴传媒产业的发展速度并不完全匹配。新媒体产业在发展过程中面临着各种问题,例如人才和资金短缺,这导致了数据处理能力的局限性。因此,在大数据时代,新闻工作者需要不断提升自身的大数据思维能力,充分发挥其创新性和潜力,为新闻工作提供科学的数据参考和依据。同时,也需要持续创新,提升新闻质量,增强新闻的可读性,以满足公众对新闻生产的需求,并更好地利用信息技术,增加盈利能力。具体可以从以下七个方面进行。

(一)坚守基本的应用原则

1. 规范性

从新媒体数据传递的角度来看,大数据技术在执行和创新方面具有特殊的意义。然而,在实际操作中,由于大数据并非核心技术,因此在数据传递过程中仍存在一定的不足。因此,我们必须积极进行改革,并探索出一种合理的运营管理方式,将大数据技术纳入规范化轨道,以提高数据传输的整体效果。

2. 体系性

在当前数字时代,社会管理体制正在经历最大的变革。在确保新媒体

信息安全传递的同时,如何利用大数据技术提高数据的使用效率,成为迫切需要解决的问题。大数据技术是推动新媒体信息传播的重要途径。我们应该阶段性地进行数据监测,并加强新媒体的硬件建设,对数据系统进行优化和升级,以及进行系统性的改进。

3. 精确度

在新媒体的数据传输中,提高数据的准确度至关重要,以充分发挥大数据的作用。因此,新媒体从业者必须充分认识到这一趋势,通过运用大数据技术和信息推送技术,正确使用信息传播手段,提高信息传递的准确性。这样才能更好地满足现代社会的需求,真正发挥信息技术的服务功能,确保信息的有效性。

(二)新媒体产业的法律法规建设与完善

为了更好地运用大数据技术,我们需要建立健全的法律和法规,特别是新媒体领域,为其运用大数据技术提供有力的法律支持。一个重要的举措是实施网络实名制,对在网络平台上有一定影响力的人群进行严格管理,并设置更严格的准入门槛,以促进新媒体的健康发展。

近年来,我国发生了多起严重的电信诈骗案件,因此我们对通信设备的实名制问题非常重视,并要求在全国范围内所有使用通信手段的用户在规定时间内进行实名登记,以杜绝不法行为的发生。同样的原则也可以应用于新媒体,通过实名登记可以有效防止恶意评论、虚假信息的制造和传播,从而净化新媒体环境。

另外,我们也应该重视提高网民素质的问题。大数据技术在新媒体传播中的应用是一个相对复杂的问题,涉及国家教育和国民素质的提升,同时也需要每个公民努力提升自身的网络素养。作为新媒体,可以通过发布更多的公益广告来激励网络用户提升自身素养,并鼓励他们关注自己的言行举止,从而逐步提升网络环境的质量。

(三)推动新媒体资源的优化与整合

在新媒体传播过程中,我们应根据受众需求进行优化和整合,挖掘有价值的信息,以满足受众多样化的需求。同时,运用大数据收集技术对信息进行收集和整理,并利用数据挖掘技术对信息进行分析和提取,确保信息真实性,满足用户需求。

近年来,新媒体信息量不断增加,对新媒体工作人员的信息甄别能力提出更高要求。缺乏甄别能力容易导致各类不良信息在网络中蔓延,对有序的新媒体传播造成不利影响。为此,引入大数据技术并通过社会监督的方式改进信息审查制度,可以有效监控和审核各类不良信息,抑制其传播,净化新媒体环境。

例如,腾讯的微信平台推出了用户举报功能,允许用户举报和审查在微信上发布虚假信息的人,从而阻止恶意信息的传播。类似的举措可以帮助维护新媒体的健康发展。

(四)提高传播内容的质量

无论新媒体如何革新,内容始终是传播品质的关键。要成为最受欢迎的媒体,我们必须对新闻内容有严格要求,具备社会责任感,对客户和公司负责。新媒体为社会各层面的成员提供信息流,而高质量的内容能在众多信息中脱颖而出,吸引公众的眼球。每个社会公民都有选择权,我们应该挖掘他们的兴趣,为他们设计适合的传播内容,提高他们的依赖度,这是新媒体繁荣的重要保证。

尽管人们的阅读时间越来越分散,但信息对每个社会成员都是平等的。因此,新媒体传播者应尽量避免信息的分散,充分利用大数据的发展优势,挖掘更多数据,预测社会趋势,并确立自己的传播理念。我们不应盲目追随潮流,也不应散布虚假信息,而是要为新媒体提供更多机会。

(五)加强对社会舆论的引导、控制与监督

1.舆论的引导和控制仍由国家主导

在我国新媒体的发展形势下,我们已经认识到必须对网络舆论进行必要的控制,并通过一系列法律法规正确引导舆论。新媒体产业需要配合国家的法律法规,用这个工具来控制非法舆论。同时,一些可能引发不当社会舆论的议题也需要明确限定。

2.网络媒体引导用户揭露恶意传播和虚假信息

在信息泛滥和信息质量不均衡的情况下,如果用户发现虚假、色情或其

他不良信息,可以向后台举报。然后,网站可以公布被举报用户的信息,对其进行暂时或永久禁言、数字封号等惩罚。例如,腾讯的微信平台就提供了用户举报功能,可以通过举报和审查来阻止恶意信息的传播。这种方法可以有效提升新媒体的审查机制效率,减轻审核者面对海量数据的压力,重点核查和处理被投诉的信息。

需要注意的是,这种方法不能用于处理匿名用户,因此建议所有网络媒体平台对发表评论的权利进行合理控制。在维护舆论秩序的同时,也要尊重用户的言论自由,并为用户提供举报机制以保护他们免受不良信息的影响。

(六)信息保障

随着人们获取信息的便利程度不断提高,一些不法分子可能利用互联网漏洞来窃取个人隐私信息。因此,我们可以从以下方面进行优化。

1.新闻媒体平台应增强信息维护能力

新闻媒体平台尽可能保障用户的信息安全,确保用户在使用信息时享受舒适、方便和安全的服务。在技术层面上,可以建立安全防护体系,运用信息安全和大数据技术对网络中的数据进行大量筛选和分析,过滤出存在于新媒体中的不良信息,提高信息保护的安全性和有效性,实现对新媒体信息的优化。同时,加强网络安全防火墙,提升技术水平,确保网络信息的安全性。

2.用户的信息安全意识可以帮助提升隐私权和安全性

新媒体公司应以广泛的方式传播信息安全理念,增强消费者的安全感,树立安全和健康意识。

(七)提升新媒体从业人员的职业素养

在信息爆炸的时代,利用大数据技术进行新媒体传播时,我们需要打破信息孤岛,促进新媒体和传统媒体的融合与协同发展。新媒体传播者应积极学习新媒体的创作方式,提升新闻敏感度,加强数据的分析和整理能力,充分挖掘数据信息的价值。

1.要加强新媒体从业者的职业道德和自律意识

新闻工作者应遵守新闻职业道德,进行充分的事前调查,确保报道公正客观,不受个人偏见的影响,积极营造积极、公平、客观的新媒体环境。

2. 要提升新媒体从业人员的专业技能

在新媒体传播中运用大数据技术,需要新闻工作者掌握良好的大数据技术运用方法,以便进行更好的报道。在生产数据新闻时,记者需要具备敏锐的大数据思维,并将大数据思想应用于新闻生产中,以提高编辑的科学性、严谨性、真实性和有效性,满足大众对数字媒体信息质量和内容的需求。

因此,新媒体工作者需要灵活运用电脑技术,熟练掌握办公软件、数据分析软件等新媒体新闻制作工具,并具备一定的数据分析能力。同时,记者还需要从大量信息中挖掘潜在价值,对信息进行分类、归纳,并进行准确的分析和判断。

总之,大数据已经深刻地影响了社会和新媒体产业的方方面面。为了更好地适应市场变化,新媒体传播领域需要对大数据进行深入高效的分析,识别问题并剖析其原因,制定相应的应对措施。同时,充分利用大数据技术进行信息采集与传播,弥补自身的不足,不断加强技术支持,建立在真实高效的社会信息基础上,传递积极的社会能量给广大读者。只有这样,新媒体产业才能更好地适应市场需求,并在未来的发展中获得更广阔的发展空间。

第七节　视听新媒体技术应用创新发展

2021年是我国"十四五"规划的开局之年,创新驱动发展战略依然是重要任务,塑造产业和行业发展新优势至关重要。视听新媒体在科技创新的支持下,越来越明显地推动自身业务和服务能力的提升。随着5G基础网络建设的完善、有线电视网络整合的推进以及视听媒体技术应用能力的提升,我国视听新媒体的进化发展得到了坚实的基础。广电网络公司以"广电5G"建设为依托,积极拓展业务范围,探索转型升级的新途径,而网络视听平台则运用人工智能、虚拟现实和增强现实等技术进行创新应用,改变视音频内容的呈现形式,致力于多方面连接用户的感官体验。在本节中,我们将从技术研发、实践应用、企业布局和行业环境等角度,梳理和总结我国视听新媒体技术应用的创新发展动态,并对未来的发展趋势进行分析和展望。

一、科技创新打造视听媒体进化新基建

2021 年,我国电信运营商本着"适度超前"的原则,积极推进 5G 网络的建设工作,5G 基站的数量达到了新的高度,广电"全国一网"也正进入实质性整合阶段。与此同时,高清和超高清频道相继开播,多项技术标准性文件的发布也推动了行业的发展。科技创新成为视听媒体进化发展的重要动力,而 5G 网络的建设情况、有线网络的整合进展以及行业对相关技术的应用能力等,直接影响着视听媒体技术应用创新的基本环境和发展空间。

(一)信息基础:5G 基站建设数量再创新高,前瞻布局 6G 网络技术

5G 网络具备高速率、低延迟和广泛连接等重要特性,成为新一代信息基础设施建设的核心内容,也是视听新媒体朝着超高清和智能化方向发展的基础条件。与之不同的是,5G 网络主要运作于中高频段,而不同于 2G、3G 和 4G 网络在低频段传输信号的方式。传统的宏基站无法满足 5G 信号覆盖的需求,因此 5G 网络的建设需要大量的小基站与宏基站协同工作,而 5G 基站的建设密度实际上直接影响着 5G 网络的实际部署情况。

自我国正式发放 5G 商用牌照以来,电信运营商们作为 5G 网络建设的主要推动者,积极参与了 5G 网络的建设工作。据工信部数据显示,2021 年我国 5G 基站建设数量达到了新的高度,相较于 2019 年的 13 万个和 2020 年的 71.8 万个,截至 2021 年 12 月,5G 基站数量已经达到了 142.5 万个。仅在 2021 年,全年新建基站数就超过了 65 万个。这持续攀升的数据代表着我国 5G 基础网络建设步伐的加快。

与 5G 基站建设速度相应的是我国 5G 终端用户数量和网络覆盖面积的增加。官方监测数据显示,截至 2021 年 12 月,我国 5G 终端用户连接数量已经达到了 4.5 亿户,相比去年同期增长了两倍以上。在 5G 网络覆盖方面,地级市已经实现了 100% 的覆盖,县区覆盖率达到了 97%,乡镇覆盖率也已经达到了 50%。可以看出,5G 网络的覆盖范围正在不断扩展和延伸,从城

市向乡村不断拓展。

此外,2021 年 3 月,我国发布了"十四五"规划纲要,明确提出要积极进行 6G 网络技术的储备工作。外媒数据显示,截至 2021 年 8 月,我国在全球范围内的 6G 专利申请量占比已超过 40%,处于领先地位。而美国的 6G 专利申请量占比为 35.2%,位居第二;日本、欧洲和韩国的占比分别为 9.9%、8.9% 和 1.5%。

(二)融合基础:广电"全国一网"进入实质性整合阶段

"全国一网"整合方案的有效实施是广电网络行业实现运营一体化和资源集约化发展的重要基础。广电行业拥有丰富的频率资源和优质的业务资源,特别是以 700 MHz 为代表的频率资源。通过加快形成以中国广电为核心的广电"共同体",广电行业能够在网络融合的基础上发挥自身的资源优势,推动广电 5G 的建设和发展。

在各省级子公司更名工作的顺利推进下,中国广电于 2021 年 7 月正式宣布完成了"集团"工商变更,并领取了新的营业执照。公司名称由"中国广播电视网络有限公司"变更为"中国广播电视网络集团有限公司"。在中国广电 2021 年 3 月召开的财务会议上,总会计师林京表示,下一阶段中国广电将侧重建立统一的管理体制,创新经营管理模式,制定更为细化的发展规划。重点推进广电 5G 与有线网络的相互赋能,促使行业走向高质量发展的道路。广电行业正在逐步完善"全国一网",为广电 5G 工作的有序开展提供了重要的基础和保障。

(三)创新基础:高清、超高清频道纷纷开播,技术能力建设进展明显

我国视听媒体技术应用能力的提升,得益于技术研发与落地应用的状态。视听媒体进化也因此搭建了全新的表达平台与发展环境。在视听内容制作方面,我国高清、超高清建设发展势头良好,电视频道正快速向高清化方向发展。据广电总局透露,截至 2021 年 9 月,我国已批准开办的高清频道数量达到 917 个,其中高清频道 909 个,4K 超高清频道 8 个。多地省级电视台已完成全频道高清化播出,部分地级电视台高清率也已超过 75%。此外,我国 8K 超高清频道的建设也在 2021 年取得了重大进展。北京广播电视台

的"8K 超高清试验频道"于 2021 年 12 月底正式开播,这也是我国第一个面向广大受众进行 8K 超高清内容传播的电视频道。频道集科技研发、技术验证、案例示范于一身,发挥引导带动作用,促进 8K 超高清产业的发展。这些进展彰显了我国在视听媒体技术应用领域的实力和追求卓越的精神,也为我国视听媒体的未来发展提供了强有力的支撑。

2021 年,我国视听媒体领域的技术标准性文件发布和国际性技术标准制定工作的参与,彰显了视听媒体技术能力的迅速提升。国内方面,广电总局发布了多项与视听媒体技术相关的标准性文件,内容涉及 VR 视频制作参数、云平台总体架构、网络视听收视大数据技术规范及区块链内容审核标准等不同技术。国际方面,中国广电以 5GNR 广播为载体引领了国际标准的制定工作。中国广电参与编写的《5G 演进白皮书》正式发布,其中 5GNR 组播广播技术架构是重点章节。由中国广电带头向 3GPP 提交的 5G 组播广播在Rel-18 的演进方向也获得审议通过。中国广电作为我国广电 5G 建设的重要带头人,积极参与国际性标准制定,推动我国视听媒体领域的科研成果和应用走向国际舞台。这些成果不仅是行业有序开展的重要引导,也是我国视听媒体技术实力稳步提升的有力佐证。

二、"广电5G"开拓广电企业转型新赛道

2021 年,广电行业全面实现"全国一网"整合并正式运营,与广电网络整合同步发展的"广电 5G"建设工作也取得了重要进展。作为有广电特色的5G 精品网络,广电 5G 的建设旨在增强广电行业的创新能力,构建更加智能高效的传播体系。中国广电作为"广电 5G"网络建设的主要推动力量,于2021 年在基础网络建设、相关技术研发和资源应用等方面都取得了不俗的进展。这些进展不仅有助于广电行业的转型升级,也对我国 5G 网络建设和数字化转型升级产生积极的推动作用。

2021 年,中国广电与中国移动于 1 月 26 日正式签署了"5G 战略"合作协议,标志着 700 MHz 5G 网络的共建共享工作正式启动。双方将发挥各自技术和资源优势,加快提升 5G 网络的覆盖率,促进 5G 技术赋能有线电视网络的发展。在技术研发方面,中国广电于 11 月 8 日至 10 日启动了 5G NR

广播技术的能力验证工作,在广电总局科技司的指导下,成功完成了"相约北京"冰球测试赛的直播工作。观众可以通过手机或 VR 设备自由选择场内多机位拍摄内容,而不会出现因观众并发数高而卡顿的情况。此次 5G NR广播技术在商用场景中的能力验证是全球首次,对后续技术的研发和应用具有重要意义。在广电 5G 资源的有效应用方面,中国广电积极推进广电192 号段的放号运营工作。中国广电携 5G 建设新成果参加了第十七届深圳文博会,并于展会期间开启了广电 5G 内部友好用户 192 号段的放号测试工作。中国广电表示,将根据具体的测试情况,适时开启商用放号。这些举措有助于创新广电行业的商业模式,促进数字技术在广电行业的广泛应用。

随着"广电5G"建设工作的有序推进,广电网络行业正在寻找新的业务和产品开发方向来筑高竞争壁垒,开辟全新的发展赛道。"广电5G"网络建设工作进程加快,采用与电信运营商共建共享 5G 网络的方式,不仅能够有效降低广电网络行业的运营成本,还可以帮助广电网络经营主体快速获取用户资源,为广电网络行业扩展业务经营范围提供了基础性动力。此外,广电行业还在积极探索新的业务模式和产品创新,以适应数字化时代的发展趋势,提高服务质量和用户体验。这些努力有助于推动广电行业的转型升级,促进数字技术在广电行业的广泛应用。

各广电网络公司都在关注"智慧广电"业务的优化升级,纵向升级现有产品、丰富完善产品生态,其中4家广电企业的举措比较有代表性。歌华有线坚持创新发展理念,利用科技与资本双轮驱动,构建智能化、融合化的新型"智慧广电"业务生态体系,以提升企业的竞争力。广西广电以技术创新为支撑所打造的"壮美广西·智慧广电"工程、国家文化大数据体系建设及网络视听产业基地等智慧广电新项目已成为当地"十四五"发展规划的重点项目。吉视传媒自主研发的 I-PON 技术已形成规范的标准体系,具备进行超高清视音频内容传送与社会化信息传输的技术能力,同时发布了基于有线电视网络传输的"首个 8K 视频方案"与"首个 8KVR 传输方案",优化了有线电视网络在政务、教育、家庭等场景中的产品渗透能力与智慧服务能力。东方明珠以"智慧城市"建设为核心,协同推进 5G 业务的发展,如与华为共同完成全球首个 5G 700 MHz 执法仪的测验工作。此外,东方明珠积极开展

700 MHz 频段的清频工作,设立"智慧广电网络安全生态创新研究国家广播电视总局实验室"为广电网络生态健康发展提供技术支撑。这些举措有助于推动智慧广电业务的发展,提高广电行业的技术实力和服务水平。

三、"AI+XR"激活网络视听表达新场景

截至 2021 年 12 月,我国网络视频(含短视频)用户规模达到9.75 亿,较 2020 年 12 月增长了 4794 万,占网民整体的 94.5%。其中短视频用户规模为 9.34 亿,较 2020 年 12 月增长了 6080 万,占网民整体的 90.5%。网络视听平台拥有着庞大的用户群体,成为视听新媒体内容传播的重要渠道。随着 5G 网络的快速发展以及用户消费能力和审美水平的提升,内容已经不再是网络视听平台唯一的竞争要素,视频呈现方式和观看形式的创新同样重要。利用 AI、VR 甚至 XR 等新技术提升用户观看过程中的感官体验,开发全新的视听表达场景,实现虚拟与现实之间的融合,是 2021 年网络视听媒体技术应用创新发展的重要表现。这种创新将进一步促进网络视听媒体技术的发展,提高用户的观看体验,推动网络视听媒体产业的持续发展。

根据 Quest Moblie 发布的《2021 中国移动互联网年度大报告》数据显示,截至 2021 年 12 月,爱奇艺成为各大网络视听平台当月月活用户量最高的平台,其月活用户高达 4.81 亿。其次是腾讯视频,其月活用户达 4.45 亿。优酷视频和芒果 TV 的月活用户分别为 2.4 亿和 2.04 亿,也是网络视听平台的重要竞争者。具体见图 2–1。这些数据表明,网络视听平台正在积极争夺用户的关注和支持,而用户也越来越依赖网络视听平台获取娱乐和信息。随着移动互联网的快速发展,这种趋势将会继续加强。

爱奇艺作为线上视频领导者之一,其月活用户量领先于其他平台,这表明了广大用户对其内容生产、创作和传播等能力的认可。爱奇艺始终坚持以优质科技结合优质内容的理念,创造了独特的商业价值。为此,我们可以通过爱奇艺官方网站公布的 2021 年度新闻动态,分析爱奇艺平台在实施科技创新驱动战略上布局自身娱乐版图所采取的新思路和新举措。同时,我们也可结合腾讯视频、优酷视频和芒果 TV 等同样具备较高用户渗透率平台的有关科技创新实践,探讨 2021 年我国网络视听行业中新媒体技术应用创

新的逻辑思路。这将有助于我们更好地理解网络视听平台如何通过科技创新提升其商业价值和用户体验。

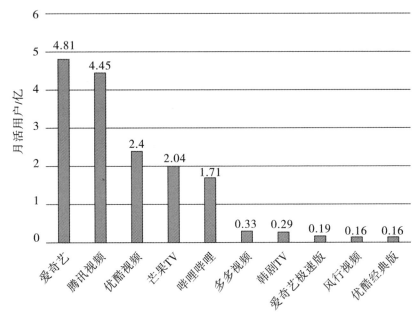

图2-1　2021年12月在线视频App行业月活跃用户规模TOP10

在2021年,爱奇艺致力于发展视音频内容与用户之间的多维度连接能力。在原有的AI+VR技术布局的基础上,爱奇艺创新地应用了4K、XR等技术,强调以科技创新为基础,推动用户更接近"真实"和"自由"。相关技术的研发和实践应用为用户提供了更真实的体验场景和更多维度的互动空间。

在相关技术研发创新方面,爱奇艺采取了多项措施。首先,旗舰级VR硬件设备奇遇3于2021年8月31日发布。奇遇3采用了最优性能的移动VR芯片和爱奇艺自主研发的交互系统"追光"6DoF,实现了毫米级精准的定位,为用户打造更自由、丰富的虚拟世界提供了可能。此外,爱奇艺还于2021年9月23日推出了自主研发的自由视角拍摄系统,实现了对相机阵列的智能调节,缩减对焦时间,提升了制作效率,同时为观众带来了空前自由的观看体验。最后,爱奇艺还推出了自主研发的IQDubbing配音平台,与传统的AI配音系统不同,该平台不仅可以实现"一人分饰不同角色",还能够赋予输出的声音素材感情色彩。这些技术创新的应用,有力地推动了爱奇艺在网络视听平台中的发展。

在实践应用场景创新方面,爱奇艺采取了多项措施。首先,在2021年4月24日举行的中美"乒乓外交"50周年纪念活动中,爱奇艺借助奇遇VR设备开展了一场别开生面的VR乒乓友谊赛,通过奇遇VR强大的交互算法系统,精准捕捉两位运动员的动作,最大限度地还原了真实的比赛。此外,在2021年10月28日开播的真人剧情作品《梦见狮子》中,爱奇艺首次推出虚拟偶像小茉莉的参演,这是国内首个虚拟偶像参与演出的真人剧情作品,也是虚拟与现实交汇、融合的全新表达场域。爱奇艺副总裁杨晓轩表示,虚拟偶像与用户之间实现真正交互的关键在于"共情",因此,互动技术的创新发展将会成为推动虚拟偶像发展的重要力量。这些创新应用的场景,使用户能够在更加真实、沉浸的体验中获得更多的乐趣和感受,推动了爱奇艺在网络视听平台中的发展。

在视听内容制作和传播效能方面,平台自身技术研发创新与应用能力的强弱显然会产生影响。在强调与用户进行互动、建立连接,提高用户沉浸感、活跃度的基调下,优酷、腾讯和芒果TV等平台都十分关注相关技术的研发工作。例如,2021年,优酷视频推出了"自由视角"技术,革新了用户观看体验,并将其应用于《这!就是街舞》第四季,实现了总播放量的翻倍提升。腾讯视频于同年成立了腾讯在线视频BU,提出了"以科技和艺术驱动的视频娱乐引领者"的平台建设愿景,并表示未来将集中力量投入视听媒体领域相关技术的研发工作中,通过科技赋能内容创作和传播。在2021年度全国广播电视媒体融合先导单位、典型案例、成长项目的评选中,芒果TV与其自制的"光芒"超高清云制播平台分别被评为先导单位和典型案例。《乘风破浪的姐姐》第二季4K纯享版应用了"光芒"制播技术,这一云制播系统的研发和应用将成为芒果TV开启4K超高清产能提升的全新起点。综合来看,各平台的技术研发和案例应用侧重点有所不同,但本质上都是通过新技术开拓视听媒体内容的全新表达形式和多样化的场域空间。

四、中国视听新媒体技术应用创新发展趋势

国家广播电视总局于2021年10月8日发布《广播电视和网络视听"十

四五"发展规划》,强调科技创新对广电行业发展的引领支撑作用,提出要促进5G、人工智能等新一代信息技术与广电行业的融合。为了加快广播电视和网络视听行业向更加开放、融合、智慧的方向发展,广电总局科技司于2021年10月20日发布了《广播电视和网络视听"十四五"科技发展规划》,以科技创新为核心,全面阐述了广播电视与网络视听行业技术应用的现状和当前行业发展面临的机遇与挑战。《广播电视和网络视听"十四五"科技发展规划》进一步明确了以科技创新为根基,实现广播电视和网络视听行业高质量发展的原则、目标和主要任务。这份规划的发布对于科学研判我国视听新媒体技术应用创新发展趋势具有重要意义。

面向未来,我国视听新媒体技术应用创新发展的主要趋势如下。

(一)思路为先,顶层设计不断明晰技术应用逻辑

顶层设计是从宏观视角出发,对管辖范围内各要素发展进行统筹性思考,设定具有前瞻性、全局性的管理方案与战略目标。我国视听新媒体技术应用的发展是一个在创新中不断调整的过程,除了源自实践反馈的调整,顶层设计方案的更新对于视听媒体技术应用思路也有着较大的影响,决定着领域内技术应用发展的重点方向与具体目标。2021年是我国正式步入"十四五"时期的第一年,国家广电总局及时出台了我国广播电视和网络视听发展的"十四五"规划。各省份也相继出台了区域性发展规划。通过梳理国家广电总局及各省份的广播电视和网络视听"十四五"发展规划中与"技术"有关的内容,可以发现各省份规划中的具体实施内容不尽相同,但大体思路一致,均是以总局强调建设的"智慧广电"为核心展开的规划与部署。在运作思路上,"建设实验室""搭建精品网络""打造产业园""基地"等词语频繁被提及,"高清、超高清频道""文化大数据"等作为广电行业重点孵化的技术产品,也多次出现在各省份的规划方案中。各省份出台的"十四五"规划高屋建瓴地指明了广播电视与网络视听行业技术进化的具体路径。可以预见的是,未来视听媒体领域技术应用的发展方向将在顶层设计方案的影响下更加清晰。

(二)融合为要,主体竞合持续拓展媒体业务边界

随着5G、AI、VR等新一代信息技术的深入发展,视听媒体领域的竞争格局正在发生变化,各经营主体正在积极调整自身发展思路,拥抱新变化,试

图在广泛的合作中寻找 5G 时代的生存法则。2021 年年初,中国广电与中国移动跨界联姻,正式启动 5G 网络共建共享计划,开创了电信行业、广电行业全球范围内首个融合发展案例,这一举动赋予了视听媒体领域各竞合主体整合、融合发展全新的思考空间。中国广电与中国移动分属于不同行业,双方在 5G 网络建设中拥有着各自独特的资源优势,开创性地进行跨界融合,实现了中国广电与中国移动的资源基础与发展效能的双赢。中国移动可以进一步丰满其 5G 精品网络蓝图,而中国广电则可以将注意力更加集中在广电 5G 特色化产品、体系的孵化上,共建共享合作成果将广泛服务于行业转型发展与社会效益提升。网络视听行业也存在跨界融合的发展思路,比如爱奇艺与北方广电网络达成合作意向,表示将以"有线网+互联网"的方式为广大用户提供丰富的直播、点播内容。腾讯视频在运营十周年之际宣布成立腾讯在线视频 BU,将腾讯旗下视频板块业务合并,开启一体化运营模式。这些跨界融合"先导案例"表明视听媒体领域各竞合主体正在着力于打破行业壁垒,推动行业朝着"无界空间"的方向持续发展。

(三)案例为源,优质项目引导成功经验规模落地

在视听新媒体行业,创新一直都是推动发展的核心动力。随着新技术的不断涌现,视听新媒体的发展也获得了重要的支撑。然而,如何更新这些新技术,如何借助这些新技术来促进视听媒体的发展,这些问题需要行业中不断涌现的优质案例来提供答案。这些优质的技术应用案例为视听媒体的技术应用发展提供了全面的行业解决方案和明确的技术应用思路。为了更好地发挥这些优质案例的引领和示范作用,推动成功经验的规模化落地,各界纷纷采取了设立重大项目、举办重要赛事等方式来激发行业创新活力,快速建立优质的"项目库"。

2021 年,我国积极举办了多个与视听媒体技术创新相关的重要赛事、重大项目申报及典型案例推优工作。例如,国家广播电视总局在 2021 年 3 月 10 日发布了举办我国"首届广播电视和网络视听人工智能应用创新大赛(MediaAIAC)"的通知。该赛事围绕内容审核、效果评估、智能推荐、智能剪辑、视频修复及智慧广电终端等广电行业智能化发展的热点场景,向全国多个相关单位征集优秀的人工智能应用方案。此外,工信部、广电总局等 6 个

部门共同发起了"百城千屏"超高清落地推广活动,鼓励有条件的地区、城市建设超高清公共大屏,宣传与展播党建、冬奥、文旅、时政等方面的内容,加速超高清视频产业的发展。此外,自2019年起,国家广电总局为了推动媒体整合发展还开始进行了"广播电视媒体融合先导单位、典型案例、成长项目"评选活动。中国广电带头研发的5G NR广播技术便被选入了2021年的成长项目。这些与技术应用创新、融合发展创新有关的优质项目评选活动的出现,为视听媒体领域技术应用提供了更具针对性的"参考答案"。

展望未来,以收集优质项目、促进行业发展为主要目的的赛事、活动及项目评选工作将会更加丰富且更具针对性。这些工作将进一步强化优秀案例的"样板"作用,为视听新媒体技术应用能力的提升和思路创新提供动力。

(四)运营为本,智能应用发展促进管理模式升级

如前所述,视听媒体行业的发展,离不开不断成熟的新技术与推陈出新的新产品,新技术的应用使视听媒体在传播效率、质量等方面有所提升,媒体传播格局也不断发生着变化。但也正因如此,视听媒体尤其是网络视听媒体对行业内的版权保护问题提出了新要求,新平台、新产品、新业态需要匹配的是全新的运营管理方式,新技术毫无疑问将成为版权保护的核心力量。为了促进媒体内容传播生态的持续健康发展,各大平台正不断增加版权保护方面的技术投入。例如,2021年6月,爱奇艺自主研发的DRM密钥保存、读取系统获得了中国专利优秀奖。该系统能够保护视音频内容在移动互联网络传输过程中不被窃取,已被爱奇艺平台多部作品所应用。专利奖的颁发既肯定了爱奇艺在版权保护方面的创新能力,也凸显了社会各界对数字版权保护问题的重视。为了加速推动与版权保护有关的新技术体系的研发与应用,国家广电总局在2021年4月发布了《基于区块链的内容审核标准体系(2021版)》。该标准体系从实际业务发展层面出发,梳理了以区块链技术为基础的内容审核标准体系的基本架构。在视听媒体领域,内容资源与版权保护始终是维持行业健康、有序发展的关键所在,尽管新技术与视听媒体传播相结合带来的传播格局在不断变化,但加快研发与数字版权保护有关的技术应用系统,促进行业管理模式升级,仍将成为视听新媒体技术应用创新发展的重要趋势。

第三章
新媒体传播的主体构成

　　随着传播渠道与模式的变化,大众传播由过去专业媒体人主导扩展为全民参与,形成了"万众皆媒"的新格局。这一趋势表明,每个人都有可能成为信息来源或传播的节点。现如今,人们的社交网络已成为主流的信息传播渠道之一,而传统的大众传播模式则面临着逐渐萎缩的挑战。

　　除了个人之外,政府机构、企业以及其他社会组织也开始积极打造自己的信息发布渠道,以与公众进行沟通。这些渠道在危机时也扮演着重要的公关角色。在整个内容生态中,这些组织成了另一类重要的信息传播者。

　　在未来信息生产系统的各个环节中,参与主体将不再局限于人,机器及万物都可能成为信息的采集者和处理者,机器能够完成信息的智能化加工。这也意味着,掌握智能机器和传感数据的物联网企业、IT 企业,将成为信息生产系统中的重要成员。在这个新的"万物皆媒"的时代,智能机器和传感器将与人类一起参与信息生产和传播,推动信息产业的不断发展和创新。这种趋势将使信息生产系统更加智能化、自动化和高效化,同时也将带来更多的机遇和挑战。

第一节　个　人

一、作为传播网络节点的新媒体用户

前文提到,Web 2.0 技术对"大众门户"传播模式造成了剧烈冲击,同时催生了"个人门户"传播模式的兴起。该传播模式以个人为核心,通过社交网络这个传播的渠道,形成了个性化的传播节点。

传播网络中的个体化节点,也是新媒体新的传播结构中的基础单元,每个个体化节点,都具有三种角色与功能:

(一)信息生产

在当前的信息时代,个体可以根据发布内容的节点成为自媒体。虽然自媒体的内容制作是不受限制、随意的,并且缺乏制度化,但是至少它给予了个体自我表达的权利。每个个体所贡献的内容也会对整个内容生态产生影响。

(二)信息传播

在信息的传播中,每个个体节点都扮演着开关和"中继器"的重要角色。当个体认可某一内容时,便会进行转发,打开开关和"中继器",从而推动信息的传播和扩散。在这种个体节点的自发式、接力式传播中,还会涌现出意见领袖和自组织等机制的影响。这些机制可以进一步促进信息的传播,并扩大其影响范围。

(三)信息消费

在个性化节点中,用户通常无需外出便能获取他人或媒体传递的信息。这是因为他们的社交网络在信息源方面扮演着重要的角色。即使没有任何资讯客户端,用户也能在"朋友圈"或其他社交平台中获得丰富的信息。当然,如果社交信息源无法完全满足他们的需求,他们会积极主动地寻找更多符合自身需要的内容。

二、分布式内容生产

传统的媒体和门户网站采用的是集中式生产模式,而随着用户参与度的提高,如今的内容生产已经发展成为多主体协同下的"分布式"处理模式。这种处理模式涉及众多参与者,他们可以是普通用户、自媒体人、专业人士、组织机构等。在这个模式下,各个参与者可以自由地表达自己的意见和观点,共同为一个项目或者一个目标而努力。

（一）出现分布式内容生产的原因

个体化节点能够分布式地参与内容生产，这要归功于社交媒体技术及其平台的支持。社交媒体为每个用户提供了成为自媒体的机会，这是用户成为内容生产者的前提。

早期的社交媒体应用相对封闭，例如论坛等，存在一定程度的"中心"控制。Web 2.0时代的社交媒体应用扩展了关系结构，使得个体不再受限于某些集中的社区，人们可以参与到内容的分布式生产。这种分散的生产方式使得人们更少受到某些绝对"中心"的控制，表现出更多的自主意愿。

"区块链"技术的兴起或许会以一种新的方式推动分布式生产的发展。区块链是一种由多个独立节点参与的分布式数据库系统，也可以理解为分布式账簿技术（DLT），由这些节点共同维护。区块链记录了所有交易信息，具有不易篡改、难以伪造、可追溯的特点，过程高效透明，数据高度安全。在所有需要公正、公平、诚实应用的领域，都可以应用区块链技术。

区块链的透明性和安全性是建立在每个节点的贡献基础上的。理论上，区块链的思维也可以被用于内容的生产和传播。这项技术或许会赋予内容网络中的个体化节点更多的"权力"，而不仅仅是"权利"。这意味着内容生产者可以进一步提高他们的自主权，包括保障内容不被删除的权力。

当然，在个性化节点之间仍然会存在话语权差异，这也会在内容生产中得以反映。虽然所有节点最初都是相同的起点，但经过一段时间后，某些节点可能会成为具有更多话语权的"中心"，这些中心的形成机制与以前的门户网站完全不同，而且一直在不断变化。

（二）自媒体对于"中心"的媒体的冲击

在传统媒体时代，拥有相关资质的媒体处于垄断和权力中心的地位。在生产机制、传播体系和文化方面，这些媒体表现出了很强的封闭性和集权性，这有利于维护行业水准，但也会进一步巩固其地位。然而，这种系统的封闭性也导致了传统媒体周围缺乏足够的参照系和参照物，限制了媒体对产品质量的检验能力。此外，这种封闭性还容易导致传统媒体对自身表现产生过高的自我感觉，缺乏改革的动力。

传统媒体一直强调"内容为王"，但其所生产的内容存在一定的局限性。

这种局限性主要表现为视野狭窄、形式僵化以及信息价值挖掘不足。在传统媒体时代,高高在上的媒体对受众的作用是俯视和教化。即使媒体开始尝试"寓教于乐",但其核心仍然是"教育"和"教化"。传统媒体也意识到,由于其权威地位,稍有不慎都可能造成重大后果。因此,它们会制定严格的质量标准、生产流程和管理体制,以加强对质量的控制和监督。但媒体的质量标准容易在具体操作层面得到落实,但对于反映社会现实的准确度或干预社会现实的能力的检验则较为困难。

但今天这样一种以媒体为绝对中心的传媒行业格局正在打破。传统媒体所面临的巨大挑战和危机,部分原因在于用户的参与度提高,这使得以往被媒体中心地位掩盖的问题日益显露。分布式生产的存在,使得用户可以从不同角度生产内容,而不再只局限于媒体的统一意志。这代表了全民参与的趋势,打破了行业壁垒,也对专业媒体的中心地位构成了挑战。

在过去的大众传媒时代,媒体天生成为话语权的中心。但在人人都有话筒的时代,媒体的声音被淹没了。噪声和混乱是不可避免的,这也是人们批评新媒体的主要原因之一。然而,对于媒体来说,用户参与的分布式内容生产已经不可避免,这可能在某些方面促使传统媒体提高其专业水平。

现代社会中分布式的自媒体无处不在,客观来说可以扩大传媒的影响范围。传统媒体的力量有限,无法实现对社会的全时空覆盖。在传统媒体难以覆盖的地区,自媒体成了一种有效的补充。即使自媒体提供的是碎片化的、非专业的内容,也可能成为传统媒体报道的线索。

与过去封闭、权威的媒体内容生产相比,今天的新闻生产过程是开放式、进行中的。这是由于用户参与的增加,使得分布式内容生产成为可能。这种方式能够协助检验媒体内容的质量。任何主体,包括媒体生产的内容,都可能会得到即时的审视和检验。多元的视角和不同层面的内容也会为媒体内容生产的水平提供更多元化的参照,从而有助于推动媒体生产高品质的内容。过去媒体总是以"完成时态"展现给公众内容,但现在则不同。

随着媒体内容的大量涌现,"万众皆媒"的现象使得媒体专业性受到更多的考验。虽然信息的丰富出现使得平台上的内容专业性被稀释,但社会对于专业性的需求并没有降低。事实上,海量信息需要专业人士来进行筛选、解读和判断,因此专业眼光更加重要。这种趋势促进了内容生产质量的提高,促进了专业标准的提高,并引起了人们对于专业标杆的呼唤。

进一步讲,自媒体也可以成为媒体的"扩音器"。尽管是分布式生产,但自媒体与媒体内容生产往往有着伴随关系,从而形成一种"正反馈"效应,即某些内容得到放大,某些内容被衰减。如果媒体生产的内容获得自媒体节点的呼应,那么,自媒体也可以成为媒体的"扩音器"。

除了分布式生产对媒体的补充、检验和扩张等意义外,用户生产的内容,用户的行为、情绪、态度等数据,以及用户社群等,都可能为媒体提供能量补给。

虽然有人认为自媒体破坏了传媒生态,但事实上,自媒体并非传媒的对立面。自媒体的存在不会淹没传媒,但可能会稀释传媒在公共平台上的"浓度"。传媒需要不断提高专业度,才能保持存在感,同时吸纳自媒体的能量,以更强健的姿态存在。未来,媒体与自媒体之间的协同机制可能会成为常态。

此外,在业余的自媒体中,也会成长出一定的专业力量,它们虽然不能替代媒体,但会给专业化生产注入新的活力。

(三)分布式内容生产的问题

分布式内容生产及后续传播带来的另一个显著的结果,是信息的碎片化。按常规思路来看,碎片化意味着事物被分解成不完整、片段化的形式。然而,与传统媒体报道的完整性相比,新媒体内容的碎片化并不一定不能准确地反映事物的真实面貌。传统媒体的"完整性"通常是指在一个相对狭窄、封闭的认识框架内的新闻报道(文本)的完整性。但是,与真实事实相比较,这些报道往往只能反映一个局部,甚至由于多种原因而存在偏差。

尽管我们有许多杰出的记者,他们对某些事情的报道非常深入,接近真相,但即使是这些优秀记者的深度报道也会受个人认知的局限。因此,从某种意义上说,他们的报道只是对于事实某些方面的反映,而不是事实的全貌。

传统媒体的容量和触角有限,无论是对某个事件的具体报道还是对整个社会的环境监测,都只能反映现实的一部分。传统媒体在海量信息中选择有限的内容,并将其人为地装入一个个封闭的作品中。因此,以往的传播学理论认为媒体所构建的只是一个类似但不完全等同于真实社会的"拟态社会"。

由于用户的参与,新媒体已经扩展到社会各个领域。用户的多样性使这些媒体能够到达社会的不同阶层和领域。因此,用户对某一事物的多元认知,往往比单一层面、单一视角的专业媒体报道更能反映事物的复杂性。

就客观层面而言,碎片化信息作为有效补充,打破了传统媒体垄断的信息不平衡状态。这些信息之间可以相互参照、相互校正。虽然每个用户只能掌握零散的信息碎片,但当这些关键的碎片组合在一起,并与专业媒体提供的报道相结合,呈现出来的图像比专业媒体单独呈现的图像更为真实、立体和丰富。即使用户没有直接参与新闻的生产过程,他们也可能根据个人经验和认知,在专业媒体的新闻报道之后进行评论,这些评论也可以成为报道的补充、延伸和验证。

尽管碎片化的内容生产可能会干扰真相的显现,但在一些碎片中也可能隐藏着探寻真相的线索。社交媒体的不断追问也可能促使专业媒体深入挖掘事实。因此,碎片化并不是新媒体中分布式内容生产的"罪魁祸首",而恰恰是新媒体超越传统媒体的一个重要因素。它使新闻传播摆脱了传统媒体的垄断局面,成了一个公众共同参与揭示事物真相的认知过程。在这个过程中,碎片的不断汇集和碰撞,推动我们逐步接近真相,还原事物的立体全貌,同时让我们感知到事物在各个层面的辐射效应。

尽管整合碎片信息最终可以揭示完整的事物面貌,但这只是理想状态。由于种种原因,这种理想状态的实现可能会受到影响。例如,信息源的限制和个人的信息素养等因素,可能会导致个人难以把握整体,而易受到一些碎片化信息的误导。从这个角度来看,碎片化信息也可能导致真相难以还原。当人们只了解事实的一部分时,就像盲人摸象一样,他们对事实的理解显然是不完整的。因此,整合碎片化信息仍然是专业内容生产者的重要职责之一。通过整合、深入挖掘碎片信息,才能更全面地呈现事物的真实面貌。

另一方面,我们还需要意识到,信息碎片化现象实际上反映了整个社会的多元化或碎片化。这种多元化价值体系是碎片化社会出现的基础。这种多元化的价值观使人们开始以多元视角来观察、认知和评价事物,这也必然导致了信息碎片化的出现。即使是客观的事实信息,也会受到人们主观认识的影响。不同的人在同一时间、同一地点对同一事物的认知与感受也会有所不同。因此,无论是意见性信息还是事实性信息,人们的认知与表达都已经不再是一成不变的。

就客观事实而言,信息碎片化的现象也会加剧社会的碎片化趋势。过度碎片化的社会可能导致更多的冲突和矛盾,甚至可能加剧不同群体之间的对立。因此,在新媒体时代,我们既需要承认碎片化传播所带来的价值,又需要克服它们所带来的问题,以维护社会的和谐稳定。这也需要我们积极探索和推动新媒体传播的规范化和制度化,以更好地引导信息的传播和接受。

三、分布式内容传播

在当前信息时代,个体化的节点不仅是内容生产的基本单元,也是内容传播的基本单元。甚至对于大多数用户来说,参与传播(转发)是更为常见的行为。这种用户节点的共同参与传播也被称为分布式传播。由于分布式传播的特点,信息能够更广泛地传递,同时也更容易被扩散和影响。因此,了解分布式传播的规律和特点,对于个体和社会都具有重要意义。

(一)作为内容"导体"的个人化节点

今天当我们说到万众皆媒时,既可以说是"万众皆媒体"——人人可以成为信息生产发布的主体,也可以说是"万众皆媒介"——人人都成为信息传播的中介,也就是说是信息的管道与"导体"。

在这样一个前提下,我们需要更多地研究,人对内容的"传导性"取决于哪些因素。

以往我们对于媒体用户的研究,主要关注的是他们作为信息消费者的心理与行为,但在观察社会化媒体的传播中,我们意识到,作为信息导体或管道的人,与作为信息消费者的人,会表现出不同的需求与行为模式,心理动因也不尽相同。

作为单纯的信息消费者时,人们对内容的需求侧重于自我提升、社会归属、环境认知等。但作为信息导体的人的需求,会更多地考虑"社交"情境。

在社交平台,人为什么要分享内容呢? 这可能是出于自我存在感的需要、社会支持的需要、情感性互动的需要、社交表演的需要等。因此,社交平台上分享的内容更多的具有表演的道具、流通的社交货币、关系的润滑剂、强化自己立场观点的论据等功用。它们是否有助于体现用户的存在感、是否具有社交谈资价值、是否能提升人们的社交形象,或者帮助他们维系、扩张自己的社交网络、融入自己希望加入的群体,都成为内容是否能快速扩散的因素。这一点,从相关平台的数据中可以得到一定程度上的证实。例如,在 2018 年 3 月至 2019 年 3 月今日头条阅读量、评论量最高的爆款文章中,最常见的主题集中于公共性案件、民族情感相关事件、官员贪腐或官民冲突事件、公共道德与秩序事件、名人动向、民生话题等方面。而转发量最高的爆款文章却多集中在情感润滑(例如节假日的问候)、实用利他、奇闻趣事、子女教育等方面。

这也提醒我们,若想让内容得到更广泛传播,就需要既能打动作为消费者的用户,又能激活作为"导体"的用户,即为内容注入更多的社交动力。

但是,如果过于关注用户对内容的传导性,甚至将其作为内容生产的主要目标或传播效果的唯一衡量标准时,也可能会落入流量陷阱中。毕竟,作为"导体"的人,更多是基于感性的因素进行分享,而专业的内容生产者,需要超越感性因素进行更多的专业判断。

(二)分布式内容传播的主要机制

个体的分享最终会汇流成整体上的分布式传播,这是一个从混沌逐步走向清晰的过程,这个过程既需要网民的共同参与和内部协作,又需要专业媒体的专业化操作。具体来讲,以个人节点为基础的社会化媒体平台上,存在以下四种机制,可以让信息进行筛选与整合。

1."全民投票"的信息筛选机制

从不同方向传来的碎片信息起初都是平等的。但是,随着这些信息在人际关系网络中传播,它们将接受大众的"全民投票",每个人在选择是否传播信息时,都相当于进行了一次投票。这个过程类似于自然的"优胜劣汰",使得信息的价值被检验,只有少数优质信息能够在信息海洋中脱颖而出。

这种自然的传播方式,可以被视为对信息价值的一种有效评估。

并非所有场合都能准确地评估信息价值,因此"全民投票"并非适用于所有情况。由手机按键或鼠标点击转发产生的信息传播也未必是最优的,甚至可能出现"劣币驱逐良币"的现象。除此之外,这种传播方式还会导致信息不平衡,尤其是在涉及意见性信息时,多数人的价值取向可能会抑制少数人的价值取向。当然,多数人的选择从某方面来说反映了一定的社会现实。

在这样的信息传播机制中,存在水军、炒作和自动发帖机器等有意干扰的情况,这些行为可能会制造虚假的信息环境。此外,"全民投票"式的传播方式也会因为情绪化而放大"事后真相"困扰的影响,使得信息的准确性受到影响。因此,在信息传播过程中,我们需要警惕这些问题,以确保信息的真实准确性。

2. 意见领袖的权力中心作用

尽管存在"全民投票"机制,但这并不表示所有人都能平等地参与其中。很明显,意见领袖在信息流向方面的影响力远超普通人。然而,从某种程度来讲,意见领袖本身也是新媒体平台公众自然选择的结果。

在传播学中,意见领袖是指在人际传播网络中经常为他人提供信息,同时对他人施加影响的"活跃分子",他们在大众传播效果的形成过程中起着中介或过滤作用,由他们将信息扩散给受众,形成信息传递的两级传播。

在社交媒体平台上,话语权的中心通常被称为"意见领袖",这种概念与传播学中的"意见领袖"在今天的语境下并不完全相同。传播学中的"意见领袖"是指能够影响他人观点的人,而今天的意见领袖不仅仅是信息的传递者,更是信息和意见的源头,直接影响着新媒体平台上的信息和意见走向。因此,他们的作用不仅仅是作为信息的"中转站",而且是信息的创造者和意见的领袖,具有重要的社会影响力。

(1)个体自身的物质。个体自身的特质是意见领袖产生的主要因素,包括以下六种。

1)个体已有的地位与名声。在网络中,个人的地位和名声是获取关注和吸引注意力的关键。就像现实社会一样,"意见领袖"在某种程度上也反映了社会阶层结构。在社交媒体平台上,如微博、微信等,能够成为话语权中心的通常是在现实生活中已经具有影响力的名人或专业人士。个人的现实身份、地位等资本仍然是网络话语权形成的重要基础。

2)个体的信息拥有水平。个体所拥有的信息量越丰富,信息来源越广泛,便越容易在信息传播中引起人们的关注,从而成为潜在的意见领袖。

3)个体的专业知识水平。如果一个人拥有较高的专业知识水平,那么他的意见往往更容易受到重视,也更有可能成为意见领袖。高水平的专业知识使他们能够更深入地了解某个领域,从而更能够在该领域中提出有见地的见解和建议,引领他人的思考和行动。因此,拥有高水平专业知识的人更有可能成为意见领袖。

4)个体的网络生产能力与传播能力。有研究者指出,在网络平台中发言频率越高、辩论能力越强、自我坚持力和影响力越大的话题参与者,越有可能成为意见领袖。这是基于网络论坛等社区的研究作出的判断。在微信、微博等平台,生产能力主要与信息、意见的生产相关,个体的专业知识水平、信息拥有水平、文字表达力、个性化风格、对社会热点的洞察力、互动与推广能力等,决定了他们的生产能力。在知乎等知识生产型平台,专业知识水平、活跃度与坚持力的作用更显著。在短视频和视频直播平台,生产能力则表现为表演能力、创意能力、互动能力等,有时甚至"颜值"也会影响生产能力。在一些消费型社区里,具有一定审美能力、对时尚敏感的人,往往具有更强的生产能力。懂得网络文化,拥有娴熟的网络对话技巧,也是意见领袖能脱颖而出的重要因素。

5)个体参与社会化媒体活动的频率与深度。社会化媒体的影响力形成与互动密不可分。衡量互动水平的主要指标是人们参与网络活动的频率和深度。有时,频繁而深入的互动和参与甚至可以弥补人们在其他方面的不足。因此,在网络互动中积极参与的人常常成为意见领袖。这些领袖对网络上的讨论和决策具有重要影响,因为他们的观点能够吸引更多的关注并引导其他人的行动。

6)个体的社交能力。虽然个人参与程度和介入深度会影响个体社交影响力的形成,但是交际能力本身也是一个重要的因素。如果一个人拥有较高的社交能力,那么他可以以较少的投入获得更高的回报。这意味着,即使在参与度和介入深度相同的情况下,一个具有出色交际能力的人也可能比其他人更有影响力。

除以上这些个人特质外,意见领袖所处的社会网络、当下的网络环境和社会环境等,都会对其产生影响。

(2)意见领袖作用的方式。意见领袖在社会化媒体的传播中主要通过以下方式起作用。

1)强势内容源。一些具有影响力的意见领袖,凭借其独特的资源优势,向人们提供高质量或独家的知识、信息、观点等。由于其内容的价值,他们被视为权威的来源,并且在"马太效应"的作用下,其强势地位得到了巩固。随着时间的推移,人们越来越倾向于信任和追随这些领袖,从而进一步强化他们的地位。

2)信号放大器。有些意见领袖很少发表自己原创的内容或观点。他们主要通过转发来促进信息的广泛传播,以提高这些信息的传播效果。也就是说,他们更注重将有价值的信息传递给更多的人,而不是创造新的内容。

3)流向调节阀。意见领袖的影响不仅仅在于他们能够增强信息传播的强度,同时还能够调整信息流向。他们的关注与否相当于打开或关闭阀门,对追随者获得的信息范围产生一定的影响。因此,他们在社交媒体平台上扮演着信息流向的调节阀的重要角色。

4)意见气候营造者。社交媒体平台上的意见形成和传播中,意见领袖扮演着重要角色。他们通过发布个人观点来影响大量网民,也能通过掌控信息流向和流量,营造一种强有力的"舆论氛围",使持不同观点的网民逐渐失声。这使得意见领袖在塑造公众意见方面发挥着至关重要的作用。

当然,并非所有意见领袖都一定会扮演上述所有的角色。由于个人背景和资源优势的差异,他们起的作用也可能不尽相同。

3."自组织"式的信息整合机制

经过竞争性筛选机制筛选出的信息,仍需要进一步的优化。在其基础上可以进行开发、补充、修正等。为了提高信息的质量和可靠性,可以借助社交媒体平台上的"自组织"机制来实现这种优化。从系统论的观点来看,

"自组织"是指一个系统在内在机制的驱动下,自行从简单向复杂、从粗糙向细致方向发展,不断地提高自身的复杂度和精细度的过程。自组织的演变和进化是在内部要素的运动中实现的,而不是来自外部力量的强制。尽管自系统理论最初研究的是自然界中的自组织,但是,后来人们也通过它来研究人类社会中的现象。

在维基百科、论坛等网络平台上,我们可以观察到一些相对稳定的自组织现象。这种自组织方式对于优化和整合信息碎片具有明显的作用,能够提高信息的质量和可靠性。在经过一段时间的磨合之后,组织内部的分工会逐渐形成,并且组织成员之间会建立基于各自角色和特长的较为稳定的互动关系。而在微博、微信等社交平台上,出现的自组织现象,更多的是一种应急性的自组织机制。这种机制是因为某一次传播活动而导致的临时性网民力量聚合和协同工作。一旦这一传播活动完成,网民之间的关系也就随之消失。换言之,这种自组织现象并不是一种具备长期性、稳定性的组织形式。

自组织机制意味着,在信息传播过程中,尽管个体的贡献有限,甚至有些个体在某些阶段提供的信息是错误的,但网民之间自然形成了相互验证、相互纠正、相互协作的关系。通过这种关系,网民可以逐步调整目标和信息传播中的偏差,揭露复杂事件的真相。在大多数重大事件的网络传播过程中,网民自发形成的自组织机制起到了突出的作用。尽管自组织机制不能优化每一个传播过程,这种机制不断增强信息的可信度和准确性,即使存在错误信息也能够及时被发现和纠正。因此,自组织机制对于推动信息传播的健康发展具有重要意义。当然,要启动自组织,需要一定的时间。在此期间,可能会出现谣言等一些传播乱象。自组织发挥作用也需要满足一定的条件。

4. 专业生产者的信息整合与引导作用

在分布式传播模式中,尽管社交媒体和个人创作者等新兴力量正在逐渐崛起,但专业媒体和其他具有专业水准的内容生产者仍然扮演着不可或缺的角色。他们运用自己的专业能力、思维和业务手段,对海量的碎片化信息进行整合和筛选,成为信息传播过程中的引导者。这种引导不仅在内容质量方面起到关键作用,同时还可以提供更为深入的解读和分析,为受众提供全面、准确的信息服务。

然而,若想承担引导者的角色,不仅需要传统的经验,还要融合符合社交化传播的新思维。正如前文所述,内容的渗透张力主要依赖于社交动力。因此,媒体应该在坚守专业价值判断的同时,积极拥抱社交化传播并探寻新的思维方式。

第二节　政　府

在政府中,互联网的影响十分深远。政府不但在适应信息技术发展、调适自身行动等方面愈发游刃有余,在利用、管控与治理方面也更加具有眼光、信心和战略。几乎所有部门和机构都在探索并加速推进"电子政府"建设与"数字化治理"。

政务新媒体是中国政府利用社会化媒体展开信息传播、公共服务和数字治理的建设成果,是数字政府智慧政府未来框架的重要组成部分。2018年,国务院办公厅《关于推进政务新媒体健康有序发展的意见》明确了政务新媒体的顶层设计:"政务新媒体是移动互联网时代党和政府联系群众、服务群众、凝聚群众的重要渠道,是加快转变政府职能、建设服务型政府的重要手段,是引导网上舆论、构建清朗网络空间的重要阵地,是探索社会治理新模式、提高社会治理能力的重要途径。"该文件还明确了政府发展新媒体的主要目标:"到2022年,建成以中国政府网政务新媒体为龙头,整体协同、响应迅速的政务新媒体矩阵体系,全面提升政务新媒体传播力、引导力、影响力、公信力,打造一批优质精品账号,建设更加权威的信息发布和解读回应平台、更加便捷的政民互动和办事服务平台,形成全国政务新媒体规范发展、创新发展、融合发展新格局。"

一、政务新媒体

(一)政务新媒体的概念

政务新媒体是指政府机构利用互联网和社交媒体等新兴技术与平台,

与公众进行信息交流、参与互动和共同创造的一种方式。从概念上看,政务新媒体的目标是提高政府机构的效率和公众的参与度,引领社会和其他组织遵循网络潮流和规则。

政务新媒体通过相互连接和形成互动网络,促使公众成为参与者、分享者和创造者,这是其核心特点。它的目的在于增加公共机构的透明度,处理公众问题,并最大程度地向公众传达信息。利用社交媒体的功能,政务新媒体还可以提升政府提供公共服务和公共政策的能力,为社会和政治问题提供民主参与和协作解决方案。

默格尔将政务新媒体与社交媒体的功能和前景结合起来,认为政务新媒体应致力于解决政府未来可能面临的公共管理危机。这意味着政务新媒体应当在提高公共服务和政策制定能力的同时,关注公共管理的挑战,并通过众包式的协作方式来解决这些挑战。

本书认为,政务新媒体是政府及其部门基于社交媒体推动并引领内容、关系、服务,构成网络空间秩序并面向数字政府创新的一系列应用及行动系统的总称。

(二)政务新媒体的特征

根据政务新媒体的内涵,本节将展开分析政务新媒体的主要特征,这些特征使得政务新媒体既区别于传统政府传播,也区别于基于政府网站的电子政务模式。

1.社交媒体工具多样性与属性特征适应性

首先,政务新媒体基于社交媒体发展起来,主要利用社交媒体的类型、属性、特征开展行动。其次,政务新媒体的运营方式受到社交媒体传播特征和传播规律的制约,尤其是内容设计需要适应社交媒体的要求和流行趋势。最后,社交媒体的多元性、联动性也促进了政务新媒体以平台矩阵的方式运行,最大限度地促进政务新媒体的多媒体化与多功能化。

总体而言,政务新媒体对应了社交媒体的发展趋势。社交媒体的属性特征决定了政务新媒体发展的传播形式、内容样貌与基本功能。随着社交媒体技术和应用的快速变化与调整,政务新媒体的表现也是开放性的,可能出现各种新的传播形式或功能,随时可能更新换代以适应变化。这对政务新媒体的质层构架和运行策略提出了较高的要求。

2. 广泛的参与性与互动性为基础特征

充分发挥参与性和互动性，让用户、政府、组织充分地连接起来，使得社区、组织充分社会化，成员得以在其中分享信息，抵达共同的目标或分享共同的兴趣，是政务新媒体的基本使命。无论利用或推广哪种政务新媒体，政府都应当加大力度强化参与性和互动性。参与性和互动性是政务新媒体获得生存和发展的基础。

政务新媒体提供了有效的互动平台，有利于政府快速响应公众诉求。这种直接的、快速的路径改变了公众意见到达政府的速率。另一方面是公众之间的协同互动。公众通过社会网络，利用政务新媒体工具提出对公共事务的观点与建议，成为公共事件解决方案的创造者，推动线上或线下的任务执行。

3. 促进信息与数据的协同生产与分享

政务新媒体信息公开的主要模式是信息生产、互转、协同分享、传播而形成互联网和移动端的信息联动。其中既包括政府层级之间的互转联动、政府职能关联机构内部的信息合作，也包括政府与社会组织、网络媒体社会公众的信息协同与分享。目前，政务微博、政务微信是主要的信息平台，政务音频、政务直播与政务短视频等形式作为补充，多媒体政务信息产制、传播的分享协作矩阵已形成。

公众与政府围绕数据进行的生产、分享、协作与利用，既是公众利用政务新媒体参与公共生活的基本形式，也是政府开展创新治理、协同治理的基础。因此，基于政务新媒体的数据生产协作应当得到进一步的重视和开发。

4. 提供数字公共服务的优越性与便捷性

在目前的媒介环境中，基于微信和 app 客户端的政务新媒体能够更好地满足公众对在线服务、移动服务的需求。优势在于可用、易用、准确、可靠等方面，能够为用户提供随时随地的服务，节约时间、减少成本、提高效率和效能。此外，政务新媒体也便于进行安全和风险管理。提供公共服务能够有效提高政务新媒体用户的采纳程度，同时能够提高用户的满意度。

政务新媒体公共服务也是数字政府与智慧政府的组成部分。基础公共服务的全面移动化与数字化进一步将政府、企业与公众个人紧密结合起来，改变三者之间互动的方式，发挥资源优势与协作优势，能够从根本上提高政府公共服务的供给能力。

二、理解政务新媒体的四种路径

（一）作为政府传播工具："传播—效果"路径

政务新媒体是数字政府体系中重要的政府传播工具，具有生产信息、传播信息的属性和功能，能够比其他媒介形式更为出色地完成政治传播和政府传播过程是其价值所在。因此，政务新媒体的"传播—效果"路径强调以政府为主导，致力于形成自上而下的政务信息传播体系。

具体而言，政府是新媒体环境中政务信息和时政信息最主要的传播者。政务新媒体是政府在互联网、社交媒体、移动互联网发展趋势下的主动选择。政府需要进一步了解和利用互联网的传播特征，理解网络社会的规律从而综合地、正确地运用多元传播工具。政务新媒体传播不仅重视政府信息行为政策、法令、议程、决议的传播，也重视政治意识形态、政治观念、政治文化的渗透。政府不仅需要实现短期的传播效果，对长期效果，即影响公众的政治态度与评价也有所期待。这要求政府在传播观念、方式与策略上要多加考虑，以应对多元化的受众与传播诉求。

除去以政府为主导的传播，政治传播、政府传播还包含一个反方向传播，即公众接受、反馈、传播政治性信息参与政治过程的行动。与之相似，政务新媒体的"传播—效果"路径也存在一个反向的对应。这一路径蕴含着公众的政治能量与政治兴趣，也是社会协作的基础。

此外，政务新媒体的传播效果路径也强调与政治传播系统、社会传播系统的紧密联系，既是政治传播系统、社会传播系统的组成部分，又受到政治传播系统、社会传播系统的调节和影响。政务新媒体传播内容形成规模效应，需要依赖政治传播系统中的资源优势、内容优势与渠道优势，也需协调系列政治传播关系。政务新媒体在社会传播系统中的效果规模与影响力规模，在一定程度上取决于是否与宏观传播环境实现信息融通和能量交换。

（二）作为政府传播制度："诱因—变迁"路径

制度变迁是指社会、政治和经济等方面的制度在一定时期内发生的改变。根据驱动力的不同,可以将制度变迁分为诱致性制度变迁和强制性制度变迁。

诱致性制度变迁是指在制度不均衡引发获利机会时,一群人或个人自发地进行的变迁。这种变迁是基于个体或群体对利益的主动追求,由于制度的不平衡或不完善,他们寻求新的制度安排以获得更多的利益。

强制性制度变迁则是指政府通过法令等强制手段推行的变迁。政府在这种情况下扮演着重要角色,通过行政命令、立法等方式引导社会的制度变革。这种变迁通常是基于政府的决策和政策导向,旨在解决社会问题、优化经济发展或推进政治改革。

在互联网时代,制度变迁受到更多复杂的推动力的影响,包括技术、政府、公众和企业等。政府在其中扮演着重要的驱动力角色。政府的行为直接影响着媒介制度变迁的路径。

具体而言,理解政务新媒体,可从制度构建与变迁出发将其置于更宏观的政治传播制度变迁与公共管理制度变迁的双重视角之下。政府利用政务新媒体推动制度变迁,并非被动适应技术发展带来的挑战,而是积极利用新媒体以展开治理行动。2013 年,党的十八届三中全会提出,"全面深化改革的总目标是完善和发展中国特色社会主义制度,推进国家治理体系和治理能力现代化"。这一根本性、全局性、长远性的制度规划,要求政府加快推进数字政府、智慧政府的建设,而发展政务新媒体正是题中之义。此后,我国共推出 20 余项全面促进政务新媒体建设的重要制度文件,从宏观顶层战略、指导意见、技术标准、微观绩效考核等系列制度设计方面调整并规范各级政府、各参与主体的行为,使得政务新媒体发展进入"有据可依""有制度可循"的状态,也促进政务新媒体与现有传播制度、公共管理制度的融合。

(三)作为政府组织结构:"结构—功能"路径

政务新媒体源起于原生性的科层政府,又因为具有社交媒体属性而成为组织中最活跃的部分,在各方面具有推动组织结构变化发展的可能性。①政务新媒体改善了政府组织传播的信息系统,一定程度上能够突破政府层级的职能限制、机构限制与区域限制,在信息生产、分选、内部传递和外部传播等层面延伸出新的方式,促进信息的扁平化流动,尤其通过"联动性"改善了政府内部信息的交换机制。②在参与领域,公众不再面对各级政府体系里狭窄而单一的入口。政务新媒体能够帮助公众越过层级、区域的限制表达诉求、参与政治,有望改变政府对公众的回应机制和互动机制。③在反馈领域,政府信息"层级上报、上达下行"的模式被去中心化、多元化的信息反馈网络所取代,政务新媒体能够帮助政府快速识别社会问题,提供舆情研判,并即时协调社会各个行为主体之间的传播关系。④网络化、扁平化、终端化的一键式新媒体政务服务,能够有效简化行政程序、规范服务流程、减少权力寻租的可能性,推动政府效率提升,最终优化政府管理的分工、过程与权责关系。⑤政务新媒体能够有效促进组织成员的学习和处理,形成可靠的价值观,从而促进政治组织文化的形成和改善。⑥政务新媒体还能够在政治组织内部调节人际传播关系,形成多种非正式传播机制,调节人员交往、互动与决策,最终影响组织行为。

由此可见,政务新媒体将在数字政府之权力构建、信息传播、组织结构、人际互动、服务体系、决策流程等多方面产生持续的影响,使得组织更加适应新的技术环境,有助于实现治理现代化和民主政治的总体目标。

(四)作为数字政府组成:"治理—发展"路径

政务新媒体是数字政府的重要组成部分,是处于数字政府前端的一种实践形式。在信息社会形态下,政府逐渐从权威管理者的角色转变为社会信息融通者和智慧型社会公共服务者。政府数字化理念、数字化资源、数字化服务与数字化治理能够通过政务新媒体这一工具加以实现。政务新媒体是公众最容易接触到的数字政府工具。它能更快、更有效地收集、整理和传播信息,提高政府工作效率,高效制定决策,加强政府内部的互动交流,实施监督政府的各种行为,推动政府间的协同工作。政务新媒体是数字政府建设的必然选择。

政务新媒体至少能够在如下方面改善并发展政府数字治理能力。①开放程度。开放程度包括信息、数据、事务的开放,也包括权力行使过程的公开和公民知情权的扩大。②回应性提高。即政府行为符合公民意见的程度。利用政务新媒体回应公众,能够扩展"政府—公众"互动的制度化途径,促成政府与公民之间的良好合作,形成参与式、回应式政府公共关系。③服务改变。政府能够通过政务新媒体快速识别公众的政务需求,实现一站式政务服务并持续关注公众的反馈,及时加以改进。④在数字治理过程中的赋权。治理的基础是赋权,尤其是社交媒体时代移动网络空间的赋权。技术和媒介赋权释放了公众在治理中的潜力与行动力,驱动公众与组织在社会治理中发挥作用,这与政务新媒体协同治理的目标一致。⑤治理模式的整合转化。政务新媒体将推动政策驱动治理模式向政策制定分享协商模式的整合转化。公众通过政务新媒体参与政策过程,变被动为主动,提供方案与支持,执行某些行动步骤并为结果负责。政府与公众共享行动成果,提供互助评价并持续改进行动方案。

三、政务新媒体的基本形式

(一)政务微博

政务微博是指我国政府机构在新浪微博等平台注册并实名认证的官方账号。这些账号是政府与公众互动交流的重要工具。随着政府适应社会化媒体潮流的过程,政务微博应运而生,并成为"不可替代的典型公共社交应用"。政务微博囊括了公安、基层组织、司法行政、外宣、卫生健康、文化旅游及交通运输等不同机构,其中公安系统的政务微博数量最多。整体而言,政务微博运营有如下特点。

1. 政务信息的权威性、即时性

政务微博是政府日常政务信息公开的重要平台之一。它发布时政新闻、日常政务、领导人活动、通知通告以及便民信息。作为政府新媒体信息发布系统的重要组成部分,政务微博行使官方话语权力和传播权力,代表官方的口径与态度,具有权威性、即时性。在新时代政务公开和政府传播的制度化要求下,通过政务微博发布信息具有重要意义。

2. 政府传播新方式与新话语的试验场

政务微博的传播方式、话语形态以及叙事风格与传统政治话语和新闻语态存在显著差异。政务微博注重使用简短、简洁、接地气、轻松幽默、平易近人、亲近网民的表达方式,以确保政务信息可以更广泛、更高效地传播。相比于正式的表达方式,政务微博具有更多非正式色彩,同时留有一定的创

意空间。这些特点有助于政务信息的传达和理解。

3. 危机信息发布与舆情引导

政务微博在突发事件处理和舆情回应中扮演着关键的角色。政务微博有能力及时、准确、真实、高效地传播危机信息。在面对重大自然灾害时,政务微博可用于信息传播、救援告知、互助沟通等方面,极大地提高了救援效率、减轻了灾害带来的影响。此外,政务微博还可用于舆情回应,主导舆论信息的流向。例如,通过直播庭审,政务微博改变了公众对案件审理存在"暗箱操作"的负面看法,引导司法舆论回归客观理性,极大地提高了司法公信力。

4. 传播内容有助于提升政府形象

政务微博是政府形象建设的重要窗口之一。通过运营高质量的政务微博,政府可以在形象建设中起到重要的作用。政务微博还可以通过精心策划的文本、图片和影像作品,提升政府形象,并使之更具可信度和公信力。

5. 传播布局呈现联动模式

随着微博和微信平台化趋势的加强,矩阵互动趋势日益突显。党政机关发布的各种法规和政策是网民最为关注的话题之一,而这些话题在政务新媒体中的传播方式通常是通过矩阵联动来实现的。政务微博矩阵是最为矩阵化和联动性最强的,通常扮演引领作用。

6. 政务微博的公共参与程度较高

政务微博作为公共平台,提供了公众参与政府全过程的机会,实现了政府与公众的全方位互动。公众可以通过政务微博表达诉求、参与公共事务,并得到政府的迅速回应。相较于传统媒体时代,政务微博的反馈速度更快,从而极大地缩短了政府与公众之间的距离,形成了政民互动、积极回应的新格局。此外,政务微博的高参与度是实现创新传播、获得关注和积累人气的关键因素。

7. 基于政务微博实现协同治理

政务微博不仅是信息传递平台,同时也具备着促进社会治理的作用。随着社会治理的重心向基层下移,政府和社会组织利用政务微博发布信息、解读政策、提供办事服务的能力也逐步向基层延伸。

微博治理的形式主要有两种。①利用微博即时性的特点,建立微博信息协同中心,能够快速收集公众的治理诉求,并将这些诉求迅速分发给政府职能部门。②基于政务微博网络化和圈群化联动性传播的特点,可以开展网友动员和社会动员,促进公众的积极参与和治理。这是在传统媒体时代不可想象的艰难工作,而通过政务微博可以便捷地完成。

诚然,政务微博的发展也存在一些问题,例如互动不足、部分账号更新缓慢、内容质量参差不齐等。但未来政务微博仍然可成为政府新媒体传播的核心力量,其作为政务信息渠道的作用将更加明确,作为公共意见平台、政府—公众互动平台将进一步发力,基层公共服务和治理工具也会迎来新机遇。有学者指出,政务微博发展突破的关键是建立矩阵式管理,即面对突发公共事件、热点舆论事件涉及民众利益诉求时,矩阵内部成员之间能够垂直横向、内外沟通并协作。政务微博是与开放互联网空间直接交换信息最为敏感的政府媒介,其发展变化最快,运营者应拥有活跃且超前的思想。

(二)政务微信

政务微信是我国各级政府机构和部门在微信平台实名认证的微信公众号,利用文字、图片、语音、视频等多种形态发布政务信息,具有与网民沟通互动、提供公共服务的功能,跨越信息传播场域和移动政府服务场域。政务微信已经在全国各级各类政府、机构中全面覆盖,体现出部门化、层级化、地域化的特点。具体而言,政务微信具有如下特征,既与政务微博有所区分,又体现出自身的发展特色。

1. 独特的推送周期和内容分布

通常情况下,运营成熟的政务微信每日可发布一组信息,而一般活跃的政务微信每周会发布 2～3 次信息。在政务微信的"头条"位置通常会发布本地政治新闻、本地领导人的动态以及重要的民生政策消息,而其余位置则根据需要推送不同的内容。主要内容类型包括但不限于本地经济、社会、文化领域的动态信息、便民提示、各类公告,还包括详细的政策解读、深度报道、新闻花絮等。此外,政务微信还会发布本地历史文化故事、名人轶事,以及最近发生的文化艺术活动和生活健康指南等内容。

2.深度解读与流行风格并用

政务微信提供了一个非常适合发布深度政策解读和时政分析的"长文"模式。这种发布方式能够有效提高公众对公共政策的认可和接受程度,确保公众获得有效的信息。政务微信具备"身边政府"和公众社区伙伴的角色特点,因此在内容发布时,会尝试使用更加平易近人的语言,避免正式、严肃和单调的语气。此外,政务微信还会选择醒目、有趣、有特色的标题来吸引公众的注意力。在文章中,政务微信通常使用流程图、图片等方式来使文章更加简洁明了,并积极使用网络热词、流行语和表情包等,以增添政策话语的活力。这样做不仅能提高阅读量和流量,还能够潜移默化地影响公众。

3.熟人网络的强效果与高可信度

微信是一种基于熟人社交网络的通信工具,与微博等大型公共平台不同。政务微信的即时性可能不如微博,但政务微信公众号发布的内容信息量大、内容深入、观点鲜明,更容易形成舆论。政务微信利用朋友圈等熟人社交网络进行传播,使得政务信息传播从自上而下、垂直下行的传统方式变成了圈群化、网络化、平行重叠式扩散。政务微信的内容经常成为热门话题,"引爆朋友圈"。政务微信拥有政府权威发布和朋友圈"意见领袖"的点评、转帖双重认可,具有较高的媒介可信度,能够引领舆论走向,产生"一锤定音"的效果,但也可能引发新的舆论热点。

4.政务微信的服务功能是其重要特征

强大的公共服务功能是政务微信的优势所在。因此,政务微信不断发挥公共服务功能,即"聚合办事人口,优化用户体验,推动更多事项'掌上办'"。

微信是公众使用最多的手机应用,公众不需要学习任何新操作即可非常便捷地使用政务微信,极大地减少了新技术打散的阻力。微信的"无障碍"进入和易用性,容易聚合大量用户,微信小程序是政务微信展开公共服务的基础。

各级政府也在不断推动微信政务和线下业务进一步融合,布局数据整合、办公自动化、数据共享。此外,政府还与第三方合作开发新的程序与系统,充分重视用户原有的媒介习惯,提供政务服务的多种选择,目标是让政务微信服务更加集成化与便利化。

5. 政务微信的"强"参与性

政务微信的参与性与政务微博有所不同。①公众对政务微信推送内容转发、分享、评论，是以若干个"强关系"的朋友圈为基础进行扩散的，带来的"刷屏"现象具有更显著、更集中的参与效果。尤其是影响国计民生的重要事件。朋友圈"叠加"与"整合"式扩散，更容易形成沉默的螺旋，产生强效舆论。②政务微信作为官方政治参与渠道更加正式、具有制度化属性。政府在政务微信中提供入口，邀请民众参政议政、提供建议意见、监督举报，极大地便利了公众接近政府、表达意见、权力监督。

由上述分析可知，政务微信有其特殊性，与政务微博在信息传播、公众参与和公共服务三个层面都存在一定差异，这是由微博与微信两种传播工具的属性与特征所决定的，目前，政府政务新媒体运营已基本实现"两微一端"整体协作，同时运营政务微博与政务微信。根据需求和平台属性发布信息，设计能够发挥两种平台特点的应用功能。具体来说，政务微博应重视其在网络公共场域的开放性、信息联动性与创造性，其中蕴含了政府传播体系发展、突破的空间，以及公众协作、参与、治理的潜力；政务微信则基于"圈群"场域，内容深入而体现政府的偏好、态度和风格，因而能在宏观层面影响公众对政府的信心与信任。两者对于政府而言都非常重要。政务微博与政务微信的矩阵式传播合作、联动也是发展重点。两者共同覆盖数亿用户，打通了现实空间与虚拟空间，并推动两个空间的信息互动与交换。此外，政务微信的公共服务功能尚有巨大发展潜力，将在数字政府建设中发挥重要作用。

(三)政务 App

政务 app 是基于现有政府网站、政府门户资讯和官方微博等资源，结合互联网和移动互联网技术，开发的手机应用程序。它是政府通过整合各种信息平台和渠道，为公众提供政务信息和在线服务的新媒体平台。

国内首个政务 app"北京城市"于 2012 年上线，而 2016 年 2 月，政务 app"国务院"正式上线，成为国务院办公厅中国政府网发布政务信息和提供在线服务的新媒体平台。

相比政务微博和政务微信等其他政务新媒体平台,"政务app"作为"两微一端"之一的客户端,具有更高的专业程度和政府内部职能融合程度。它是一个独立的政务新媒体系统,具有以下不可替代的优势:①高自由度的信息发布。政务app不受字数、内容形式和推送次数的限制,可以成为政府职能信息和业务信息的数据库。政府可以更灵活地发布各类信息,满足公众的需求。②数据留存与分析。政务app可以全面留存和分析公共服务数据,成为政务大数据的重要来源。这些数据可以为政策制定和政府决策提供支持和参考。此外,政务app还有如下特点:

1. 信息与数据的发布与集成

政务app的建设中也会包含信息模块,用于发布与政府密切相关的专业性、职能化资讯。例如,中国天气通主要发布气象、自然、天气资讯;交警类app则主要发布与其职能、业务相近的交通政策路况公告、警务通知等内容。对于一般的政务资讯,政务app与政务微博、政务微信存在重合之处。用户通过政务微博或者政务微信已经足够满足其政务信息的需要,不需要通过政务app来进行资讯浏览。由此可见,一般的信息发布功能并非政务app特长,可在未来发展中避免重复建设。但政务app可以成为政府政策文本服务数据的信息系统,为公众提供查询和利用路径,实现一站式数据和资料的搜索、查询、分享。政务app更像是政府数据库、信息源,不仅将电子政府的信息功能转向"指尖",还加大了对政府信息资源的集成性和利用度。

2. 提供整合式、一站式公共服务

政务app的形式有利于提供整合式、一站式公共服务,善于整合一个政府职能内部的所有政务,尤其是能将相对复杂、专业化更强、需要多部门协作的业务集中到统一平台上来。这与政务微信"小程序"式的公共服务有所区别。

政务app也能够及时采用新技术,提高政务服务的效率与效能,如全国已有40余个城市开通"刷脸政务"服务,如"刷脸查税",尽可能降低公众使用政务app的难度。这是政务app所具有的优势。

3. 政务App发展存在问题较多

政务app目前的发展尚存在一些问题。一是,某些政务app只重视开

发,而缺乏整体功能设计理念,部分政务 app 功能单一,且没有实现功能方面的联通;二是,技术维护投入力度不够,容易出现无法打开或页面错误的现象,用户体验较差;三是,有些政务 app 存在名不副实的现象,虽耗费大量人力物力进行开发,但公共服务功能并未落到实处;四是,与政务微信小程序服务功能存在重合,在这种情况下公众会首选政务微信;五是,政务 app 需要公众下载一个新的应用程序,在熟悉操作流程之后才能完成公共服务过程,这无形中给公众媒介增加负担,不符合公众媒介使用习惯,容易产生抗拒感。因此,会有大量用户拒绝采纳或延迟采纳,影响了政务 app 的快速推广。

(四)政务短视频

政务新媒体具有开放性,随着社交媒体应用工具的更新换代,其形式和内容也在不断创新和变化。在微博和微信之后,短视频成了受欢迎的社交媒体形式,并受到了网民的喜爱。

短视频是一种移动社交新媒体,通过网络和移动智能终端实现拍摄、编辑和播放,时长通常为几秒到几分钟不等。短视频可以实时分享至社交媒体平台,成为一种新型的视频形式。

政务短视频目前正在快速发展,受到了广泛关注和大量粉丝的追捧。它在政务新媒体中发挥着重要作用,取得了良好的效果和反响。抓住短视频发展机遇,对政务新媒体来说是必然之举,旨在应对视觉化传播趋势的需求。

通过利用短视频,政务新媒体能够更好地满足公众的需求,提供更直观、生动和易于消化的信息传递方式。短视频具有高度可视化和娱乐性的特点,能够吸引公众的关注和参与,提升政务信息的传播效果。政务短视频具有如下特点:

1. 拍摄场景丰富、贴近现实

政务短视频旨在打破传统政治新闻的正式、严肃和单一的形式,注重创造多元场景,以提供丰富、贴近现实的视听体验为目标。

一些政务短视频着重展现恢宏壮丽的场景,比如军事账号通常通过展示训练、方阵、广场装备、穿越火线等场景,来展示军队的气势和威力。这些视频通过"大画面"的呈现方式,营造出震撼人心的视觉效果。

另一些政务短视频则更加注重传递现场感。它们利用短视频直播的方式,向观众展示事故现场、案件现场、执法现场、救援现场等,全方位、及时、真实地推送事件经过和政府的行动。这种直接、不加修饰的传播方式能够让观众更加真实地感受事件的发生和政府的应对之策。

2. 短视频题材广泛、脚本丰富

政务短视频涵盖了广泛的题材,包括新闻直播、政策解读、正能量、形象塑造、日常生活和知识传播等多个方面。它们不断挖掘新的题材,以提供更加丰富、充实的短视频内容。脚本在政务短视频中扮演着重要的角色,影响着叙事方式和风格的呈现。

政务短视频的脚本运用变得更加多样化、包容性更强。不同风格和类型的脚本被应用于政务短视频中,包括铺陈模拟、互动、致敬、警示、搞笑和关键时刻等。这些不同类型的脚本运用带来了不同的叙事风格和情感表达,使政务短视频类型更加丰富多样。

3. 制作专业化与个性化、原生态结合

一部分政务短视频是由专业团队完成的,从策划、取景、构图到后期剪辑和制作,都经过精心制作。这些作品主要用于塑造政府形象、传播正能量,其制作质量高,结构有条理,画质清晰,具有感染力。

另一部分政务短视频则更加注重个性化。虽然在技术和手法上可能表现得较为粗糙,但突出了真实的人与场景。这种个性化的风格使得内容更加真实、生动,同时也展现了短视频制作者的才华和创造力。

还有一些政务短视频直接使用监控摄像头拍摄的画面进行播放,展现了原生态的特点。这些监控视频未经任何修饰,真实地呈现了各种社会生活场景,使观众身临其境,增强了代入感。

4. 重视人情味与细节刻画

政务短视频采用了人性化的叙事手法,通过展现日常生活的丰富细节,使故事变得生动、翔实、感人,并具有感染力。这种叙事方式注重细节,以展示个体的情感、态度和价值观为重点,使观众更容易产生共鸣和情感连接。政务短视频强调社会生活的细节和温度,关注个体的体验和感受。通过展示人们的真实故事、展现他们的日常努力和付出,政务短视频传递了人文关

怀和关注社会民生的态度。这种关注个体的叙事方式能够引起观众的共鸣,使他们更加关注社会问题和政府的努力。

5. 善用网络流行语与表情包

政务短视频在话语运用方面与严肃正式的官方话语有着显著的不同。政务短视频注重简洁、口语化和快节奏,呈现出更轻松、活泼和平易近人的风格。为了吸引观众的注意力,政务短视频广泛使用了网络流行语、表情包和美颜滤镜等元素。这种方式符合公众对于新奇和趣味的追求,并且也符合短视频平台的潮流趋势。

通过采用这样的话语运用方式,政务短视频能够更好地吸引公众的注意和兴趣。与传统严肃正式的官方话语相比,政务短视频所采用的轻松活泼的风格能够更好地与公众进行互动和沟通。这种转变更加缩短了政府与公众之间的距离,增强了彼此之间的亲近感和沟通效果。

6. 具有塑造政府形象、城市形象的天然优势

政务短视频通过常态化的形式塑造政府形象。在极短的时间内,短视频能够选取并激活有代表性的政府符号与城市符号,通过精心的设计与组合传递政府与城市的核心价值观。政府主导拍摄的宣传片、人物片、城市形象片、政策解读、短剧等作品都在传递政府理念,塑造政府形象,并向公众提供理解政府正面、积极的视角。政府采用了接地气、轻松活泼、包容的呈现方式,以减少公众的"刻板印象",并增强公众对政府形象和城市形象的接受度。

在强国、强军、意识形态、爱国主义、传统文化等议题领域,政务短视频能够连续营造沉浸式的传播体验,制造仪式感和强烈的视觉冲击。算法推荐机制不断向公众推送这些短视频,使得观众能够沉浸在不同的生活场景中,与"国家"和"民族"等系列符号产生高度认同感。

7. 政务短视频提倡公众参与,拉近了政府与公众之间的距离

政务短视频在传播过程中不仅采用了流行的传播手段和策略,还需充分考虑公众的需求和喜好,引导公众参与传播过程,以激发公众的兴趣并打开与公众对话、增进理解的新空间。

公众参与城市形象塑造也是政务短视频的显著优势。公众可以通过自主拍摄生活片段和城市场景来表达自己对日常生活的主观感受和对美好生

活的向往。政务短视频可以通过转发和背书的方式增加公众的视角,丰富形象塑造的内涵,从而更好地满足公众的参与需求。

8.政务短视频改善治理的潜力

政府可以利用短视频平台广泛的人气与流量,通过社交媒体的网络协作,将公众的力量更好地融入治理中。通过短视频,公众可以直观地体验政府的执法工作,不同类型的谣言也无处遁形,同时强化对案件执法过程的监督,从而大大提高了政府透明度和公信力。政务短视频以新的方式和途径形成舆情,有着监督政府、改善治理水平的潜力。

由此可见,政务新媒体具有较高的开放性,对新媒介的接受度和适应能力极强,未来随着媒介平台不断演进,可以预期政务新媒体还会延伸出新的形式与新的功能。

第三节　新媒体机构

一、新媒体机构类型

新媒体主要通过门户网站、平台账户、新闻客户端等机构来进行新闻传播。本节以新闻客户端为例,论述新媒体机构在新闻传播中的作用。

二、新闻客户端

新闻客户端是一种新闻类应用软件,旨在为智能手机及其他移动终端用户提供全方位的实时新闻资讯更新。该软件涵盖了国内、国际、军事、社会、财经、体育娱乐等方面的新闻内容。对于新闻媒体发布者和广告商而言,新闻客户端则是一种移动新媒体产品,集媒体刊物的出版、发行和广告服务于一体。新闻客户端为数亿智能终端用户提供个性化的新闻订阅服务,并为媒体内容合作伙伴提供多样化的内容输出渠道、海量优质的用户保证,以及开放的移动广告模式服务。

（一）新闻客户端的基本特征

1.收藏、离线下载、一键转发、评论等常规化功能

为了方便管理收藏的新闻和订阅相关内容,用户可以使用账号进行登录。若选择使用合作网站的账号登录,则用户的社交关系数据也会被新闻客户端获取。例如,如果用户使用微博账号登录搜狐新闻客户端,该客户端就会自动推荐用户在微博中关注的人中也使用搜狐新闻客户端的人。同时,"今日头条"会根据用户在微博中表现出的兴趣爱好来推荐新闻,并展示好友分享的资讯。虽然这些社交关系数据的获取可能会侵犯用户的隐私,但在用户授权的情况下,这些数据可以帮助新闻客户端提供更加个性化的服务。

2.支持新闻内容定制

新闻客户端可以根据用户的个人兴趣提供多元化和个性化的新闻阅读服务,其中包括频道定制和内容定制等。例如,在网易的订阅频道中,用户可以订阅果壳、爱范儿等网站的内容。而百度则利用其强大的搜索引擎功能,为用户提供订阅任何话题的能力。在栏目定制中,用户可以添加"生活""财经"等频道,以满足其个性化的阅读需求。

3.广告投放

网易新闻在广告投放方面一直是市场的佼佼者。网易新闻的广告投放类型多样,投放范围广泛,主要包括首页广告、新闻内容页面底端推广、各个栏目下的头条大图广告以及侧边栏广告推广。其中,首页广告是网易新闻广告投放的重点,通常是较为显眼的图片或文字广告,被放置在页面最重要的位置。新闻内容页面底端推广是一种更为隐蔽的广告形式,常常被置于新闻文章下方,为广告主提供更为精准的定向投放服务。而在各个栏目下的头条大图广告以及侧边栏广告推广,则为广告主提供了更加丰富的展示形式和投放选择。

"今日头条"是一款基于 AI 推荐算法的新闻聚合应用程序,也是中国新闻移动互联网行业的领先企业之一。在广告投放方面,今日头条也是一家富有创新精神的公司,其广告投放主要包括三种类型:信息流广告、开屏广

告以及搜索广告。其中,信息流广告是今日头条最为重要的广告形式之一,投放位置包括应用首页、新闻详情页、视频详情页等。开屏广告是指在用户打开应用程序的时候展示的广告,通常是具有较高曝光度和注意力的广告形式。而搜索广告则是针对用户搜索词进行精准投放的广告形式,为广告主提供了更加精准的用户定位和广告投放服务。

4. 推送内容同质化严重

大部分新闻客户端在每天上午、午间、下午和晚间均会推送新闻,而在某些突发事件发生时,推送的新闻会更加集中。就推送形式而言,搜狐新闻、百度新闻和网易新闻均会推送早间热点新闻合集和午间娱乐新闻合集。就推送内容而言,这几个新闻客户端的差别不大,特别是在热点新闻的推送方面,虽然推送的新闻标题不同,但其内容相似且发布时间相近。

(二)新闻客户端的基本应用

1. 及时了解国内外重大新闻

人类是一种高度社会化的生物,不断与外界接触,渴望掌握最新的时事动态,丰富知识面,开拓视野。过去,人们主要通过传统媒体,如报纸、电视、广播等获取新闻。然而,随着信息技术的飞速发展,新闻客户端已成为普通用户获取时事动态的重要途径之一。通过使用这些应用,人们可以更便捷地获取最新的新闻资讯,并对所关注的话题进行更深入的了解。这些客户端提供了丰富的内容,包括文字、图片、视频、音频等,让用户能够更全面地了解世界的变化。

2. 发表新闻评论

在过去,新闻评论主要通过报纸来进行。然而,随着网络时代的到来,网络新闻评论逐渐成为影响人们生活、引导舆论的重要途径,具有方便快捷和时效性强的特点。相对于报纸评论的固定形式,网络评论更具灵活性。每个网民都可以通过自己的观点在网络上参与舆论的形成。因此,可以明显地看出,在移动新闻客户端中提供新闻评论功能是非常必要的。

3. 与其他网友或兴趣爱好相同者互动交流

随着移动互联网的普及,人们的互动交流方式和范围发生了巨大的变化。通过微博、微信、论坛、博客等虚拟社区,人们可以方便地交换意见、表达思想,并与他人产生情感共鸣和交流。新闻客户端为用户提供了实时互动交流的平台,在其中用户可以通过微博、微信等渠道分享自己感兴趣的新闻、文章或评论,并进行互动交流。这种互动性不再局限于新闻客户端,而是延伸到了各个社交网络空间,如微博、人人网等。通过跨平台的分享,每个人都成了互联网的主体,他们可以展示自己、表达自己,并与网络世界进行全面的互动交流。这种方式强调了个体之间的互动性,使每个人都能在网络中成为信息的贡献者和共享者。

4. 个性化新闻定制阅读

随着移动互联网时代的到来,用户的阅读习惯也发生了明显的转变。他们更加随性、多元、碎片化地获取信息。为了满足用户的个性化需求,移动客户端采用了多种策略,例如根据用户的兴趣和偏好推送新闻信息,同时提供频道订阅和内容订阅服务,使用户能够主动获取相关新闻资讯。这些举措不仅使新闻内容的投放更加精细化和精准化,而且能够及时快速地响应用户的需求。因此,移动客户端成为满足用户个性化需求的重要手段。

5. 搜索并获取新闻背景知识及发展过程

阅读自己喜欢的资讯时,用户可能会希望获取有关新闻的背景知识和历史演进等信息。为了满足这些需求,他们可能会利用浏览器等其他工具进行二次搜索。然而,移动新闻客户端的新闻搜索应用可以为用户节省阅读时间,并提供与 PC 端搜索无本质区别的搜索结果。

在移动互联网时代,搜索仍然是用户寻找网络信息的主要途径。然而,由于互联网上的信息繁杂,用户需要更具针对性和指向性的搜索结果。因此,用户希望移动新闻客户端能够具备一定的逻辑判断能力、资源筛选和聚合能力,以便根据不同的身份和需求进行信息筛选或调整,从而提供更加人性化的搜索结果。

(三)新闻客户端的应用形式

1. 大型互联网门户网站新闻客户端

在移动互联网发展初期,一些大型互联网门户网站如网易、百度、腾讯等就开始推出自己的新闻客户端。这些门户网站拥有强大的网络技术实力和丰富的互联网产品运营经验,在互联网媒体信息传播和发布等领域积累了深厚的经验和技术优势。因此,它们对于手机新闻客户端的开发和运营非常熟练,并能够充分利用自身的资源和优势,为用户提供优质的新闻内容和良好的使用体验。这些门户网站的新闻客户端在移动互联网初期发挥了重要的作用,为用户提供了方便快捷的新闻获取渠道,并促进了移动互联网的普及和发展。

2. 传统媒体新闻客户端

在移动互联网新媒体的冲击下,传统纸质媒体遭受前所未有的压力。为了应对这一挑战,部分传统媒体推出了基于自身平台的新闻客户端,例如人民日报客户端、环球时报客户端等。这种做法在一定程度上挽救了传统媒体的颓势。此外,门户网站新闻客户端开发的订阅功能为多数传统媒体提供了快速进入移动互联网的平台。

然而,由于受固有思维方式的影响、技术水平有限、不了解移动终端用户喜好等多方面原因,传统媒体新闻客户端的表现不尽如人意。因此,传统媒体需要继续努力,提高技术水平,了解移动终端用户的需求,改进其新闻客户端的表现,以适应移动互联网时代的变革。

3. 聚合类新闻客户端

聚合类新闻客户端是一种通过技术手段整合互联网中庞大的新闻资源,为用户提供个性化推荐的新闻应用。与传统新闻客户端不同的是,聚合类新闻客户端不产生自己的新闻内容,而是通过抓取其他网站的新闻内容进行整合。

用户可以根据自己的兴趣爱好、阅读习惯主动订阅相关内容,同时新闻客户端也会基于用户的行为数据,如阅读历史、收藏、分享等,通过数据挖掘分析,为用户推送可能感兴趣的新闻内容。这种个性化推荐的方式为用户提供了更加优质、精准的信息服务,也提高了用户体验。

然而,聚合类新闻客户端在整合其他网站的新闻内容时,存在一定的法律风险。特别是在涉及版权问题时,如果聚合类新闻客户端没有得到相关权利人的授权,就可能会被视为侵权行为。此外,也存在一些聚合类新闻客户端在抓取其他网站的新闻内容时,存在一定的不规范性和安全隐患,例如植入恶意代码、泄露用户个人信息等。

因此,聚合类新闻客户端在整合其他网站的新闻内容时,需要遵守相关法律法规和道德规范,确保自身不会涉嫌侵权行为,也要保障用户的信息安全和隐私权利。同时,聚合类新闻客户端也应该通过技术手段加强新闻内容的筛选和过滤,确保向用户推送的新闻内容具有一定的价值和可信度,让用户真正受益于这种新闻应用的服务。

(四)新闻客户端的应用前景

1. 专业化、个性化阅读是重要竞争因素

在互联网时代,新闻内容同质化现象严重,因此新闻客户端的竞争重点在于为用户提供专业化、个性化的阅读体验。传统纸质媒体入驻新闻客户端为此提供了重要的补充。纸质媒体和新闻客户端的合作将成为未来新闻客户端市场竞争中的关键力量。通过这种合作,纸媒能够提供更多专业性和深度的新闻报道,而客户端则能够将这些报道转化为更为个性化的阅读内容,从而为用户带来更好的阅读体验。这种合作模式不仅有利于推动新闻产业的发展,也有利于满足用户日益多样化的需求。

2. 来自微信等平台的自媒体冲击将更严重

与新闻客户端相比,微信公众号、浏览器等早期成为自媒体传播的平台,而百度轻应用等新平台正在探索吸引自媒体入驻,因此自媒体已经找到了不少落脚之地。虽然各大新闻客户端尽力吸引传播媒体和自媒体进驻,但由于自媒体本身具有很高的自由度,大量分散的自媒体将对新闻客户端的发展带来挑战。

第四章
新媒体传播模式形成的原因分析

第一节　移动式传播模式

一、移动的理念

移动、移动性是现代社会中人际互动和传播行为的一种独特特征。从社会关系和社会结构的角度来看，人和物在社会关系网络中穿梭，与各种社会系统和组织机构互动和交流，满足了人类主体性中的移动需求。即使在前现代时期，历史记录中也有丰富的个体流动、族群迁移、家庭移居、城邦迁移的人类经验。这些行为在社会构成的功能图谱中发挥着重要的作用。

自20世纪90年代以来，移动、移动性已成为新媒体传播研究的核心关键词之一。随着研究的深入，它已从简单的社会结构和个体行为分析中解放出来，并逐渐延伸到数字和网络传播行为的另一个维度。现在，人类的移动性和机器、电脑、网络的移动性相互融合，形成了一种全新的传播特征，这已成为研究的重点。

曼纽尔·卡斯特认为，网络社会呈现的时空结构可以描述为一种"移动空间"。这种"移动空间"是信息社会的本质特征，它形成了一种全新的"空间逻辑"，影响了资本、信息、技术、组织性互动、影像、声音和象征等各个方面，并成为支配人类社会的经济、政治和象征生活的表现方式。约翰·尤瑞是一位社会学家,他认为"移动"已经成为新时代社会变迁的关键特征。在当今世界,边界日益淡化,传统社会学的研究已经过时,应该转而研究物质、想象、虚拟和移动这四个方面。这些方面相互作用,推动着社会的变革。

如今,移动性已经不再只是人们幻想中的互动传播乌托邦,它已经超越了简单的"去形体化"的传播行为研究,即个体仅限于电脑和网络环境,而数字网络身份承担了更为主要的传播任务。同时,移动性也不再局限于有线网络和"不可移动"的计算机中介传播,而成为未来新媒体的一种思维模式,具有关联性、参与性、连接性、开放性和即时性等特点。

移动性是一种全新的、动态理解新媒体社会的方法,为我们提供了一种更广泛、更深入的认识方式。随着技术的不断赋权,移动性已经延伸到了社会生活的各个方面,从人们日常生活的沟通交流,到国家间的政治经济交往。因此,可以说移动性不仅仅是一种新媒体思维方式,更是人们寻找与世界关联、参与世界的全新方式,同时也提供了更加深入的世界认知方式。

移动性是一个涉及广泛的概念,它包括多个领域。本章从实际角度入手,探讨信息技术的迅速发展给社会带来的巨大变化。特别是数字化和信息化社会的移动性,即信息技术的快速发展对社会结构、社会关系以及人们理解和参与社会的方式和能力所带来的巨大影响。本章将重点关注这些变化。

移动性最主要的现实链接与物质表现就是移动互联网。中国工业和信息化部电信研究院发布的《中国移动互联网白皮书(2011)》对移动互联网的定义是:"以移动网络作为接入网络的互联网及服务,包括3个要素:移动终端、移动网络和应用服务。"该定义明确指出移动互联网的要素:①移动终端,包括手机、专用移动互联网终端和数据卡方式的便携电脑;②移动通信网络接入(2G、3G、4G、5G等);③公众互联网服务,包括Web、WAP方式。移动终端是移动互联网的前提,接入网络是移动互联网的基础,而应用服务则是移动互联网的核心。

随着移动终端与应用服务的合作与普及,移动传播迎来了大繁荣。与传统数字终端相比,移动终端不仅保持了信息多样性与互动性,还进一步增强了信息传播的即时性和便捷性。在移动互联网的支持下,文字、语音、图片、视频等多种形态的媒介内容得以在信息高速公路上畅通地流动,从而实现信息的快速传递。

随着移动互联环境的发展,信息的聚合性和多样性、专业性和非专业性的混杂,以及多媒体文本的融合,使得传播行为呈现出一种复合和整合的传播形态。在使用移动传播的实践中,用户可以采用人际传播、大众传播、组织传播等多种模式。移动传播使用户可以随时随地进行内容的生产和传播,将自己置于消息兴趣圈中,尝试建立不同程度的连接,完成个性化的订制,同时也可以将获取的信息分享给他人,或以各种形式传递自己的感想、评价、位置等信息。然而,这种极具发散性的移动传播不仅保证了信息的高速传播,同时也导致了自媒体、碎片化时空和传播噪音的现象。

生产者与消费者身份的统一在阿尔文·托夫勒的《第三次浪潮》中就已经确认。现在,移动对此关系进行了更新与放大,使得信息读写的鸿沟逐步消融,并且使得移动传播更加复杂,不再像过去那样自上而下地界定命题。移动让传播依托于随手可触的设备和密布的软件,彻底内化为人们日常生活实践的重要环节,在各个领域发挥出其独特的作用,影响着人们的交往行为和互动方式。

二、移动的文化实践

随着时间的推移,移动终端的不断发展已经导致人们参与社会的方式发生了显著变化。同时,信息终端的不断改变也带来了文化参与和文化实践本身的重大变化。

(一)移动带来文化实践的新特性

1.即时性与碎片化

在移动设备问世之前,人们只能在一个固定的位置才能使用媒介设备,例如电视和电脑等。但随着轻便、便携的手机和平板电脑的普及,现代人获得了在任何时刻、任何地点都能使用媒介设备的能力,这种需求也在社会上得到了广泛的认同。由此,物理空间和使用时间的限制逐渐被削弱。移动互联网和移动终端不仅占据了人们的碎片时间,而且还把媒介空间拼接到了其他工作和生活空间中。不管是走路、等车还是坐车,人们都低头看着移动设备,进行处理邮件、发送信息、观看视频、阅读书刊、玩游戏等活动。这已经成为一种新的传播行为范式和常态。一个全天候、即时性、碎片化呈现的媒体时代已经来临了。

随着移动终端易于操作和价格的平民化,接入移动互联网的门槛已经降低,这使得每个人都有了平等的机会进行互动交流,技术鸿沟正在逐渐缩小。

当前的技术趋势之一是即时性关系和碎片化传播。移动技术强化了家庭虚拟相聚的可能性,即使个人身处异地,也可以通过移动设备随时保持与家人的联系,并了解家人的最新生活和工作情况。与此同时,移动技术也加强了现代工业逻辑对个体的管控和束缚,使其更容易被纳入体制化的系统中。

与此同时,碎片化使得人类的传播行为呈现随时随地、全天无差别接入的形态,具有了一种仿若自由但又更深刻的自由褫夺的特征。人类的工作和生活开始呈现出一种即时性关联、碎片化消费和生产的可能性。理论上,全人类都可以通过一种即时性、网络化和碎片化的组合关系,结成一个单向度的整体。这种趋势既是机遇也是挑战,因为我们必须学会适应和利用这种趋势,以确保我们的交流和合作在这种新环境中得到最大程度的成功。

在当今全球范围内,人们热衷于即时、亲密、相互依赖的移动通信圈,然而个人却会感受到麦克卢汉所批评的"地球村"中信息爆炸的现实。移动的个体和整个社会都深陷丁类似部落式的界面和对话网络之中,成为网络中无数碎片化的文化代码。这种文化代码的创造和交流形成了一个新的社交结构,其具有不同于传统社会形态的特征。

2. 沉浸性与场景性

移动终端的应用日常化使用,将传统媒体环境中的信息、知识、娱乐和服务等功能以发散性、沉浸消费的模式无限扩大,从而实现了信息的更广泛传播。在个人层面上,移动应用已经渗透到日常生活的方方面面,如闹钟定时、查看天气、地图导航、预约用车、通信联络、安排日程、视频会议、记录备忘事件、叫外卖或查找餐厅、在线购物、移动商务、社交媒体和信息检索等,这些功能都可以通过移动设备来完成。在政府治理、新经济模式和组织传播等领域,移动应用也正在发挥着越来越重要的作用,构建出一种全新的服务理念、信息互动和行为关系的新形态。

1994年,美国学者希利特提出位置服务具有的三大目标:你在哪里(空间信息)、你和谁在一起(社会信息)、附近有什么资源(信息查询)。位置服务的现实成就体现在GPS技术的发展中;GPS所使用的位置服务(location based service,简称LBS)技术,使得地点、定位、个体与网络之间的关系呈现出一种沉浸式的"即地性"场景特征。

3. 聚合性与分享性

移动应用的功能呈现极其丰富的聚合性和分享性。用户可以同时在互联网上进行信息的生产、消费和分享,从而完成信息的交换。例如,在拍摄一张照片后,我们可以通过图片编辑工具对照片进行处理,进行地点签到,并标注同行好友的信息,最终将其上传到社交平台上。在社交平台上,我们还可以与评论者进行互动,从而增强社交体验。跑步者可以将自己的跑步纪录、跑步心情等内容发布在社交媒体上,以表达自己的态度和分享自己的运动经验。阅读者们也可以将自己喜欢的文章分享给好友,并写下自己的评论,以此来表达自己的观点和交流想法。另外,在转账的过程中,用户还可以添加好友并建立关系网络,这一切都可以通过移动终端和移动应用来实现。这种趋势充分体现了麦克卢汉所暗示的未来媒介的整合精神。

(二)移动的文化动力与实践

1. 知识获取与分享

在当前信息过剩的环境中,知识交流的速度显著加快。现在,在基础教育的课堂中,平板电脑已经开始为教育和其他相关内容提供服务:它们可以提供课本和参考资料,记录课堂笔记,完成课堂作业和考试,并且能够给出成绩。

在当前社会课堂中,我们可以通过使用手机来获取知识。互联网的出现早已让我们摆脱传统的固定教室教学模式,而移动设备则满足了我们随时随地获取知识的需求。移动互联网通过整合资源和打破时空限制,使得传统教育的狭隘范畴得以延伸至反教育领域。移动网络的广泛覆盖为接入教育资源提供了强有力的平台。总的来说,我们可以利用移动设备和移动互联网实现更加开放、灵活的教育方式,从而让学习更加便捷和高效。

随着移动设备价格的降低,越来越多的人有可能拥有一台或多台移动设备,即使是那些文化程度不高的用户也可以轻松地使用它们。只要用户轻点应用程序,就可以进行学习。在发展中国家,移动教育可以极大地提高国民的教育水平,减少学生辍学的风险。因此,移动设备的普及将有助于推动全球教育的发展和进步。

此外,移动教育为我们主动学习开启了一扇大门。现在,我们可以利用手机背单词、在博物馆应用中查看作品介绍,或者通过搜索引擎进行调研,等等,这些已经成为我们日常学习的常态。此外,通过社交媒体分享的帖子,我们还可以从中获取到许多有用的信息。通过移动教育,我们可以接触到更加丰富的学习资源,培养国际化视野,从而大大提升自己的学习表现。

2. 信息管理与传播

马歇尔·麦克卢汉所写的《理解媒介:论人的延伸》一书中指出,媒介和技术是人体和心灵的延伸。物质技术被认为是身体的延伸,技术和媒介是人的延伸。克拉克认为,一切行为都有"叠加框架"的依托,依靠外物的支撑。移动媒介成为我们的延伸与支撑之物,帮我们以自我为中心进行对外扩散并搜寻有效信息,服务用户,提升某些功能。移动媒介改变人的感官生活,改变人"所见"和"所闻"的方式,最终改变人的"所知"和"所为"。

由于其小巧便携的特点,人们可以随身携带并使用手机,使其成为社会活动的必需品。即使出门不带钱包,也必须携带手机,否则会感到焦虑不安,仿佛生活被束缚住了。我们在移动设备上花费的时间越来越多,不断地在移动空间中穿梭,进一步削弱了人们的时间感。

在电话发明100多年之后,马歇尔·麦克卢汉认为汽车成了人们独自安静的去处,因为在汽车中不会受到电话铃声的干扰。然而,随着手机的出现,手机的提示音又成为人们随时提醒自己的存在。和电话一样,我们无法完全掌控手机的响铃,需要随时查看和接收信息,这让我们无处遁形,受到手机的打扰。当我们听到别人的手机铃声时,也会不自觉地检查自己的手机,以确保没有错过任何信息。正如麦克卢汉所提的逆转,"我们观看、使用或感知任何技术的延伸时,必然会拥抱它。由于不断拥抱各种技术,我们成为技术的伺服机制"。

如今,消费者们通过自媒体平台自主创作内容,并将其广泛传播。移动设备的普及更加简化了信息发布的过程,使得人们能够一步到位地完成信息的处理与发布,因此,媒介内容的生产能力大大提高。随着设备技术的不断升级,专业内容制作与普通民众自发创作的鸿沟也在逐渐缩小。例如,现在的手机摄影和摄像功能使得每一个在场的普通人都能够自行采集信息,并通过互联网络广泛传递。

随着移动设备的普及,人们的隐私日益暴露。高清摄像头无处不在,即便你毫不知情,也有可能被拍下尴尬可笑的瞬间并在网上传播,甚至会被反复观看。此外,移动设备也成为人们的跟踪设备。其随时开启的定位功能可以记录下你曾经去过的所有地方,也可以揭示出你最常出现的地点,包括家、学校、办公室等。因此,我们需要更加注意和保护我们的隐私。

移动媒介提供了丰富的选择,除了用户主动、个性化和及时的内容生产,还可通过媒介的筛选和把关机制来获取优质内容。同时,用户也可以自主选择消费内容,成为自己的信息审核人。他们会积极搜索感兴趣的话题,以避免受到垃圾信息的干扰。此外,用户还可以参与到信息的再创作和互动中,并对其他用户提供的信息进行观察和参考。总的来说,移动媒介提供了海量多样的内容选择,用户可以通过自己的行为来塑造自己的信息消费习惯。

这种再创作特别体现在了多平台参与的融合过程中。在多屏时代,用户在观看或者阅读的同时,通过手机或移动终端连接大屏,进行文字信息、图片、视频等文件的多线程处理,越来越成为一种新常态。

3. 企业管理与公共服务

在企业领域,越来越多的人成为远程工作者,不需要坐在办公桌前就能与同事及领导进行联系,完成自己的工作。而这一切都归功于移动技术的普及,连接了被空间距离分割的人员,提升了协作的实时性和在场感。远程工作者也因此节约了在交通上的成本。现在,即便是在同一栋楼但不同办公室的人也能通过微信、QQ 等即时通信软件保持联系。此外,企业和客户之间的关系也在移动技术的推动下悄然改变。企业可以利用移动应用来追踪客户,在移动端记录用户的每一次操作,并随时调整营销策略,从而提高客户满意度和忠诚度。

在政府领域,公共服务已成为移动领域的一个新的突破点。为了方便居民在移动端办理相关业务,政府各职能部门纷纷推出移动端电子政务,打破了各部门之间存在的信息壁垒,并且通过标准化的网上服务流程,避免了不必要的环节。这一举措不仅有助于推进政务公开透明,而且能够更加精准地记录和监督政府行为,使更多的人可以随时查阅政府公共数据,了解政府运作的效率。

三、移动新闻的创新与传播

(一)移动新闻的概念及其沿革

移动新闻,是指记者利用手机或其他非专业移动摄录终端采集新闻素材的一种报道方式。记者使用手机等移动设备进行实时采集,并通过个人电脑上的视频和音频编辑软件进行制作和编辑。制作完成后,新闻信息可以通过宽带和无线网络进行传输和发布。由于采用了手机作为媒介,因此有学者将其称为手机新闻实务或移动新闻实践,亦有人使用缩写 MOJO 表示 Mobile Journalist,特指利用手机或移动设备进行新闻报道的记者。移动新闻的出现,为记者提供了更便捷、实时的新闻采集方式,并且可以迅速传递新闻信息给受众,加快了新闻传播的速度。

移动新闻最初主要出现在新闻播客和博客中,后来进入了传统媒体平台如门户新闻频道和新闻网站。早期,维基新闻试图通过让维基用户成为自由新闻撰稿人来实现自由新闻报道,Ohmynews 等网站则吸引了普通大众成为自由新闻记者,他们可以自愿上传自己采写的当地新闻。近年来,视频分享类网站如 YouTube 等,以及新闻视频网站 iReport 等,为自由新闻记者提供了广泛的施展空间。这些平台允许自由新闻记者上传自己的报道、评论和新闻分析,与观众共享和讨论。这些新兴平台的出现,为自由新闻报道提供了更多的机会和可能性。

"移动新闻"这个新词汇的出现引起了各个领域的广泛关注。自 2006 年以来,该词汇在国际新闻学、传播学和语言学等领域的会议上不断被提及,也得到了各大新闻传播学学术期刊的密切关注。随着时间的推移,"移动新闻"的含义不再局限于最初的定义,开始具有更广泛的意义。

(1)移动新闻实践改变了传统的新闻媒体平台,这意味着专业或业余记者们投身于"新媒体数字新闻"实践时需要有开放的思维,勇于迎接挑战,推动新闻网站等新闻播出和出版平台更加符合"移动化"和"手机友好化"的趋势。因此,移动新闻需要不断探索和实践,以适应快速发展的移动互联网环境。

(2)移动新闻理念将现场性的虚拟现实(VR)新闻实践、360度新闻探索等技术前沿探索引入新闻传播实践中。然而,在考虑新闻标准、叙事客观性、伦理道德等方面,面临最为严峻的挑战。在这一过程中,需要注意确保新闻传播的准确性,同时遵守伦理和道德标准,以保证读者获得高质量的新闻报道。

(3)移动新闻开创了新的新闻生产和消费"朋友圈"模式,为新闻的社交化带来了开放的可能性。然而,由于这种"社交化"趋势,新闻传播逐渐呈现出窄化的模式,这也引发了很多问题。因此,需要加强新闻传播的多样性和开放性,避免新闻传播的单一化和狭隘化。同时,还需要加强对新闻传播的监督和管理,以确保新闻传播的公正性和准确性,为读者提供更好的新闻服务。

彼得·马丁在《新闻学实务》特刊中发表了题为《新三千年里的移动新闻学》的文章,探讨了"新闻学的未来"这一话题。他对移动新闻实践的发展感到喜忧参半。新兴的信息与传播技术带来了泛大众化的趋势,其中移动记者和独立记者社群成为最明显的代表。与此同时,媒体网站上出现了大量本地新闻报道,小叙事和民生叙事开始兴起,导致新闻生产呈现出"本地过热化"的趋势。移动新闻实践既带来了新机遇,也带来了新挑战。

彼得·马丁对移动新闻的质疑源于其独特的生产和传播形式。相对于传统新闻机构,移动新闻的生产者往往是非专业的、兼职的或自由撰稿人,这些特点虽然显示了数字化转型中的"公民新闻",但也引发了可信度缺失、新闻叙事娱乐化、伪色情化等问题。因此,人们对移动新闻的真实性、准确性和可信度产生了怀疑。

罗伯特·尼尔斯在《在线新闻学评论》上呼吁那些想要进入移动新闻领

域的从业者要跨越专业新闻与自媒体新闻之间的文化鸿沟,迈出进入移动新闻领域的第一步。他认为移动新闻的定义更加广泛:移动新闻不仅仅指新闻的制作,更重要的是播出和收视平台的移动化。他对手机媒体可能带来的新闻实践和理论研究的新方向感到非常乐观,认为未来的记者都应该学习使用超文本语言来编辑新闻。他还强调了"手机新闻界面"与数字新闻研究的最新热点相呼应,即以手机为主要传播媒介而催生的移动新闻传播形态,也就是移动新闻个人应用及独立消费。手机及社交媒体的存在使得新闻焕发出新的面貌,虽然可能以消息为主、碎片化、需要新闻受众点击选择,但它是有生命力的,足以吸引众多年轻观众的目光。

(二)数字公民新闻视域下的移动探索

近年来,数字公民新闻的兴起为 MOJO 实践带来了益处,新媒体技术的发展改变了新闻话语,鼓励公民参与新闻的生产和传播。这些变化逐渐缩小了专业新闻与公民新闻之间的知识鸿沟,传统的新闻精英主义也在发生转变。这些变化促进了新闻领域的多元化发展。

2000 年,哥伦比亚大学新闻学院与计算机学院合作推出了一个实验性的移动新闻工作站计划,即移动新闻工作站(MJW)。该实验依托于哥伦比亚大学强大的校园数据库、全球定位系统、数字眼镜和平板电脑,让学生们能够集中全部装备于一身,进行眼镜摄像、图形比对和数据分析,以记者的身份对校园建筑的历史和文化进行报道,并传回转播车。该实验旨在探究数字摄录和传输技术对新闻采集方式的影响。约翰·弗农·帕夫利克在他的书《新闻学与新媒体》中重申了这个计划,并表达了对未来"移动新闻技术"的期望。然而,他没有预料到,在接下来的 10 年中,一种全新的公民新闻实践会因移动新闻技术的普及化、平民化和日常化而蓬勃发展。

2004 年 2 月 17 日,《纽约时报》刊登了一张手机拍摄的新闻照片,记录了 Cingular 与 AT&T 合并签字的场面。这张照片的意义不仅在于记录这一历史时刻,更代表着一个全新新闻传播理念的出现。这次拍摄并非由专业记者完成,而是由 AT&T 的 CFO 乔瑟夫·麦卡毕完成。该照片被刊登在美国最主流的报纸头版上,展示了一个草根化移动新闻实践的空间。斯蒂芬·奎因认为,《纽约时报》的这一次尝试具有跨时代的意义,代表着新闻生产与传播行为的文化转型。这张照片的出现,意味着专业新闻与公民新闻进行话语争夺、新闻叙事的视角角逐。从此,移动新闻技术成为公民新闻实践的重要工具,推动着新闻领域的多元化发展。

随着时间的推移,移动新闻的竞争场域已经从传统的纸媒扩展到主流的电视和视频网站。在2009年,美国迈阿密电视台 WFOR 频道的主持人吉奥·贝尼特斯报道 iPhone 销售情况时,使用手中的 iPhone 进行了现场拍摄和报道。尽管这只是电视新闻技术发展历程中的一点点进步,但它却开启了公民新闻和移动新闻在文化和技术对话方面的另一个主流实践。移动新闻实践的外延受到设备的使用变革、图像像素的高低和拍摄者的专业水平等因素的共同塑造,但移动新闻的内涵并不能完全被定义。这个领域的发展还需要不断的探索和实践。

2006年,ireport.com 开始鼓励用户上传图片和视频,以公民新闻的形式报道当地和身边的新闻现场。虽然初衷是为了促进民间新闻的传播,但直到印度海啸和伦敦骚乱事件发生后,iReport 才真正引起了媒体和公众的广泛关注。由于主流媒体未能及时到场,大量普通民众通过手机等方式拍摄的图片和视频成了这些事件报道中不可或缺的内容。随着 iReport 在媒体圈的影响力逐渐扩大,CNN 在2008年正式收购了 iReport,收集全球公民新闻素材,并在新闻节目中播出。此后,各国电视台也纷纷推出以公民新闻为主题的节目,如英国独立电视的 Upload Now、BBC News 24 频道的 Your News、法国24台的 Observateurs 等。这些节目的新闻素材大多来源于民间拍摄上传的图片和视频。公民新闻的崛起,为新闻传播带来了新的思路和方法,促进了媒体行业的多元化发展。

随着数字公民新闻的兴起,越来越多的移动新闻记者开始崭露头角。CNN 推出 iReport 大奖和拍客行动,进一步激励着移动新闻记者,让他们开始从自发拍摄转向专业报道。这些移动新闻记者利用手机、平板电脑等设备,随时随地记录和报道身边的新闻事件。他们通过社交媒体、新闻平台等渠道传递新闻信息,让更多人了解到实时的新闻动态。移动新闻记者的出现,为公民新闻的发展带来了更广阔的空间和更多的可能性。

(三)移动新闻的传播学反思

近年来,中国电视新闻节目中出现了专业与非专业内容混搭的现象,导致新闻资源复杂且凌乱。大量的"读网新闻节目"使得新闻呈现同质化的形象。传统媒体的互联网化和移动化消费是新闻移动化消费的前提,但移动新闻的发展并没有营造出一个多元、灵活的实践空间。尽管新闻网站的移动化设计、新闻客户端和应用逐年增多,但它们并不能满足消费者对于多样性和创新性的需求,因此导致了新闻内容的同质化。

从传播学角度来看,移动新闻面临着许多挑战。首先,新闻生产如何以互联网思维再创新? 移动新闻报道强调新闻影像的当下性、偶发性和随机性,但这也意味着它需要在忽略新闻专业的技术完美主义的同时,拓展新闻实践中公共参与的新媒体视野。其次,如何改变公民新闻行动的刻板印象,让其从"网络揭丑""微博反腐""突发现场"的固化思维中脱离,让民间的新闻叙事拥有多文化、多角度的考量? 最后,如何丰富移动新闻的传播渠道和平台,使其收视与阅读界面更人性化? 目前,面向观众和读者开发的移动新闻仍然缺乏易读性和友好性,需要不断完善和改进。这些挑战需要新闻从业者和技术开发者共同努力,推动移动新闻领域的发展和创新。

随着移动新闻的兴起,读者和观众逐渐适应了多屏幕新闻报道的形式。他们更倾向于观看视频新闻,并将其分享和传播到数字化的社交网络中。他们沉浸于碎片化的移动在线新闻报道中,依靠新闻热点和每日搜索来获取信息。移动新闻的微博化、移动化和微视频化在技术、文化和学术领域中展现了深度解构和去中心化的后现代特征。因此,研究移动新闻的传播、实践和受众已经变得越来越重要,这涉及新闻学、传播学、青年研究、新媒体研究以及文化社会学等多个学科领域。随着移动新闻的不断发展,这些研究领域也将不断扩展和深化,为我们更好地了解和应对新闻传播的变化提供更多的知识和理论支持。

第二节　交互式传播模式

一、交互的概念

（一）交互的界定

"交互"这个词源于新媒体研究中的英文单词"interactive"，也有学者将其翻译为"互动"。与其相关的词语如"interactivity"和"interaction"也被广泛使用。交互是新媒体传播环境中社会主体与计算机网络、信息资讯和数字文本、界面和数据库之间的信息交流关系。它被用于描述计算机执行程序时与操作者之间在指令获取、运行控制和反馈方面的一种信息流动和反馈机制。

自20世纪80年代中期以来，计算机科学在个人电脑研发和桌面系统的大众化普及领域飞速发展，这影响着跨学科的"界面文化"视野的萌芽。全新的人机交互技术、交互设备和交互系统设计，超文本的应用，1990年万维网的研创和早期网页浏览器的探索更是引领着这一领域的学术思潮，推动着交互概念的新发展。因此，"交互"进入了新媒体研究学者的视野，并逐渐从"人机间指令性的"应用中延伸出更为复杂的人文艺术和社会科学含义。基于互联网的计算机、超文本的信息界面和用户之间的关系的重新定义，使得交互概念因其跨学科应用而获得了全新的意义。

在计算机科学领域，人机交互是指人与计算机之间的信息交流。人机交互通过交互设备实现，例如鼠标、键盘、操纵杆、眼动跟踪器、数据服装、数据手套、位置跟踪器、压力笔等，这些设备可以让我们与计算机进行更加自然和高效的交流。而由计算机到人的交互设备则包括显示器、绘图仪、打印机、音箱、头盔式显示器等。在当前的技术环境下，人机交互所依赖的技术有基本交互技术、语音交互技术、体感交互技术、图形交互技术等。例如，围棋国手与阿尔法狗之间的对弈、游戏中玩家与电脑非玩家角色之间的对战等都是人机交互的典型案例。当前的体感游戏也是非常典型的人机互动，这些游戏引入了即时动态捕捉、麦克风输入、语音识别、图像识别等技术，让玩家可以通过3D体感摄像机在游戏中创建自己的角色，与其他玩家互动，并通过互联网分享视频、图片和信息等。在未来，人机交互技术的不断进步将推动更多创新应用的出现，并为我们的生活和工作带来更便捷、高效、智能的体验。

一些人认为，交互不仅仅包括人机交互，还涵盖了计算机中介传播（computer mediated communication，简写为CMC）等其他维度。交互可以在相互交流的个体之间发生，仅仅使用数字媒体作为中介工具，比如电脑和手机等。随着社交媒体的兴起，人际传播和计算机传播相融合形成了这种类型的交互形式，这一点得到了验证。因此，交互是一种多维度的概念，包括人与人之间的交互，以及人与计算机之间的交互，这些交互可以通过数字媒体等中介工具进行。

从系统层面来看，交互意味着能够重新构建传播行为和传播模式的非线性和开放性能力。在结构功能论的角度下，交互赋予了未来传播环境中人类、计算机、数据库和场景式应用智能化工作模式的权力。在文本层面，交互指的是新媒体用户对所访问的文字、图像、音视频文本进行干预和改变的能力。当计算机读取用户信息和资料来调整传播小环境时，人类也能够将交互作为一种日常化的工具来实现与庞大数据宇宙之间的信息交流。因此，交互在信息传播中扮演着至关重要的角色。

在新媒体产业实践和科学研究中，"交互"作为核心概念一直备受争议。有些学者认为，交互是传统人际传播中最基础的信息流动方式。"关系""交流""对话"等词汇直接描述了人与人之间的交互传播模式。因此，交互并不是数字化、网络化媒介环境下的新词新物，而是人类传播行为的一种常态，因此不需要过于强调。另一方面，也有学者认为交互是新媒体艺术、媒介和传播行为的本质特征，但过度强调其意义并不大。一些学者质疑：如果新媒体不能实现交互，那么该媒体是否还能被称为新媒体，或者"交互新媒体"只是一个修饰性的冠词。这种学术反驳表明，在新媒体学术领域中，差异性观点长期存在。

但伴随着"超文本""数字电影"以及"Web 2.0"等话题的出现,交互的理论魅力逐渐彰显其强大的功能描述语义。超文本一词的出现预示着传统线性媒介文本的生存状态发生了变革。数字电影是列夫·马诺维奇《新媒体的语言》一书中的核心案例。他探讨了网络环境中视频播放和观看中的可控、可循环的传播机理,围绕苹果公司早期的一款 Quick Time 视频播放软件展开研究。Web 2.0 是对 2003 年之前的浏览器式 Web 1.0 的颠覆式发展。它全新拓展了内容生产、新媒体环境与用户使用之间的关系,并彻底改变了网络信息的"传—受""发布—浏览"的僵化模式。这催生了一系列强调个性化、信息与知识共享、交互化应用的新型网络媒体形态。交互由此也不再是一个程序间数据调用的概念,而是一种计算机超文本工作状态的描述,从而生发出全新的传播哲学观与应用场景。这对新媒体应用开发、平台更新、内容生产等领域产生了深远的影响。

Web 2.0 的概念相对于 Web 1.0(指 2003 年之前的互联网模式)而言,代表了一种新一代的互联网模式,其特点是内容更加丰富,链接性更强,交互性更为明显。这种新趋势的标志是从浏览型的"网页"向"发表/记录"交互型网站服务的转变,以及从"Client Server"向"Web Services"的转型。随着 Web 2.0 的兴起,互联网用户可以更加积极地参与到内容的创作和分享中来,从而促进了互联网社交化和信息共享化的发展。

(二)作为文化想象的交互

随着时间的推移,交互这一概念从信息科学、计算机科学领域向更多社会和人文学科领域如新闻传播、艺术创作等方向扩展,成为新媒体实践和研究中最为显著的一种传统。作为传播中的交互方式,交互技术的探索和应用源于信息交互和计算机界面的发展,进一步拓展了交互文本、交互媒体、交互场景以及交互传播等递进性概念,开创了传播领域的新局面。

交互是一种开放性、重构性的语言组合模式,基于数字和网络传播基础。它赋予非线性文本重构、信息链接和信息交换的能力。相比于模拟媒介中固定不变的模拟信息和模拟文本,数字、网络和移动媒体的技术本能使新媒体具有永久流动、常态变动和开放阅读的特征。这种特征完美地将交互的功能性和文化性融入了传播行为中,而模拟媒介中则更倾向于以一种确定的版本来保持其意义、形态和文化传播样态的稳定性。

在 20 世纪中叶之前，探索交互媒介应用和功能还很少。在传统的传播环境中，信息是以物理形式交换的，这种"传递和接收"的方式具有固定的物理性模式。在人际传播和大众传播中，信息从一种物理形式转换为另一种物理形式的过程难以激发信息流动过程中的交互功能。线性文本只能呈现出开放性的文本接受和解读，无法在受众之间实现真正的交互。然而，数字和网络化的信息文本中嵌入了无限可延展、可点击的超文本链接，它们以模拟形式复制于计算机界面和网络中，并与其他信息文本通过超文本链接进行关联，从而激发了信息流动过程中的交互功能。

长期以来，人们一直在思考如何与处于传播过程末端的受众进行有效的交流。为了改变信息传递的线性模式，颠覆文本的线性叙事，引导受众参与文本的生产，并影响内容的呈现和表达，人们探索了各种方法。这些尝试带来了一种文化想象，即超越传统的与原始文本之间的关系。尽管增加了文字的数量，但本意得到了保留，并保持了准确性。

在中国文学史和西方艺术史中，经常可以找到关于传播者和文本之间"超越文本"关系的记载，通常以民俗或神话的形式存在。例如，宋真宗赵恒所写的《劝学诗》中有"书中自有黄金屋""书中自有颜如玉"，这两句话非常流行，被广泛传颂，形成了许多民间故事，用来讲述读书者在学习和阅读过程中的幻想和与幻境中人物的互动，实现了读者与文本内容的情境式交互。在西方的民间故事中，Silver Tongue 是一位拥有神秘预言魔力的巫师，通过阅读和讲述，他可以将原本只存在于纸质媒介中、以文字和语言形式出现的人物和魔物赋予生命，使它们在现实中得以存在，并与读者一起发展出全新的故事线。希腊神话中的塞浦路斯国王皮格马利翁是一个性情孤僻、沉默寡言的雕刻家，他沉迷于雕刻，最终爱上了自己雕刻的一座美女塑像。他每天祈祷，希望爱神阿佛罗狄忒赋予雕像生命，最终在他真诚的祈祷下，雕像化身为真人。这些故事中，创作者和艺术作品之间的交互作用，在神话和想象的光环中推动了美国著名心理学家罗森塔尔和雅格布森的传播研究取得新的进展。"皮格马利翁效应"描述了人们因特定情境中的知觉和期待而对该情境产生的影响，这种影响会使该情境发生实质性的改变。从传播者向受众的转化,从固定的文本向流动的文本的转化,皮格马利翁和雕像预示了传播秩序、关系想象和文化叙事中蕴藏的强大交互潜力。如何利用更适合现代传播环境的技术、平台、语言和应用方式,激发这种交互潜能的想象,成为新媒体研究的新课题。

在印刷、广播和电视等传统媒介中,虽然很难唤起"皮格马利翁效应",即让受众、传达者的身份在文本、传达者之间多次流动,但自 20 世纪中叶开始,人们对媒介文本的线性、单向传播过程进行了重构,从而出现了许多实验性产品。例如,法国小说家马克·萨波塔于 1962 年所著的《作品第一号》,将 151 页书页装在牌盒一般的封套中,每页 500 至 700 字,如同巨型扑克牌。书页上不标注页码,背面留白,每页讲述和呈现一段相对独立的场景式对话、情节或背景。每个故事虽然难以完整地表达,但读者可以感知到其意义,并联想和回忆与其相关的其他页面情境。读者可以自由地洗牌并尝试逻辑化解读重组后的故事。每次打乱重排书页,就可以得到一个时空重新排列的故事。

(三)交互的传播学思辨

在现代新媒体传播环境中,交互已经超越了我们的文化想象和心理预期,成了一种开放式信息语言的结构理念以及应用性工具哲学的具体体现。作为新媒体传播本质的核心功能之一,交互从根本上颠覆和改变了人类传播环境、媒介文本以及传达和接收信息的主体之间的既定关系。

1. 交互改变了模拟信息环境中的单向传受关系,激发了受众作为信息反馈者、内容生产者的积极性,重构了受众、传者的主体性和能动性

在交互消除传播者—受众二元关系的过程中,模拟信息环境中文本的固定性不再是限制因素。受众现在开始参与非线性文本解读的解码过程。这种特点早在计算机视窗和网页发展的早期就已经出现了。用户可以使用鼠标控制程序,通过点击桌面上的超链接图标来进入下一层文本。在浏览器中,超链接文件会因鼠标的移动和选中而被激活,浏览者在阅读过程中被引导到另一段解释性、关联性的新文本。由于受众的介入,原始传播文本在不断地被干预和重组的过程中,重新获得了不同层次、具有互文性的意义支持,形成了一种类似于数据库的信息浏览和内容重组的使用体验。

2. 交互重塑了文本生产、消费、传播过程中的关键性场景，打开了一个开放性、多线程的信息数据库模式

随着新媒体平台和产业模式的不断更新迭代，交互方式也在不断演进。从最初的简单网页和超链接交互，逐渐发展为适用于各种场景的多种应用性交互方式。在用户层面，用户与超文本的选择型交互、用户与界面的场景式交互、用户与数据库的智能型交互等构成了以用户为中心的交互模式的发展；而在系统与终端层面，系统之间的信息与数据交互、文本之间的组合、筛选与交换等构成了以计算机为核心的工作模式。在新媒体文本生产、内容消费和传播的关键场景中，交互发挥了决定性作用，尤其是在社交媒体、弹幕文化、直播以及短视频传播的语境中，交互激发了用户一种全新的传播认同。人们从"受众"逐渐进化为"用户"，并发展成为内容的"创用者"。在原传播文本传播之初，人们就进入了文本重构的异质界面中，并通过自身的参与完成了媒介文本的构造。

3. 交互赋予了新媒体以革命性、颠覆性的媒介生产动力与文化图谱

由于"创用者"提前介入并无缝对接原始媒介文本，新媒体在 2000 年后迎来了社交媒体时代的爆发，产生了全新的革命性和颠覆性的内容生产动力，以及自觉地重塑文化图谱。从闪客、博客、播客到主播、UP 主、网红，这些人纷纷成为中国媒介领域涌现的内容生产新一代。他们为新媒体生态的重新布局和新媒体文化的产业重组作出了贡献。

1998 年，一种名为 Flash 的工具悄悄问世，它作为辅助网页实现动态交互的技术被广大技术爱好者所熟知。在当时的网络论坛中，只有 GIF 图片和 Java 小程序能实现图像与文字的互动，然而 Flash 技术的出现打破了这一局面。它为无数网友圆了实现网页交互的梦想，同时也推动了中国互联网上 Flash 网络动画的蓬勃发展。

二、超文本

(一)超文本的前历史

交互传播最初起源于人们对交互文本与超文本语言的探讨。随着时间的推移，超文本技术得到了不断的完善和发展。在下面的内容中，我们将对

超文本的历史发展进行简要的梳理和分析。

1941 年,阿根廷著名作家豪尔赫·路易斯·博尔赫斯创作了一篇短篇小说,名为《小径分化的花园》。这篇小说被视为对"超文本"概念有启发性的文学作品。

博尔赫斯在其小说中创造了一种"时间的分岔"概念,想象时间与空间类似,在无数节点上分岔,形成一张由无数时间线相互交织、接近但永不相遇的时空网。读者可以在这张时空网的情节之间漫游,时而遭遇谜语,时而遇到寓言故事,仿佛置身于一个庞大的多重宇宙中。美国科学家和工程师范内瓦·布什于 1945 年撰写了《正如我们所想》,提出了信息存储器(MEMEX)的概念,为数字计算机和搜索引擎的时代奠定了基础。

1963 年,美国信息技术先驱泰德·尼尔森提出了"超文本"(hypertext)和"超媒体"(hypermedia)两个新词,用于描述他构想中的超文本系统,即"元上都计划"(Project Xanadu,又称世外桃源计划),该系统具有高度关联度。泰德·尼尔森认为平行页面内容可以通过可视化方式链接起来,并用 17 条准则定义了 Xanadu 的超链接系统,称其为"原创超文本项目"(The Original Hypertext Project)。每个 Xanadu 服务器都是唯一且安全的,能独立运行或在网络中运行,每个用户都唯一且身份安全,可以搜寻、恢复、创建或存储文档。在文档层面,每个文档都具有唯一性和安全性,可以进行安全访问控制,能够快速搜索、存储和恢复,并能自动匹配到其任何频繁访问的物理位置,可以自动冗余式存储,即使遇到灾难也能保持可用性。每个文档可以包含无限多部分,每个部分可以是任意数据类型,并且可以包含各种类型的链接,包括虚拟副本和系统中其他所有者所拥有的文档。每个文档都包含版税机制,以确保任何允许访问的支付,并且文档全部或部分嵌入的链接是可见的,可被所有端点追踪,链接到文档的许可是由出版行为来允许的。信息服务方面,每个 Xanadu 服务供应商都可以在其用户选择获取、存储和发布文档时以任何费率收费。每一个交易都保证安全性,并且只能由交易的各方进行审计。Xanadu 客户端和服务器通信协议是公开对外的标准,鼓励第三方软件的开发和集成。

虽然泰德·尼尔森的世外桃源计划和后来的超文本万维网大相径庭,

经历了 30 年的发展,仍未能成功上线。然而,他之后组织协调互联网工作小组（Internet Engineering Task Force）和万维网协会（World Wide Web Consortium）共同合作研究,并发布了一系列 Request For Comments,简称 RFC,其中 RFC2616 最为著名。RFC2616 定义了之后普遍使用的 HTTP1.1。由于泰德·尼尔森对 HTTP 技术的发展作出了突破性历史贡献,他被称为"HTTP 之父"。

（二）超文本的界定与组成

在泰德·尼尔森闭门挣扎于 Xanadu 的设计与面世的 30 年中,超文本已被广为借用,成为依托于互联网的常态语言模式与内容组合规则,呈现出链接性和网络性特征。在 20 世纪 90 年代初,随着超文本在个人计算机中的程序性使用和万维网内容架构与浏览模式的普及,超文本成为新媒体应用与研究中的热词。

从计算机科学的角度来看,超文本是指由大量分散但有机联系的信息节点（Node）和功能链（Link）构成的信息网络。在超文本中,节点是承载最基本和最小信息的单元,但通过信息的自我复制,节点又可以进行无限的复制,因此,节点也可以表示为单一信息或一组相关信息的数据集合。因此,超文本可以被认为是一个由无数个节点和链接组成的复杂的信息网络。

节点的物质载体表现为文本、数字、图像、图形、动画、音频、视频及一般的计算机或网络程序。因功能与应用的差异,节点分为表现型与结构型两种类型。

表现型媒介节点用以承载和中转媒介化的信息,如文字节点、音乐节点、视频节点等。

结构型程序节点用以建构、记录、跟随和表达程序间的链接关系。结构型程序节点在程序的运行中起到目录、索引和指向的作用。

因表现方法的差异,节点分为以下十种类型。

1. 文字节点

文字节点是万维网最早的超文本节点之一,通常由纯文字形式的新闻、报道、文章以及目录导航等构成。通过使用超文本链接,超文本设计者可以在页面上引导用户前往其他文本页面或者文本之外的资源,从而帮助用户获取更多相关信息。在文字节点中,超文本链接通常被标识为特殊的样式,如改变字体、字号、颜色或者增加下划线等,以便用户能够轻松地识别并点击链接进行浏览。这种技术不仅能够提高用户对页面的互动性和探索性,还能够使得页面结构更加清晰,方便用户获取所需信息。除了超文本链接,文字节点还可以通过其他方式引导用户浏览其他页面,例如目录导航和相关文章推荐等。目录导航通常位于页面的头部或侧边栏,提供了页面结构和内容的概述,帮助用户更快速地找到所需信息。而相关文章推荐则是根据当前用户浏览的内容推荐相关的文章,为用户提供更加全面的信息服务。

2. 数字节点

从严格意义上讲,数字节点是文字节点的一种,它由数字组成,并且在许多百科类、词典类、历史文献类超文本中广泛存在。数字节点的应用范围不仅限于文字领域,它还在数据可视化新闻和数据动态图的制作中扮演着重要的角色。在这些应用中,数字节点的动态模式和信息关联形态成了交互设计的重点。

数字节点在百科类和词典类超文本中具有重要的地位。例如,在百度百科和维基百科等知名网站上,数字节点被广泛应用于对人物、事件、历史等知识点的解释和阐述。在词典类超文本中,数字节点也被广泛应用于词语的解释和例句的说明。由于数字节点具有清晰、简洁的特点,能够对复杂的概念进行准确的表达,因此在文字节点中占据了重要的位置。

除了在文字领域中的应用,数字节点还在数据可视化新闻和数据动态图的制作中发挥着重要的作用。数字节点的动态模式和信息关联形态成了交互设计的重心,通过数字节点的精准表达,数据图表能够更加清晰、生动地呈现出来,使读者更容易理解和掌握信息。此外,数字节点在信息可视化中也具有广泛的应用,例如在地图中标记地点、在图表中标记数据点等。

3. 图形节点

图形的全部或者图形的某一色块、数据区域均可成为节点。在数据新闻中,图形节点扮演着非常关键的角色。有效地管理和量化控制节点内容,能够帮助设计者提高数据新闻的阅读友好性和数据亲信性,避免过度沉迷于图形节点设计的炫技之中。

　　图形节点的设计应当注重数据的真实性和清晰度,同时也要兼顾美观性。在设计图形节点时,应该保证图形节点的各项指标数据真实可靠,同时将数据信息以简洁明了的方式展示出来,避免出现混乱、模糊的数据表达方式。此外,图形节点的设计也应该考虑到读者的阅读体验,通过选择合适的颜色、字体、图形等,让读者更容易理解数据所传递的信息。

　　在数据新闻中,图形节点的使用是十分常见的,但是过度追求炫技而忽略数据真实性和阅读友好性,则会削弱数据新闻的价值。因此,设计者需要在保证数据真实性和可读性的前提下,通过巧妙的设计,让图形节点更好地服务于数据新闻的传递和呈现。

4. 图像节点

　　在互联网的早期阶段,图像节点和文字节点是互相补充的存在,对于互联网的视觉性起到了重要的意义。图像节点指的是从图片或视频中截取出来的影像部分。它与文字节点的相互补充为互联网信息传播提供了更加丰富和多元的形式。

　　随着移动互联网的普及,图像节点的使用也越来越多。在移动设备的屏幕上,图像节点的存在可以使得信息的表达更加生动、直观,从而更好地吸引用户的眼球。同时,图像节点还可以通过视觉元素的组合和排版,提高阅读体验的舒适度和愉悦性,从而让读者更愿意停留在页面上。

　　图像节点和文字节点的互相补充,不仅在传播效果上有所体现,也为互联网信息的呈现形式提供了更加多元的选择。在信息传播过程中,图像和文字的使用可以根据具体情况和目标受众的需求进行灵活调整和搭配,从而达到更加优质的传播效果。因此,图像节点和文字节点的合理运用,不仅可以提高信息的可读性和传达效果,还可以为读者带来更加舒适、愉悦的阅读体验。

5. 音频节点

　　音频节点是指由语音、音乐和音响组成的节点,其作用主要是为程序间的功能激发以及节点与节点间的内容交换提供增效提示。这种节点常常被广泛应用于各种应用程序的开发中,以帮助用户通过听觉方式来获取使用行为的相关信息。音频节点在音频类应用和音频数据库中扮演着基础节点的角色,为这些应用程序的正常运行提供了必要的支持。

在现代科技发展的背景下,音频节点逐渐成为各种应用程序开发中不可或缺的一部分。例如,对于一些语音识别的应用程序,音频节点可以用来帮助程序识别用户的语音指令,从而实现对应的功能;对于一些音乐播放器应用程序,音频节点则可以用来管理和播放用户选择的音乐文件;对于一些声音处理的应用程序,音频节点则可以用来提供声音输入、输出的支持。

除此之外,音频节点还可以用来实现人机交互的功能,例如,在一些智能家居设备中,用户可以通过声音来控制设备的开关或调整设备的设置;在一些安防系统中,音频节点可以用来监测和识别周围环境中的声音,并进行相关的安全提示。

6. 视频节点

在新媒体视频网站与应用中,视频节点是一个重要的基础节点。它包括动画、动图、长视频和短视频等多种形式,这些形式构成了视频节点的核心内容。视频节点在新媒体视频网站与应用中扮演着重要的角色,是用户获取信息和娱乐的主要来源。

动画是一种通过逐帧展示静态图像以产生动态影像的技术。它以其生动有趣的画面和丰富多彩的场景,成了新媒体视频网站与应用中用户喜爱的内容之一。

动图则是指一种由多张图片或素材组成的短视频,通常是通过循环播放这些图片或素材而形成动态效果。动图通常简短精悍,展现出了一种生动有趣的方式,成了新媒体视频网站与应用中重要的内容形式之一。

长视频和短视频则是新媒体视频网站与应用中最受欢迎的内容形式之一。长视频通常包含电影、电视剧、纪录片等多种形式,能够满足用户对于深度、广度信息的需求。而短视频则以短小精悍、易于消费的特点,成了用户在碎片化时间中获取信息和娱乐的主要形式。

因此,视频节点是新媒体视频网站与应用中最为基础的节点之一,涵盖了动画、动图、长视频和短视频等多种内容形式。这些形式丰富多彩,满足了用户对于信息和娱乐的多元化需求。

7. 导航节点

导航节点通常用于帮助用户浏览和导航大量信息或内容。导航节点有时也被称为导引节点和按钮节点,它们可以通过导航指示标、图示性的按钮来进行节点信息的提示,从而帮助用户以简单直观的方式发现下一层节点的位置。

在网页设计中,导航节点通常是一组位于页面头部或侧边的链接,它们可以帮助用户快速浏览和访问不同的页面或功能。这些导航节点可以是文字链接、图标、下拉菜单等形式,它们的设计和排版通常需要考虑到用户体验和可用性方面的因素。

除了在网页设计中使用外,导航节点还被广泛应用于移动应用程序和桌面软件中。在移动应用程序中,导航节点通常被设计为位于屏幕底部的选项卡或抽屉式菜单,以便用户快速浏览和访问不同的功能和页面。在桌面软件中,导航节点通常位于菜单栏或工具栏中,它们可以帮助用户快速访问不同的命令和功能。

总之,导航节点是一种重要的用户界面元素,它可以帮助用户快速浏览和访问大量信息或内容,提高用户体验和可用性。在设计导航节点时,需要考虑到用户习惯和行为,以便设计出更加符合用户需求和习惯的导航节点。

8. 混合媒体节点

混合媒体节点是一种由多种媒体信息混搭所形成的复杂型节点。最初,混合媒体节点的应用主要集中在多媒体音像出版物的导航页面上。随着网络技术的发展,这种节点的应用逐渐扩展到网页设计中。在这种设计中,节点常常采用拼贴式的方式,将文字、音频、图片、视频段落进行有机组合,从而创造出丰富多彩的多媒体体验。这种设计方式旨在鼓励用户自行探索,让用户可以通过节点所提供的多媒体信息来了解更多相关的信息。此外,混合媒体节点也被广泛应用于游戏、教育和广告等领域。在这些领域,混合媒体节点通常被用来创造出更加生动、互动和具有吸引力的体验。综上所述,混合媒体节点是一种有着广泛应用和丰富表现形式的媒体节点,其应用不仅局限于多媒体出版和网页设计,还可以被用于多个领域,创造出更加生动、互动和具有吸引力的多媒体体验。

9. 组织架构型节点

目录、索引和序列导航节点是组织架构型节点的三种形式,它们在文档中负责整体内容的规划、管理和协调。目录一般位于文档的开头,列出了文档的主要部分和章节,以帮助读者快速了解文档的结构和内容。索引则是文档末尾的一个关键词列表,用于帮助读者快速定位特定主题或关键词的出现位置。序列导航节点则是文档中的一组链接,通常位于页面底部或顶部,以帮助读者浏览文档并在不同部分之间进行快速跳转。

这些组织架构型节点在文档中的作用非常重要,可以使文档更加清晰、易于理解和浏览。通过使用这些节点,作者可以更好地组织和表达内容,使读者可以更加轻松地找到所需信息。此外,这些节点还可以增加文档的可访问性,帮助那些需要使用屏幕阅读器等辅助技术的读者更好地理解文档内容。

10. 推理型节点

在一个节点网络中,推理型节点扮演着协调规则节点和对象节点的重要角色。规则节点则被用来存储规则,并指明符合规则的对象。此外,规则节点还具有判断规则是否被使用,并对规则进行解释说明等功能。相比之下,对象节点则主要用来描述对象的性质,例如对象的属性、特征、状态等。

在节点网络中,推理型节点的任务是将规则节点和对象节点之间的联系协调起来,以达到规则和对象之间的匹配和判断。具体来说,推理型节点可以通过对规则节点进行解析,来找到符合规则的对象节点,并将其标记为满足规则的对象。同时,推理型节点还可以将不符合规则的对象节点排除掉,从而使节点网络中的信息更加准确和可靠。

除了协调规则节点和对象节点之外,推理型节点还可以发挥其他重要的作用。例如,在节点网络中,推理型节点可以通过对规则节点和对象节点的关系进行分析,来判断节点网络的结构和特点,从而为节点网络的优化和改进提供指导意见。此外,推理型节点还可以通过不断地学习和积累经验,来提高节点网络的智能水平和处理效率,为节点网络的应用和发展注入新的活力和动力。

节点的搭建是超文本架构的关键所在,而链则是节点与节点之间信息连接的方法。链的目的仅有一个,也就是建立起节点与节点之间的联系。从功能区分上,链可分为链源、链宿。某个链的起始端即为链源。链源是节点信息连接的最初动力,以热字、热区、图元等节点表达;链宿则是链的方向归属,是链接的目的地,由另一个节点完成。

通过节点的不断生产与链的不断关联,超文本实现了文本、信息、知识之间的工具化交融,帮助文本交互的日常化使用获得了全新的新媒体哲学意义。如果说麦克卢汉的"地球村"仅是一种互联网萌芽时代的乌托邦想象的话,超文本则使得这一乌托邦想象插上自由飞翔的翅膀。超文本使得麦克卢汉的"泛媒介环境"的潜台词得到了未来传播学的支持,并使得每一位媒介场域中的现代人都有可能在将来的某个时刻以一种节点或节点操作者的角色进入全媒介化的信息网络,实现人与媒介界面、人与社会界面、人与自然界面的交互。

(三)超文本的文化意义

超文本的功能魅力激发了计算机科学家和程序员的创意激情。1968年,美国布朗大学成功研究出超文本编辑系统,成为世界上第一个具备工作能力的超文本系统。与此同时,该大学还研究出了 FRESS 文件检索与编辑系统。在接下来的十几年里,各种应用于不同工作环境的超文本系统不断被研发成功。麻省理工学院建筑机械组研制的"白杨城影片地图"(Aspen Movie Map),被认为是一个视觉效果出色的超媒体工作平台,可帮助使用者进行类 3D 的地图信息搜索。此外,Xerox 公司的 NoteCards、OWL 公司的 Guide、布朗大学的 Intermadia 和苹果公司的 HyperCard 等超文本系统相继问世,为万维网出现之前的计算机用户提供了数字化交互设计和交互应用的程序基础。

超文本技术的出现不仅使得数字文档和信息的网络化编辑和组合成为可能,更重要的是引发了传播学上深刻的文化反思。

1. 超文本实现了人类非线性思维模式的物质转化与数字构型,其通过非线性书写、编辑、观看与传播体现知识的非线性创造

当人类思维模式的非线性状态与联想相互关联并被呈现在文字或媒介之中时,会呈现出一种无逻辑、非理性的结构状态。然而,借助超文本的框架规约与节点控制,人类思维模式中的发散状态可以有效地整合在"节点与链"的结构树中,并具有了具象的表达模型。在传统互联网的网页设计或移

动互联网的应用设计中,设计者们所依循的发散但关联的思维模式在超文本层级与非线性结构方面得到清晰地展现。

2. 超文本意味着人类社会的所有信息、资讯和媒介都可以通过某种节点与链逻辑实现功能的关联与意义的呼应,都可以超文本化链接,产生意义的关联

超文本转化是信息、资讯和媒介传播过程的一种重构,对于构建人类理想的知识共同体具有深远的意义。然而,超文本使用者可能不会思考信息如何以知识逻辑和技术框架的方式相互关联。尽管如此,在使用超文本时,用户能够体验到简单而又无限循环的愉悦点击。媒介环境论者所谓的"信息内爆"在这种无穷尽的超文本信息流中悄然出现,诱惑用户不断点击和连续刷新屏幕,享受动作所带来的简单重复的愉悦感,沉溺于不断更新和冲击的信息中。因此,超文本的使用不仅是一种传播行为,还涉及人们的心理感受和媒介环境的影响。

3. 超文本使全球数据库和信息库的建立具有了实践的意义,最终推动了全球搜索与知识共创时代的到来

随着超文本技术的出现,全球数据库和信息库的建立才变得有意义。各国成为节点,信息传播成为链条,节点下面分出无数分支与链接,从而以物理化形式将全球知识网关联起来。这个曾经的技术幻想变成了具有超文本操作的现实可能性。然而,如何跨越政治、经济、社会和文化障碍实现全球知识网的建设仍然是一个永恒的难题。在接下来的几十年中,本地化搜索引擎的发展和网络百科全书的成功验证了超文本的文化意义,但同时也引发了更深层次的思考和批判。

超文本是一种信息链接服务,它已经不再局限于文档和人之间的交互。如今,超文本已经延伸到了数据库服务领域,并进一步演化为人机交互。同时,超文本也已从传统的网路设计中走向智能应用,为实现交互传播打下了坚实的基础。

三、交互叙事

（一）初代超媒体的探索

随着超文本技术的广泛应用,超媒体概念逐渐引起人们的关注。特别是超媒体中图像、音频和视频的超文本链接,早期的新媒体学者经常关注以下三个方面。

（1）个人计算机是否能够成为阅读、视听、书写和创作的"超级媒体"终端,超越以往所有媒介终端的形态?

（2）一旦万维网具备承载文字、音频和视频等复杂功能,是否会催生另一个"超级媒介"界面的出现?

（3）随着移动终端和智能手机的普及,它们灵巧便携的物理属性以及多媒体整合应用的功能,是否意味着移动超媒体将成为新媒体的未来方向?

上述观点和争论时隐时现,各有其理,但都涉及泰德·尼尔森最初的"超媒体"概念,并对其进行了时代性的标注和解释。泰德·尼尔森最初的"超媒体"概念旨在建立一个独立于世界的媒体文本库,通过关键节点将媒体文本联系起来,用户可以在其中自由地浏览和体验媒体内容。然而,这个"超媒体文本库"是不可改写的,具有强大的版权保护和知识产权监督意义,用户进入其中就扮演着特定的角色,如内容生产者、归档者、节点制作者、观看与使用者等。虽然这种角色分类仍然带有传统媒体的色彩,但学者们对"超媒体"概念的丰富描述仍然吸引了众多支持者的关注。

无论是思考个人计算机和智能电话作为"超媒体"终端,还是探讨万维网作为"超媒体界面",都是对多媒体化交互功能的工具化探索。在"超媒体"概念的演进过程中,如何实现更加简易、便捷、用户友好的超媒体文本制作、观看和分享,一直是永恒的主题。随着时代的进步,科技观念和新媒体技术哲学不断更新,出现了各种类似于"超媒体"的新概念和新术语。例如,"多媒体""平台媒体""泛媒体""全媒体""媒体云"等,这些新词语是技术哲学和知识哲学对"超媒体"进行当下性的诠释和发展。

1987年,超级栈卡HyperCard成功研发,并被快速应用于苹果麦金塔系统,为办公自动化的文档交换、基于CDROM的电子词典设计和导航图、视觉化的交互小说及游戏设计提供了系统及多媒体文本链接的解决方案。这一发明在万维网被大众熟知之前就已经存在。1993 年,备受欢迎的《神秘岛》游戏上市。开发者透露,超级栈卡帮助他们完成了 2500 张虚拟游戏卡的制作和链接,最终使《神秘岛》成为魔幻类解谜探险游戏的经典之作。这一成就证明了超级栈卡在游戏开发方面的重要性。

超媒体是超文本概念的实践延伸。尽管失去了经典性和学术认可,但其接地气和草根化的表述,使其成为新媒体视听领域早期广为人知的概念。自 1984 年苹果麦金塔一代发布、1985 年 Windows 1.0 上市、1991 年万维网公共服务开通以来,随着个人电脑、图形视窗和万维网的普及使用,超文本和超媒体的知识和使用在新媒体的新用户群中迅速扩散。

(二)跨媒体叙事

跨媒体叙事是在"超媒体"和"多媒体"等概念逐渐市场化的过程中出现的。如果说"超"和"多"所描述的是一种基于传统媒体类型的功能扩展状态,那么跨媒体则表达了在新型数字和网络环境中,媒介文本和表达方式因平台和介质的变化而发生的叙事转型。换句话说,跨媒体叙事是通过各种媒介和平台来讲述故事的一种新型方式,这种方式要求我们在不同的媒介和平台上都能够准确地传达相同的信息和情感体验,从而使得故事能够跨越不同的媒介和平台,以最佳的方式被受众所理解和接受。

跨媒体叙事是一种利用计算机程序建模和超文本原理实现的叙事方式,其目的是将传统媒体平台与新媒体平台连接起来,以完成一则或一系列故事的讲述和报道。跨媒体叙事打破了媒介物质屏障,实现了不同媒体平台之间的叙事交互。该方法利用了多种媒体形式,包括文字、图片、音频和视频等,从而使故事更加生动形象,且能够更好地满足受众的需求。

跨媒体叙事是在传统媒体与新媒体的交锋中出现的一种文本观和叙事观。它具有实际操作的意义,同时也呈现出一定的理论思辨性。跨媒体叙事的概念源于计算机与网络对传统媒介内容进行翻译、转录和上传的思考,逐渐演变为同媒介文本在不同媒介载体上实现交互叙事的实验性探索。跨媒体叙事借用了叙事学理论的术语,将传统媒体与新媒体中的叙事文本进行跨界关联,探讨它们之间的意义生产关系和传播机制。跨媒体叙事的实验性质使得它能够为传统媒体与新媒体之间的叙事实践提供一种新的思路和方法。跨媒体叙事具有越界性、模块化和重构性等多重特点。

跨界性表征指跨媒体叙事需要调用多种表达方式和媒体平台，以实现同一或系列叙事的跨界联动。这种叙事方法可以在不同媒体上构建相应的叙事环境，并建立关键性节点，以方便读者在阅读过程中主动或被动地跨越不同媒体之间的界限，从而实现全面、深入的叙事体验。二维码是这种跨界性表征的一个典型案例，它曾经在报纸、杂志和纸质印刷物中被广泛使用，引导读者访问社交媒体或网页，以完成跨媒体受众引导。通过社交媒体和网页，读者可以接触到另一个信息节点展开的叙事时空，这展示了跨界性表征的重要性。

模块化表现为一种处理机制，即将故事呈现和叙事策略进行碎片化、段落化和分散化。由于受限于传统媒体的线性时空，以及受新媒体界面空间的限制，跨媒体叙事必须结合两者的长处，平衡不同媒体的叙事悬念，实现故事线温和的跨界转场。在跨媒体编创与出版中，模块化的特点表现得十分明显，这也导致了字数的增加。

重构性表征指的是跨媒体叙事对读者、受众、用户理解和解读意义的开放性影响。跨媒体叙事的理解是一个不断探索、寻找的过程，同时也是用户在其中重构故事宇宙观、整合叙事模块、进行叙事线多次重组的过程。2014年，Hachette Book Group USA 出版了 J. J. 亚伯拉罕和道格·道斯特创作的交互小说《S》。由于该书中出现了大量异质媒介，美国国会图书馆曾经抵制该书，禁止借阅，只能够购买收藏。读者打开《S》的书封后，会惊奇地发现一本像是图书馆藏品的旧书《忒修斯之舰》。书页中夹杂着泛黄的信件、旧照片、明信片，甚至还有大块纸巾杂乱出现。泛黄的书页上布满了不同颜色的笔，这是两位大学生简和埃里克在借阅该书时记下的手记。这些手记跨越了不同时期，铺满了整本书的所有页面。如果读者跟随这些笔记、明信片和照片去搜索引擎中再度挖掘，就会看到更为丰富的故事线展开。跨媒体叙事的重构性特征就是它对读者、受众、用户体验感的叙事性召唤，鼓励他们自由游走在故事线的发散网络中，进行故事的自我组合、理解和想象。

第五章
新媒体传播的转型与革新

第一节　传统媒体的数字化转型

互联网出现之前，一切媒介被称为旧媒介，突出特征是自上而下的控制。随着互联网的普及，新媒介为人们提供了另一种理解世界的方式，使得读者变得更加主动。新兴媒体对传统媒体造成了巨大挑战。在传媒发展过程中，报纸多次被质疑，电子媒介问世后，有学者预言报纸将被淘汰，随后数字媒介的出现更加巩固了这种观点。1995 年，尼古拉·尼葛洛庞帝在《数字化生存》中提出数字化的必要性，认为未来一切传统媒体都将被数字化，数字化将全面覆盖人们的生活。但是，就像电视出现没有导致电影消亡，广播的出现也没有导致报纸消亡一样，今天我们的生活中仍然有报纸的存在。

为了应对数字化的冲击并顺应时代发展，许多传统媒体正在积极探索和尝试，寻求新闻生产、传播方式、盈利模式等多个方面的创新和转型。很多老牌报纸走上了数字化转型之路，招揽数字人才成立新团队，开发各种新闻产品为读者提供多方面的服务，从而吸引读者的注意。20 世纪 90 年代，许多传统媒体建立了线上订阅模式以应对互联网的冲击。2014 年，随着全球进入移动互联网时代，传统媒体进一步调整数字化转型策略，以适应移动互联网传播环境。

2015 年，美国皮尤研究中心发布了《2015 美国新媒体研究报告》。该报告指出,第四次工业革命正在酝酿之中,如今的媒体正趋向于个性化、移动化和社交化。移动互联和社交网络等新兴技术将成为未来互联网发展的重点方向。在这个新时代中,以"用户体验"为核心的数字化转型策略成了传统媒体适应变革的核心驱动力。

用户与受众这一提法的本质区别,就是"受众"是被动的,是单向的,是信息流;而用户则更强调接受信息的感受与体验。今天新闻媒体所面向的受众是具有强烈自主意识的用户,他们十分明确自己需要什么,对于信息和获取信息的方式也十分挑剔。

因此,传统媒体的数字化转型主要着眼于"用户体验",他们所有策略都是为了让用户在获取信息时能得到更好的体验。他们会根据目标用户的年龄和特征调整发布内容,会调整新闻的发布时间和方式以适应用户的需求以及阅读习惯,一切传播活动均以用户体验为核心。

一、社交化:开发互动新闻增强用户参与度

随着社交网的扩大,越来越多的用户通过社交媒体关注信息。人们在使用社交媒体获取信息的同时,还能直接进行评论交流,从而实现参与传播、发表意见的需求。

(一)与社交媒体合作,根据平台特点调整新闻内容

很多传统媒体在寻求数字化转型时也关注到使用社交媒体、自营网站等方式,而在不同社交媒体上发布信息的时候,也应主动了解平台特点,选择更合适的内容进行传播。根据平台特点调整新闻内容与形式,可以使传播更加适应平台,也更加能够抓住用户的注意力。

比如微博为用户提供世界各地的新闻,任何地方发生的事情都能在微博上看到,从突发新闻到体育、政治和娱乐,从大型赛事到每日趣事,微博强调第一时间直击现场动态,用户即时评论。鉴于微博信息传播的碎片化、传播内容的原创性和场景感、传播过程的草根性和平等性,存在层级划分体系的传播特点,因此搭载微博进行新闻传播讲求速度、简洁、吸引眼球,要简明扼要地抛出新闻事件,使用户在碎片化的时间中能够一目了然地知晓新闻主旨。

（二）增设评论互动模块

为了提高用户的参与度和新闻的传播效果,我们应该注重读者的评论,并鼓励用户积极参与到新闻的传播中来。当用户参与到新闻的讨论中时,他们会更加牢固地记住自己的观点,从而更有效地传播新闻。此外,一部分读者在平台上发表评论,会吸引他们的朋友、亲戚和同事加入讨论,这也是社群的重要作用之一。无论网络系统和社群的客观优势和差异如何,它们的终极价值在于它们对用户的好处。

另外,增设评论互动模块可以拉近新闻从业者和读者的距离,也有助于了解未来新闻的发展方向。这种方式可以增加用户的参与度和积极性,使用户主动参与到新闻的传播中来,从而获得更好的传播效果。此外,信息的扩散也可以通过良性循环的方式来促进用户量的增加。因此,在新闻传播中,我们应该注重用户的参与和互动,以提高新闻的传播效果和用户的体验。

（三）互动直播新闻

在大众传播时期,由于技术落伍,传播活动难以保证时效性,受众反馈也因此滞后。但每一个受众都是独立思考的个体,拥有表达观点、参与评论的意识。而社交媒体时代的到来则为受众参与甚至主导传播过程提供了技术支撑,而且这种技术支撑已逐渐成为一种现实。社交平台紧抓"直播"契机,丰富信息呈现形式、增强用户参与度,把话语权更大程度地交给用户。

直播节目可以让观众体验更强的现场感,体现了新闻的时效性。网络视频直播还打破了专业记者、权威机构自上而下传播新闻的方式,把新闻话语权交给了普通用户,激发了用户自我表达的欲望。另外,相对于以往电视、报纸单向的传播,直播新闻的传播过程是双向、实时的,网络直播拥有更深入的交互体验与在场参与感。用户可以通过直播平台直接参与到主播、记者新闻播报的工作中去,满足了用户的好奇心和表现欲,大大拉近了新闻传者和受者之间的距离,让二者实时对话成为可能,即时互动是新闻传播模式上很大的一个突破。同时,新闻媒体可以根据用户的反馈发挥内容生产的优势。然而,当用户习惯了直播带来的新鲜感,实时互动、现场感都不再让用户感到刺激的时候,媒体需要思考的问题依旧是如何提供高质量的内容,才能留住用户。

二、技术化:技术驱动新闻变革让用户"体验新闻"

传播技术是媒体发展的重要动力,并受到广泛关注。随着技术的不断进步,新媒体的发展也在不断加速,每一种新的传播形态的出现都源于新传播技术或者新的传播技术使用方式的出现。

当前,科技的发展正在促进人类社会的进步。我们的生活被高科技所包围,智能电器、智能家居、智能手机等已成为我们生活的一部分。这些高科技产品为我们带来了高品质的生活体验,同时也让我们习惯了高科技的生活氛围。

在这样的背景下,新闻媒体必须利用技术进步来创新新闻表达方式,提供更加人性化的阅读体验。只有这样,媒体才能更加深入人心,持续发展。

(一)VR 新闻"沉浸式"新闻体验:让用户感受"我的所感"

虚拟现实新闻(VR 新闻),是以虚拟现实(virtual reality,VR)技术为承载媒介制作与呈现的新闻,其既可复现真实场景,亦可建构想象空间,且辅以 VR 终端中的各类视觉、听觉、触觉传感系统模拟受众反应,营造出"恍若在场"的浸入效果。关于沉浸式的新闻体验,目前学界没有给出明确的定义,学者们对此的解释大体趋同。清华大学新闻传播学院史安斌教授认为:"所谓'沉浸'(immersion),即是主体一种脱离实时的物理世界,转而进入虚拟环境的感觉"。韦特默和辛格从心理学维度出发,将其描述为一种被数字环境"包围"的感觉,人们可以在其中与虚拟世界任意互动。南加利福尼亚大学"沉浸式新闻"高级研究员佩纳认为:"沉浸式新闻是指一种能让观众获得新闻故事中描述的事件或情形的第一人称体验的新闻生产形式。"他强调读者在体验 VR 新闻的时候变身经历者,成为第一人称。VR 新闻利用前沿技术力求让新闻体验变得更有趣。

彼得斯在《交流的无奈》一书中曾经说过,不在场的传播永远无法达到真正的交流,内容在传播的过程中会受到媒介、传播者的个人情绪等各方面的干扰。然而,今天的新闻媒体有了 VR 技术,受众的新闻体验不再受限于"舞台"与"看台"的隔离,达到彼得斯眼中真正的交流,读者可以"身临其境",体验在场的传播。每一个读者以第一人称视角"走进"新闻现场时,通过感官,沉浸在某种境界或思想活动状态里,了解一个完整的新闻事件。然而,他们只能"眼睁睁"地看着新闻发展,而无法对新闻事件进行任何干预,这加深了读者对新闻事件的感受,会给他们更多的启发。

2014年,是VR技术发展的元年,各个行业都想在VR这块蛋糕上分得一块,VR电影、VR游戏迅速兴起,VR新闻作为一种独特的新闻呈现形式广受媒体人关注。西方媒体首先在这块领域试水,《纽约时报》2014年11月推出了平台NYTVR,开发VR新闻,并免费送出100万支谷歌纸版VR眼镜,让用户尝试体验身临其境的感觉。VR新闻以VR技术为载体,为用户全方位多角度呈现新闻现场,用户从阅读新闻变成"体验"新闻。麦克卢汉将技术的地位抬得很高,他认为"媒介是人的延伸。""电子媒介是中枢神经系统的延伸,其余一切机械媒介是人体其他器官的延伸。"《纽约时报》VR新闻负责人格雷厄姆认为VR不仅是新闻传播的一个工具,更是一种新传播媒介,其对新闻业的发展影响深远,这与麦克卢汉的媒介理论相得益彰。

如今我们可以认为,VR技术是人体全方位的延伸,它将人体完整的感官系统延伸到新闻事件当中,达到最高效、最直接的传播。然而这样的传播离不开技术的支撑,VR新闻可以让读者"身临其境",但客观来看,VR技术并非完美的,其对客观事实的高度"仿真"很大程度上会引发法国后现代理论家鲍德里亚所述的"拟像"与"超真实"危机。大众媒介为我们"表演"了一个与真实不符的拟像,人们依赖通过越来越丰富的媒介手段获取信息,然而人们获取到的只是一个失去本真的现实。某种意义上讲,VR新闻常以新闻事件的"碎片化""片段式"的"部分时空"代替"整体时空",新闻生产者有意无意地对新闻事实加以"遮蔽"和"掩盖"。因此真正无损的新闻世界不可能被带到读者眼前。看似可以越大程度还原新闻事实全貌的技术手段,读者越应该有所警惕,以防掉入媒介设计的"超现实"陷阱里。

除此之外,并非所有新闻内容都适合用VR方式呈现,从新闻类型上来看,一些具有极强的现场表现力的新闻,如会议开幕式、比赛现场、灾难报道更适合用这种方式呈现。同时,VR新闻拍摄、剪辑都比普通视频更耗时耗力,制作周期较长,因此,并不是所有的内容都值得通过VR视频展现,我们也会担忧 VR 新闻的普适性。目前来看,VR 视频还不能成为一个十分普及的新闻报道工具,但可以确定的是,VR 新闻为新闻生产打开了一扇新的大门。

(二)新闻游戏:用户以游戏角色多感官沉浸式体验新闻

"新闻游戏"一词最早由乌拉圭游戏设计师冈萨罗·弗拉斯卡提出,他于 2003 年创建了新闻游戏网站——NewsGaming.com,从此新闻游戏的概念开始走入人们的视野,《纽约时报》《华盛顿邮报》、英国广播公司等各大媒体也纷纷开始尝试新闻与游戏的融合。美国佐治亚理工学院的 Persuasive Games 的创始人伊恩-博格斯特,把他的公司"Newsgames"作为《纽约时报》编辑的一部分内容,进行合作,《纽约时报》将在专栏发布创建页面、编辑内容的新闻游戏,这种游戏代表另一种媒介的转变,这是一种新的编辑形式,而非游戏试图让新闻有趣。

2013 年 12 月,《纽约时报》开发了一项方言测试类新闻游戏,根据读者日常用语的使用习惯,回答《纽约时报》设计的 25 个问题,然后猜测读者所居住的州。新闻与游戏的结合,必须遵守一定的原则,一个好的新闻游戏应该回答两个问题:游戏能够告知人们信息吗? 如果不能,那它只是一个游戏。游戏能够带来娱乐吗? 如果不能,那它只是一则新闻报道。

当游戏成为一种媒介,它的功能不再只是娱乐,还加入了传播新闻。新闻游戏是一个交互性非常强的新闻产品,相对于传统新闻的报道方式,新闻游戏的用户不只是对新闻解码,还会以扮演游戏角色的方式深入新闻事件当中,进行多感官沉浸式体验,同时新闻传播的对象从被动的接收者转变为主动的操作者,用户通过参与游戏操控进行反馈,新闻游戏超强的互动可以使新闻传播的效果大大增强。

在技术的支撑下,今天的媒体将新闻做成游戏看似是一个突破性的创新,事实上,媒介理论家保罗·莱文森 1977 年在其论文《玩具、镜子和艺术:技术文化之变迁》中就提出了技术玩具论。他认为,媒介技术的变迁经历了玩具、镜子和艺术三个阶段。技术刚刚兴起的时候,具有很强的玩具属性,而后经济发展和人们对技术潜力的感觉催化技术由"玩具"过渡到"镜子"阶段。也就是说,技术最开始具有娱乐性,人们出于好奇和娱乐去使用它。例如,电话是小小的"电气玩具";留声机是新奇的"音乐盒子";火药最开始被人们制作成烟花。人们对新奇媒介的感觉始终不变,往往将其当作玩具。新闻游戏这一新鲜的媒介形态今天之所以被媒体发明,并被大量读者怀着好奇和寻欢的心理接近使用,正印证了"技术玩具论"的观点,因为每一项技术在刚刚被发明的时候,人们都是把它当作一种玩具去使用的,技术的娱乐属性会先于其他特点被挖掘出来。邵培仁教授提出的"媒介游戏论"认为游戏本身就是一种媒介,而媒介也具有游戏愉悦身心的属性,这也是人们最初使用媒介的目的之一。游戏中的竞赛可以满足人们证明自己的心理。游戏可以实现平民性、互动性、趣味性等世俗化品质。游戏通过虚拟的媒介环境,让玩家体验现实生活的快乐。今天,媒体将游戏和新闻两种媒介融合在一起,用"新闻游戏"的方式叙事,游戏自身的互动性和趣味性对新闻的传播效果具有正向促进作用,并吸引更多的年轻受众。媒体利用技术具有玩具属性的特点,用娱乐消遣的方式让读者获取严肃新闻信息,新闻与游戏的融合不足为奇。

然而,新闻游戏并非适合所有题材的新闻,新媒体编辑需要考虑到它的受众主要集中在互联网年轻用户。年轻的用户更愿意接受新鲜事物,他们亲历了网络媒介的兴起,那么在新闻选材、画面设计、游戏体验上需要考虑年轻用户的口味。同时,游戏本身就是一个娱乐化的产物,而新闻又是一种追求真实性、客观性的严肃题材。因此,二者融合虽然是一种创新手段,但中间还是存在很多隐患的。然而不管怎样,新闻游戏带给我们一种前所未有的新闻体验。

(三)依托数据测算技术开发区域定位新闻

数据新闻之所以可以广泛应用于今天的传媒行业,正是得益于互联网技术的发展和成熟。数据库为今天的新闻报道提供资源,正在为用户提供新闻价值更高的新闻内容。移动互联网可以为用户实时建立位置数据,从而为用户推送接近性更强的新闻。因此一些独立新闻机构和主流大报设立了专门团队,运用技术手段进行抓取、挖掘、统计、分析等一系列测算,以测算结果为基础制作新闻报道。

运用数据测算技术,加入区域定位新闻功能(in geo-targeting on digital),

这是一个重新设计的、与印刷版有更高的相关性的、使用户可以拥有更鲜活的数字体验的当地简讯,这项设计的亮点在于要吸收更多来自新闻当地用户的评论文章。

这项技术更新一样具有重大意义,新闻的推送不再不分地域,取而代之的是,用户将会按其所在的地理位置被推送不同的新闻内容。在一定程度上对不同地理位置的用户进行个性化推送,也就是说不同省份甚至不同城市的用户所看到的内容是不一样的。刷新这种在线体验是为了帮助所有用户达到一个目的:完美地使用定位技术,让新闻走到每一个用户的身边,使报道与用户的关系更加牢固,为不同位置的读者提供更个性化的体验。

(四)用"话题标记算法"分析用户需求,定制新闻内容

媒体机构每天会发表大量新闻报道,然而,如果把大量的资源用于少数人关心的新闻上,就浪费了记者、编辑的时间和报社的成本。因此,新闻必须改变,以匹配并且预测用户现在和未来的需求、习惯和欲望。编辑部通过先进的技术和总体的把控对用户进行预测,然后匹配出更适合的新闻。先进的技术可以让媒体轻松掌握每一个用户的详细情况,为用户提供专属自己的定制新闻。

新闻定制化推送是通过"关键词标记算法"进行运营的。推荐算法会记录每位用户浏览过文章的关键词频率,对于频率高的内容,则会进行相关推荐,有效提升新闻点击率。然而,虽然这种推荐模式大多数情况下会提升用户体验,但偶尔也会出现推荐不符的情况。

针对"关键词标记算法"的不足,推荐系统目前建立了一种新的算法——"话题标记算法",此算法系统将会为每一位读者的阅读偏好建立模型,模型的基点是读者所关注的话题,同时会为每一篇文章标记话题,从而进行对应推送。另外,这种模型的科学之处在于其具有混合标记功能,如一篇文章可以兼顾部分政治、文化话题,根据用户对这两个话题的阅读时间,绘制出二元一次函数图,寻找图形上最接近读者阅读习惯的文章。

此种"话题标记算法"相较于"关键词标记算法"已经科学很多,但依然存在误差。例如,个别词汇在不同语境下所代表的含义不同,用户点击文章后发现内容并非自己感兴趣的,针对这些问题,数字团队需要进行逻辑上的

补充,力求使推荐系统最严密、最科学。根据用户的需求推送合适的文章这一理念很早就被各大媒体采用,然而,如何能够使定制过程更科学、更严密,使定制新闻达到最大的传播效果却是新闻推荐系统技术化道路上的一个难题。

除了使用算法根据用户感兴趣的话题进行文章的筛选推送外,新闻推荐还会在不同时间推送不同内容,如早间简报、午间阅读和夜间阅读,可以根据用户在不同时间段的阅读习惯和兴趣调整新闻内容。定制新闻已被用于各个应用程序当中,利用前沿的技术改善用户的阅读体验,不断修补推荐算法的漏洞,这正是世界所有有追求的媒体需要做的事情之一。

三、移动化:开发移动端 App,多平台传播设置议程

移动的阅读方式更加符合现代人的阅读习惯,当移动端的 app 上市之后,很多用户不再需要打开 PC 端去浏览新闻,因为更多的人会选择在公交车或者路上去阅读新闻。

因此开发移动端 app 也是媒体移动化转型的一个举措,相对于纸质版报纸、杂志和 PC 端的新闻网站,移动端 app 的主要特点有:①为用户推送感兴趣的新闻主题,包含时政、体育、商业等;②可以在用户的设备上无限期保存文章;③定制用户最喜欢的列表和博客。

除了将 PC 端和印刷版上的内容搬到移动设备手机和平板电脑上之外,移动端 app 还会加入一些专门为移动用户设计的功能,如无限期保存文章、定制最喜爱的内容等,增强了用户黏性。这些功能是根据移动端平台特性而为用户设计的,为用户提供更多的阅读便利,从而提高用户体验。成功的移动化转型并非照搬印刷版和网页版的内容,而是应该依据各移动平台的传播特性设计各具特色的 app,对目标用户进行细分并有针对性地获取。

(一)碎片化阅读

年轻人是手机端的最主要的用户群体,因此,媒体在移动端的转型需要关注年轻用户的口味,在客户端的界面设计、内容形式上需要符合年轻用户的品位和阅读习惯,从而进一步获取更大的用户群。

在碎片化阅读趋势的影响下,app 各个版块都旨在以最便捷的方式为用

户提供最有价值的新闻,宗旨是适应年轻用户的阅读习惯,提升年轻用户的使用体验。数字化转型并非将报纸上的内容原封照搬到电脑、手机上,每一步转型策略都应该根据终端的呈现特点、用户人群、传播特点进行调整。摒弃了一贯的长新闻、深度报道的严肃风格,在满足移动端用户方面作出了努力,这也是传统媒体充分考虑用户体验调整转型策略的一个做法。

(二)评论

互联网时代,用户获取信息的渠道十分丰富,他们可以通过社交媒体、移动端 app、网站等各种平台获得新闻事实,同样,用户也可以非常便捷地发表自己的评论并浏览其他用户的评论。"受众参与理论"告诉我们,读者已经不满足于被动地接受信息,他们发表观点和意见的欲望正在增强。"评论不仅反映了人们的心声,而且传达了博客的真实性以及对它的矫正,这正是典型的民主的、非专家推动的信息,是'新新媒介'的标志之一。"这是保罗·莱文森对新闻评论的论述。从当日的博客延伸到今日各式各样的新新媒介,评论都具有验证新闻真实性、补充和矫正的功能。评论互动的过程,可以让新闻达到有效传播。新闻评论的强大功能被越来越多的读者发现并使用,评论活跃在网络视野当中,不仅仅是新闻报道,互联网视频、音频的评论版块也十分活跃。用户在观看一个素材(文字、图片、视频、音频)的同时,越来越愿意了解其他人对同一素材的看法,因此互联网视频增加了"弹幕"功能,很多新闻客户端、新闻网站都将评论版块安排到最明显的位置。

(三)深度报道

在信息快速传播的今天,用户视野被大量的碎片、肤浅的信息和其他用户的评论充斥着,此时权威媒体的资深记者和编辑的深度评论显得弥足珍贵。评论是报纸的旗帜,兼具灌输和吸引读者的功能。深度报道的文章在一定程度上代表着资深编辑、记者或媒体人对新闻乃至社会公共事务的看法和立场。在一定程度上,某些权威、具有公信力的优秀媒体的新闻报道,在引导社会主流价值观上承担着"意见领袖"的职责。传统媒体在过去始终坚持深度报道写作的严肃性,其文章具有一定的舆论引导、教化作用,可以在新媒体传播的今天继续坚持自己的初心和优势,将深度报道发展为品牌的象征。

在转型中传统媒体公司需要思考的还是在提高用户体验的同时如何获得盈利,维持公司的正常运转,这恐怕也是众多新闻媒体目前所面临的问题之一。

(四)一句话新闻

越来越多的移动端被开发,用户获取新闻的载体五花八门,根据各个平台的特点调整新闻推送形式才能取得更好的新闻传播效果。"一句话新闻"原是为 Apple Watch(苹果公司 2014 年推出的一款智能手表)用户可以拥有更好的阅读体验而设计。这体现了媒介的发展促使新闻从业者不断作出创新和改变。

一句话新闻报道并非简单地提取新闻标题或摘要的工作,编辑将新闻缩短的同时保证获得用户青睐需要很高的新闻素养。一句话新闻报道会尽可能传播更多的信息,相较于传统报纸内容更具个性化、更具有吸引力。苹果智能手表作为传播信息的载体,带有很强的个性化色彩,手表所面对的客户即追求时尚、简捷、快速的年轻人。因此考虑到用户的特性,新闻内容的个性化或许是一句话新闻报道的特色之一。加之手表屏幕显示的版式等可以随意选择,因此小屏新闻报道具有很大的发展空间,同时也有很大的设计难度。为了实现一句话新闻报道,内容提供者需要采用精选核心内容、新创核心词汇等方法去设计新闻。然而,这样个性化的报道形式难免会有损新闻深度,未来关于一句话新闻报道的成熟模式还需要进一步观察。

为小尺寸屏幕移动终端设计全新的报道形式,这是一个极具创新性的举措,能够看出传统媒体在数字化转型过程中对移动端的重视程度。数字产品也正朝着移动先行的方向前进,其中为平台设计专属内容也是数字化转型策略之一。媒介的变迁的确给新闻业带来了新的机遇和挑战,数字化时代的新闻传播,不能不去考虑媒介的特性,从某种程度上讲,"媒介即讯息"能够很好地解释数字化时代所出现的各式各样的传播形式。麦克卢汉说:"媒介影响着我们理解和思考的习惯。"确实,媒介还改变着我们生产信息和传播信息的方式,媒介的变迁改变着我们的日常生活。未来会不会因为一块手表进入小屏传播时代? 又会不会因为 VR 技术进入"沉浸传播"时代? 我们不得而知,但敏锐的新媒体行业一直在引领着我们感受全新的阅读体验。

（五）播客

伴随着 20 世纪无线电广播技术的出现，"播客"的概念也随之兴起。保罗·莱文森给播客的定义是："记录和传播声音包括音乐、访谈和独白的新新媒介叫播客。"对于播客的概念，《纽约时报》播客项目负责人迈克·巴巴罗表示，播客是一个全新的理念，这并不是一个普通意义的播客，尽管你可以随时随地听。它并不是收音机——尽管原理基本上是相同的。它并不是报纸——尽管我们会大量吸收《纽约时报》的新闻。"我和我的同事正处于一个繁杂而庞大的事业中，我们不是在说故事，而是使故事变得活灵活现。"

广播作为一项传统媒体，似乎已经淡出我们的生活，然而，人们对听觉的追求并没有减弱。播客沿用了广播的形式，对输出的内容做了大幅的改动和设计。众多杂志媒体都推出了旗下的播客，内容五花八门，深受听众的喜爱。然而，究竟是什么样的内核拯救了广播行业？曾经几乎败落的广播如今为何能让用户自己付费订阅？归其原因，在于播客内容的更新变化。互联网时代是一个用户选择媒体的时代，循规蹈矩地播放、一成不变地报道内容已经不会再有用户买单。开办一个有特色、有新意、符合用户需求的播客恰好是顺应时代潮流的。这些读书播客、新闻播客都继承了自己过去的优质内容、风格并发挥所长，吸引了广大"土著"用户。对于自己喜爱的媒体的信息，用户有了更多的选择方式，也拥有了更丰富的用户体验。

（六）多媒体生态系统设置议程

通过以上章节汇总分析，可以看出传统媒体在数字化转型进程中可以进行的举措繁杂多样。大力进军社交平台，与社交大亨合作；开发自己的app，360 度包裹用户的日常生活；大胆尝试高科技，用新技术报道新闻；等等。然而，传统媒体的数字化转型之路并不是用五花八门的新闻产品随意堆砌出来的。每一个产品背后都具有很强的逻辑性，制作的基础是平台的传播特点和所面向的多用户特性。例如，社交平台的用户大多为年轻人，平台本身具有碎片化阅读的特性，因此传统媒体在其平台发布的内容多为轻松简短的。app 各有针对性，推荐工具类 app 主要为用户提供生活服务；快速阅读类旨在最快速地为年轻用户提供要闻信息；深度报道类针对新闻素养较高的群体，聚焦于用户有价值的评论。VR新闻和新闻游戏这些高科技的新闻app是为了吸引更多爱尝鲜的人群并转化为自己的忠实订户。

网站应最大限度地保留严肃性和权威性，因此网站的新闻更有深度、更全面。事实上，其他所有的数字产品都会指向官网，各数字产品上的文章中都会附有官网链接，用户如果想要了解更全面的信息可以一键进入官网。

由此可以看出，传统媒体的数字化转型应力求形成一个以官网为核心的多媒体互动传播生态系统。开发的产品虽然涉及面广，但并不分散，因为所有的产品用户最终都向官网汇聚。差异化的新闻产品适应不同的平台特点，各具特色的新闻产品覆盖了社会所有阶层的用户。被逐渐培养起来的用户最终都会向官网汇聚，从初级用户转化为忠实用户。

传统媒体的数字化转型正在构建一个多媒体互动传播的生态系统，具有很强的议程设置功能。议程设置的假设最早由沃尔特·李普曼在其著作《公众舆论》中提出，1963年，科恩对此理论进行了更具体的表述和补充，他认为："在多数时间，报界在告诉它的读者该怎样想时可能并不成功；但它在告诉它的读者该想些什么时，却是惊人的成功。""近几年学界在'议程设置'假设的基础上延伸出'议程融合'理论，此理论强调议程设置功能并非局限于大众传播环境，人际传播和其他媒介的传播也是构成'议程设置'的主体。"网络传播包含了人际传播、群体传播等丰富的传播模式，因此虽然此理论是在大众媒介基础上提出的，但议程设置功能在互联网的传播中发挥的作用也不容小觑。得克萨斯大学的研究生尹明浩在1998年做了一个关于互联网议程设置的实验，分析结果支持议程设置效果适用于在线新闻网站。事实上，网络传播的内容常常会决定着人们谈论的话题，此类例子不胜枚举。加之网络具有更强的时效性，议程设置不存在滞后，因此传播效果更加显著。而多媒体生态系统，面向社会中不同阶层、不同年龄的大批用户，覆盖了大部分用户接收信息的平台，因此议程设置功能会更加显著，这巨大的生态系统一旦形成，"议程设置"效果就会形成良性循环，用户量产生裂变的同时，也意味着传统媒体在新媒体传播时代终于抓住了一定程度上的主动权。

四、产品化：扩大产品领域，让用户"依赖"媒介

随着互联网技术的发展，新闻报道的呈现形式也变得越来越多样化，新闻产品化的趋势也日渐明显。过去，新闻作为一种作品，标题和内容都必须严谨、规范，展现的是记者所看、所听、所想。但如今，互联网技术为用户提供了多样的阅读和获取信息的方式，新闻作品逐渐发展为产品。这个过程也意味着"创作"转向"制作"，新闻生产单位为了适应市场竞争，也逐渐朝着满足用户需求的产品发展。

将新闻作品转变为产品的理念对新闻生产和发布的各个环节都会产生影响。新闻作为一种产品活跃在市场上，将不再是传播者作用于受众，而转变为受众对媒介的使用。受众的身份也随之转化为具有主动权的用户，新闻作品也向产品转化。在如今竞争激烈的媒介市场中，新闻必然会趋于产品化，只有能够满足用户需求、优化用户体验的产品才能生存下来。

（一）以用户体验为核心，设计新闻产品

传统媒体数字转型的基础在于将读者的身份从"受众"转化为"用户"，曾经被动接收信息的受众，在今天复杂的互联网环境下，变成了主动使用信息的用户。20 世纪 70 年代，美国传播学家卡茨提出"使用与满足"理论，学界对此理论的论述为："该理论是传播学领域里研究媒介效果与使用的理论，从受众的立场出发，通过分析受众的媒介使用动机和获得的满足来考察媒介带给人心埋及行用。"这一理论之所以一经提出就很快在传播学界声名大噪，是因为这是人们第一次意识到读者，或者说受众是能动的，具有强烈的自主选择意识。媒体对受众控制的幻想成为泡影。因此，如今各人社交媒体、新闻自营 app 在设计界面和发布信息的时候都十分关注用户体验，从产品的界面设计到功能，力求为用户提供更好的体验。

传统媒体的转型是围绕着用户体验进行的，他们十分重视新闻产品的开发，关注用户的需求，尽可能研发可以提升用户体验的新闻产品，而且在转型中推出的很多 App 都具有产品属性。什么样的改变可以让用户感受更好，什么样的新策略可以满足用户的需求是传统媒体在转型中需要一直探索的。

与此同时,网络传播中的新闻作品就具备了浓厚的"产品"性质。报刊不再是高高在上地对受众进行"教育",而是以用户的角度为基点,开发新闻产品。同样,当新闻变成产品,用户需要为此而付费,这笔费用远高于买一份报纸的费用。因此,报刊的盈利模式从单一的广告费向内容付费模式发展。

(二)编辑团队和运营团队的合作要更加紧密

编辑团队所关注的是一条报道短期内所收获精彩程度的反馈。而产品团队包括产品经理、设计和开发人员所关注的能长期给用户带来的新闻体验以及未来什么样的新闻体验是更适合用户的。二者宏观的把控和具体的实际操作是相辅相成的,先确立了产品观念,每一个新闻产品的内核又需要编辑来填充,因此这两个团队的关系必须更加紧密,新闻生产才能事半功倍。然而,在传统媒体时代,传统媒体需要严格遵循编辑部和运营部门完全分开的原则。

(三)布局新闻周边产业,为用户提供生活服务

媒体除了提供传统新闻报道之外,还应大规模开发提供新闻服务的数字产品,围绕用户体验不断扩大其产品领域。当代用户的需来变得更加复杂,他们不只需要获取新闻,有时候还需要获得权威媒体建议,对他们的生活提供指导。

美国学者梅尔文·德弗勒尔提出"媒介依赖论",该理论认为,媒介成为社会结构的一个重要部分的同时,正在通过满足人们需求的方式而增强人们对媒介的依赖程度。"媒介依赖论"的主要观点是:"当人们置身于越来越复杂的社会中,不仅需要依赖媒介理解社会,认识社会,还需要依赖媒介作出选择和应对。"今天的数字媒介已经验证了"媒介依赖论"的观点,我们正在享受媒介带给生活各方面的便利,包括购物、娱乐、游戏等。针对人们对媒介越来越高的要求,人们希望权威媒体为自己的生活提供选择建议和应对策略,尤其是权威媒体的建议在人们眼中变成了有价值的虚拟产品。今天的读者不仅仅需要通过新媒体获取信息和资讯,还需要新媒体以权威媒体的身份从各方面满足读者的需求。

开发新闻周边的产品,也是传统媒体数字化转型的策略之一,为用户研

发出更符合他们需求的产品,才能让更多的用户认可自己。新闻周边产品深入人们生活的各个角落,为用户提供餐谱搭配、房产信息,推荐吃喝玩乐,提供用户业余时间的消遣方式。正如"媒介依赖论"的观点那样,读者需要通过媒介获得建议,以此来指导自己的生活,当媒介涉猎的区域越来越广时,逐渐培养起用户通过使用媒介支配生活的习惯,也就逐渐依赖媒介为自己的生活做决定。因此,媒体产业应不断开发满足用户需求的产品,一方面扩大自己的品牌影响力,潜移默化深入人心;另一方面培养用户依赖媒介的习惯,从而为自己的新闻事业争取到更多的受众基础。

第二节　我国媒体融合发展现状

在互联网环境下,传统媒体面临着新的竞争环境,需要加快转型,利用网络新技术和平台,实现新兴媒体和传统媒体的融合发展,以助推中国现代社会的成功转型。如何通过媒体融合巩固党的宣传思想文化阵地、主流舆论阵地,抢占思想舆论制高点,是传统媒体面临的一个重要而紧迫的任务。

为此,中央发布了《关于推动传统媒体和新兴媒体融合发展的指导意见》,强调要遵循新闻传播规律和新兴媒体发展规律,建成几家拥有强大实力和传播力、公信力、影响力的新型媒体集团,形成立体多样、融合发展的现代传播体系。媒体融合成为国家战略,是我国当前一项重大而迫切的课题。

互联网的普及以人为单位,催生了传播社交化、网络化变革,使得信息服务于生产和生活的方式发生了不同以往的变化。扁平化、碎片化、去中心化成了信息传播和现代社会结构变化的趋势。因此,媒体融合需要清晰系统地分析新传播体系的参与者关系构建、新传播渠道的发育、新产品和服务的生产、新商业模式的形成以及相应的体制机制调整,同时需要积极寻找媒体融合的主导、驱动和支持力量。

中国政府将媒体融合列为国家战略,旨在推动传统媒体和新兴媒体的深度融合,加快建立现代传播体系。在这个过程中,建设新型主流媒体和新型媒体集团是关键,需要建立基于互联网的自主可控的新型媒体平台,从互联网产业中汲取经验并不断创新。同时,媒体管理部门、媒体单位领导和从业者也应共同努力,加快传统媒体和新兴媒体的深度融合发展,并尊重市场规律。中央全面深化改革领导小组提出了打造形态多样、手段先进、竞争力强的新型主流媒体和建设强大实力、传播力、公信力、影响力的新型媒体集团的目标。推动传统媒体和新兴媒体的融合发展是党中央巩固宣传思想文化阵地和主流思想舆论的重大战略部署。

一、媒体融合中存在的问题

我国传统媒体与新兴媒体融合发展面临多维度、多层面的问题。这些问题包括内容生产领域创新和渠道展开深入等方面。在融合发展不断深入的背景下,对每一个问题的认识都需要从内容、渠道、产业、体制等多方面进行审视,才能形成对我国传统媒体与新兴媒体融合发展的科学认识。

(一)媒体内容生产模式的变革

传统媒体内容生产模式和流程已经发生了改变,数字技术发展和传媒生态变化成为催化因素。但是,融合发展从国内外范围来讲,可资借鉴的经验并不多,市场检验也有待验证。因此,需要对技术和市场有敏锐的把握,从集团发展层面去思考内容生产模式的创新。传统媒体如果不改变单一化的生产模式,将无法在融合发展的浪潮中生存。

(二)用户习惯动态变化带来的问题

随着媒体融合的深入发展,用户的信息接受和消费习惯也发生了变化,这给传统媒体和新兴媒体都带来了挑战。传媒从业者已开始使用"用户"的概念去思考读者、受众的需求,但用户在融合时代的信息接受习惯与传统媒体时代的读者、观众有很大不同,这成为内容生产方式创新的重要依据。然而,传媒产业融合中出现的许多创新运营模式未真正击中用户的痛点,缺乏持续发展能力。虽然行业格局的调整推动着媒体不断创新盈利模式,但很多创新模式仍需接受市场检验。它们是否能够持续发展还需要时间的检验。因此,传统媒体和新兴媒体都面临着适应不断变化的用户习惯的问题。

（三）媒体内容专业生产者方面存在的问题

随着媒体融合发展的深入，不同媒体之间的人员流动加剧，员工对工作环境、薪酬、晋升空间的期望也增加。然而，创新型、复合型人才，尤其是中高端人才却相对稀缺。同时，一些新闻从业者缺乏职业归属感、认同感，将自己定位为"新闻民工""电视民工"等，导致记者职业地位和职业伦理下滑。这些问题都会影响从业者队伍的稳定性和创新能力。因此，组织创新、激励等方面也需要跟上行业发展的新要求，以吸引和留住更多的中高端人才。

（四）评判标准泛化导致困惑，媒体内容特质打造面临挑战

随着政策调整、技术革新、受众习惯、市场压力和组织形态等多种因素的作用，媒体内容的评判标准不断泛化，传媒市场对内容特质的要求也日益多元化，如权威性、趣味性、话题性、个性化、年轻化和移动化等。然而，评价指标体系的变化导致传媒产业融合的评判难度大幅提升。传统的评价指标已经失效，新兴指标需要适应多屏传播的需要，同时科学化、数据化、综合化等特点也成为评价指标的关键。例如，在电视评估指标体系中引入多屏指标已成必行之举，但评估方式仍存在问题，导致在评判产业融合效率时容易出现分歧。这些变化使得媒体内容特质打造面临诸多挑战，需要在不断探索中适应多变的市场需求和评价标准。

（五）传统媒体面临渠道失灵的挑战，在渠道扩展方面存在困境

传统媒体在新兴媒体的崛起和融合趋势的冲击下，传统渠道失去了很多影响力，广告收入急剧下降，生存压力剧增。虽然传统媒体尝试了很多创新发展方式，如"两微一端"，但在实际运营中仍然面临困境。传统媒体已经完成了"全媒体"化的转型和布局，但这些努力究竟是推动了传统自身实力的提升还是丰富了新兴媒体平台的内容生态，对于传统媒体来说是一种突破还是"饮鸩止渴"并最终成就了新兴媒体平台？对于这个问题有着不同的解读，也影响着运营主体对传统媒体渠道创新策略的制定。

然而，在媒体融合发展的过程中，传统媒体仍然具有自身的优势和机会。首先，传统媒体具有丰富的内容资源和品牌优势，这些资源可以为融合发展提供有力支持。其次，传统媒体在业务模式和市场渠道方面积累了丰富的经验和优势，可以通过整合、创新，为融合发展提供新的思路和路径。

最后,传统媒体在转型升级过程中,也可以借助新技术和新兴媒体的力量,加速创新和融合发展,进一步拓展市场空间。

(六)媒体思维与产业思维的融合不够

传统媒体与新兴媒体的融合,难以消除由于产业差异和内容生产方式不同而带来的重重阻碍。不适应融合背景下用户习惯动态变化的情况,传媒产业在内容生产方式创新方面缺乏持续发展能力。在媒体内容专业生产者方面存在不少问题,例如人才稀缺、职业归属感不强等。融合背景下评判标准呈现泛化趋势,传媒业界对于围绕何种标准打造内容特质存在困惑。渠道扩展之于传统媒体来说是一项创新发展方式,但在现实运营中,很多媒体却面临着新的困境。媒体思维与产业思维的融合不够,传统媒体容易走进"大而全"的误区,强调媒体形态上的扩展与市场规模的提升来谋求产业转型,而缺乏建立不同媒体之间的合作与共赢机制的视野。这些问题的存在,可能导致传媒产业的融合发展进程遭遇阻碍,因此需要各方共同努力,以更加开放、包容、协作的姿态,推动传媒产业的融合发展。

(七)技术创新转化为盈利模式创新还不够成熟

传媒产业创新需要以技术进步为支撑,但技术创新并不等同于盈利模式创新。从技术创新到技术应用再到盈利模式创新,需要付出大量努力。此外,技术因素在盈利模式创新中的作用程度也不同。虽然技术创新可以对传媒产业的生产、盈利、消费和广告开发水平产生全方位贡献,但大部分技术创新的影响层面是局部的。在向盈利模式转化的过程中,要解决更为复杂的问题。

除了转化过程中的困难,技术创新在特定环节还会成为盈利模式创新的阻碍因素。例如,新的传播生态"互联网+"创造了新的商业模式和盈利模式,使得传统媒体原有的传播渠道、商业模式和盈利模式受到了冲击。以报业为例,有研究通过对成本结构、生产方式和价值实现过程等层面的分析表明,报业原有的二次售卖模式,在互联网企业的竞争下显示出了众多不足。

(八)关停并转长期存在,机构改革趋势将不断加剧

传媒行业因经营、转型不善,以及市场竞争压力等原因,关停并转现象逐年增加。每年都会有部分报纸杂志休刊停刊、广电频道频率停播。2020

年 11 月,国家广电总局印发了《关于加快推进广播电视媒体深度融合发展的意见》,提出了精简频率频道、优化节目栏目、整合平台账号等措施,对定位不准、影响力小、用户数少的媒体采取坚决关停并转的措施。据国家广电总局及各省市广播电视台发布的公告,2021 年我国近 30 个省市级电视频道、广播频率停播或撤销。与此同时,也有超过 20 家省市级都市报、广播电视报等媒体停刊或休刊(见表 5-1、表 5-2)。

表 5-1　2021 年 1 月至 2022 年 1 月国内广电媒体调整情况

时间	媒体	调整情况
2021 年 1 月 1 日	山西广播电视台少儿频道	停播
2021 年 2 月 1 日	MTV 音乐电视台中文频道	停播
2021 年 3 月 24 日	湖北广播电视台休闲指南频道、楚天资讯广播和亲子广播	停播并撤销
2021 年 3 月 31 日	广东广播电视台数字付费频道高尔夫频道	停播转型网络平台
2021 年 4 月 28 日	山东广播电视台国际频道	停播
2021 年 6 月 1 日	贵阳广播电视台旅游生活频道、都市女性广播	停播并撤销
2021 年 8 月 31 日	合肥广播电视台影院频道和文体博览频道、徽商广播和资讯广播	撤销
2021 年 9 月 28 日	四川广播电视台国际频道	撤销
2021 年 9 月 28 日	重庆广播电视台生活资讯频道、文艺广播	撤销
2021 年 9 月 28 日	兰州广播电视台综艺体育频道	撤销
2021 年 9 月 28 日	玉林广播电视台知识频道	撤销
2021 年 9 月 28 日	厦门广播电视台全心购物频道	撤销
2021 年 9 月 28 日	深圳广播电视台 DV 生活频道	撤销
2021 年 12 月 31 日	贵阳广播电视台法制频道	停播并撤销
2021 年 12 月 31 日	广西广播电视台公共频道、科教频道和旅游广播	停播
2022 年 1 月 1 日	大连广播电视台公共频道和财经频道	撤销

表 5-2   2021 年 1 月至 2022 年 1 月国内报刊媒体的调整情况

时间	媒体	调整情况
2021 年 1 月 1 日	《新京报》	改为周五刊
2021 年 1 月 1 日	《广元晚报》	休刊
2021 年 1 月 1 日	《德阳晚报》	停刊
2021 年 1 月 1 日	《内江晚报》	停刊
2021 年 1 月 1 日	《遵义晚报》	转为数字报
2021 年 1 月 1 日	《皖北晨报》	休刊
2021 年 1 月 1 日	《皖东晨报》	停刊
2021 年 1 月 1 日	《益阳城市报》	停刊
2021 年 1 月 1 日	《东莞时报》	更名
2021 年 1 月 1 日	《漯河晚报》	停刊
2021 年 1 月 1 日	《都市资讯报》	停刊
2021 年 1 月 1 日	《遂宁广播电视报》	休刊
2021 年 1 月 1 日	《都市消费晨报》	由日报调整为周刊
2022 年 1 月 1 日	《河北科技报》	休刊 6 个月
2022 年 1 月 1 日	《洛阳商报》	休刊 6 个月
2022 年 1 月 1 日	《南方法治报》	休刊
2022 年 1 月 1 日	《贵阳晚报》	转为数字报
2022 年 1 月 1 日	《宜宾晚报》	停刊
2022 年 1 月 1 日	《巴中晚报》	休刊
2022 年 1 月 1 日	《北海晚报》	休刊
2022 年 1 月 1 日	《合肥广播电视报》停刊	
2022 年 1 月 1 日	《温州广播电视新壹周》休刊	
2022 年 1 月 1 日	《无锡新周刊》	休刊

　　近年来,每年元旦这一时间节点基本成为报刊、广电运行的"休止符"。不论是停刊或休刊转至数字版,还是停播或撤销转至移动端,这些都是传统媒体机构调整的结果。这些调整基本出于优化资源配置的考量,希望能够防止传统媒体低效无效产能、同质化过剩供给等问题,促进资源整合、机构

及人员设置优化。

用媒体深化融合视角来看,未来,传统媒体关停并转的趋势将长期存在。主流媒体需要通过结构调整进行体制机制改革,以实现高质量发展。如果传统媒体过于守旧,阻碍了改革红利和聚合效能的释放,就可能影响传媒行业的供给侧结构性改革。

(九)合理审视技术赋能,警惕概念炒作与过度应用

2021 年被称为元宇宙元年,"元宇宙"成为年度技术热词。"元宇宙"是源自科幻小说《雪崩》中的概念,被逐渐应用到互联网行业,成为新兴技术应用并逐步与传媒行业相关联。2021 年 10 月,Facebook 更名为 Meta,元宇宙在技术、网络、产业等领域受到广泛关注。传媒行业中以互联网公司大力布局元宇宙为主,字节跳动、腾讯、网易、爱奇艺等通过视听应用、场景开发、产业布局及股权投资等积极布局元宇宙。2021 年 11 月,湖南广电芒果超媒搭建芒果"元宇宙"平台,面向未来传播生态布局新兴产业。

元宇宙作为以多元技术手段融合发展的新技术,主要是以新型虚拟现实、加强型沉浸场景为特征的网络应用或社会形态。面对以元宇宙为代表的新技术、新概念、新业态,元宇宙与媒体融合的未来将成为新热点,传媒行业需要审慎客观地面对。当前的新闻传播领域,虽然技术的作用持续深入,但也需要合理审视,科学利用技术而非技术至上。对新闻实践而言,数字技术并没有创造太多新的应用场景,新闻业主是在持续消化以往技术创新的成果。目前元宇宙技术水平仍处在初级萌芽阶段,应该以传媒行业和媒体融合现状作为出发点,警惕概念炒作、技术至上和过度应用,找到媒体融合与元宇宙的契合点。在乐观看待元宇宙等技术驱动媒体融合、形态创新、沉浸体验、广泛连接、系统进化的未来图景时,应时刻规避传媒应用中的技术伦理、应用失衡与产业风险。

(十)行业乱象层出不穷,网络空间治理任务依然艰巨

随着网络传播成为传媒行业的主要场域,数据流通、网络应用、流量经济、直播经济、"饭圈"文化等逐渐兴起,网络空间也出现了大量治理难题。

2021 年,粉丝为选秀明星打榜的"倒牛奶"事件引发了舆论的强烈谴责。同时,"饭圈"存在在网络空间上的互撕谩骂、刷量控评、网络暴力、大额消费等不良行为,为了解决这些问题,中央网信办下发了《关于进一步加强"饭圈"乱象治理的通知》,开展了"清朗"专项行动。中央宣传部也印发了《关于开展文娱领域综合治理工作的通知》。此外,国家各部门也先后发布了关于文艺节目、演出经济、娱乐明星规范等一系列政策。这些政策通过重拳出击、系统化治理的方式,致力于解决粉丝经济和"饭圈"乱象问题。

未来,我们需要不断落实相关政策,通过相关措施巩固治理成果,推进治理常态化。只有这样,才能有效地维护网络空间的秩序,保障公众的合法权益。

与此同时,技术、资本和市场需求催生了直播经济的蓬勃发展,但直播经济也带来了诸多问题。2021 年某网络头部主播偷逃税款案引发了直播行业大整顿。2021 年国家相关部门也陆续出台了《关于加强网络直播规范管理工作的指导意见》《网络直播营销管理办法(试行)》《网络表演经纪机构管理办法》等直播带货、直播经济相关制度。同时进一步加强了网络商业平台的系统化管理,国家相关部门也出台了关于平台信息管理主体责任、网络用户账号名称信息管理、网络短视频内容审核、网络信息服务算法综合治理等多部行业规范制度,从立体化、多维度的视角加强了对网络空间中传播主体、内容生态、产业模式的规范治理。网络技术发展与网络应用创新必定会催生新形态、新业态与新产业,同样也会带来网络空间治理的新问题,网络空间治理任重道远,未来网络空间治理需要进一步增强前瞻性、系统性和全局性。

(十一)风险社会复杂多变,媒体应急传播体系亟待健全

2021 年 7 月,河南多地突发暴雨,受灾严重。在抗灾自救过程中,新媒体技术、在线文档等网络应用发挥了重要作用。网友以腾讯文档形式自发建立的"待救援人员信息"被迅速传播,这份"救命文档"通过社交媒体渠道被迅速传播,越来越多的人因在文档中发布的求助信息而获救。

突发公共事件中在线文档的特点是用户自发传播、可多人实时同步更新与传播,主要以人际传播的模式进行扩散。同样是在社交媒体中,微博持续发挥了高效传播和社会动员的能力,河南暴雨期间每日最热门话题都与暴雨洪灾相关,多话题的聚合能够为群众提供多角度的救灾信息。社交媒

体在突发公共事件中发挥的作用不容忽视,但社交媒体中网络谣言丛生、信息参差不齐,特别是事件关键信息信源的真实性和权威性有待检验,这会对救援行动造成一定时滞和阻碍。

相对社交媒体而言,主流媒体提供的信息具有权威性、准确性的优势。但在风险社会、信息社会交织下,许多突发公共事件往往在社交媒体第一时间传播,主流媒体相对被动。特别是近年来突发公共事件频发,主流媒体的应急能力不足与应急体系不完善,这为媒体融合的纵深发展带来了不利影响。针对突发公共事件,主流媒体如何及时、系统、安全地应对,以媒体社会责任与公共服务推进应急管理现代化,将是媒体融合不容忽视的问题。对于媒体融合而言,可将在线文档模式融入官方应急预案,建构集权威及时信息发布、应急广播公共服务、舆情预警防范机制、应急处置媒介素养等于一体的应急传播体系,将应急传播体系纳入全媒体传播体系,提升媒介化治理水平,增强风险防范能力。

二、媒体融合问题的原因分析

媒体融合是一个复杂的过程,其中存在诸多问题。为了更好地理解这些问题,我们需要从融合发展的宏观视角出发,审视这些问题。同时,我们还需要从不同媒体形态的个性特征对其进行把握,横向考虑融合发展推进的程度,纵向把握政策、技术、资本等因素的影响。只有这样,才能对这些问题的原因作出科学的认识和把握。

(一)媒体内容形态融合与媒体组织融合、理念融合、文化融合存在错层

从媒体内容形态的角度来看,相同形态的媒体进行融合生产会更加容易。然而,传统媒体的运营机制仍然会对其运营产生影响。相比之下,商业化视频网站表现出更高的市场反应和运营效率。

在电视台和视频网站的视听内容产品融合生产方面,实现起来相对容易。深入融合可能会遇到组织结构、运营理念、企业文化等问题。这些差异可能导致从业者的不同生产状态。

要实现媒体融合,需要克服这些问题。传统媒体需要转型升级,改变落

后的运营机制,以适应市场的需求。电视台和视频网站需要加强协作,共享资源,提高运营效率。同时,还需要加强组织结构、运营理念、企业文化等方面的协调,使得媒体融合能够更加深入地实现。

(二)生产者边界被打破,但与之相适应的生产模式、经济模式难成主流

随着媒体融合的发展,内容生产与其他环节的联系变得更加紧密,生产者的边界也被打破,生产格局处于重构之中。然而,融合发展需要统筹社会效益与经济效益,并在可管可控的前提下积极推进。这意味着,媒体融合需要在实现经济效益的同时,也要考虑社会效益,同时保持可控可管的状态。

在内容融合发展中,一些生产方式的创新逻辑符合传媒市场的需求,但并未达到此战略意识,难以成为主流。这是内容融合发展的阻力之一。因此,需要加强对内容融合发展的战略规划,从整体上考虑媒体融合的发展方向和目标。

(三)数字技术应用困境

在媒体融合发展过程中,受多方面因素的制约和影响,包括体制、政策、技术等。传统媒体和新兴媒体的产业创新布局不同,传统媒体容易陷入"大而全"的误区,无法转化为市场竞争力。同时,技术创新需要付出大量努力转化为盈利模式创新。特别是在政策、体制、资本等多方面的制约下,不同生产者的差异也会导致生产格局的不对称。

另外,传媒体制改革也是多重利益复杂博弈的集中体现。对媒体融合发展趋势与方向的把握仅仅是体制改革的原则,而改革的具体深度和效果还需要在实践中得到验证。因此,在实践中,需要注重理论和实践相结合,不断探索新的发展路径和模式,以适应不断变化的市场需求和产业环境。

(四)媒体渠道融合发展的主要推动力来自政策层面

政策对于传统媒体与新兴媒体的融合发展具有重要的作用,但并不是所有政策都能取得预期效果。在渠道融合过程中,存在多种类型的阻力,例如技术、产业结构、文化、经济等多个方面的因素。因此,不能简单地将问题归因于政策推动,而应从多个角度审视融合发展的问题,并采取有针对性的措施。

例如,在技术方面,需要提升技术水平,加强技术研发,推动技术创新,以满足不断变化的市场需求。在产业结构方面,需要调整产业结构,推动传统媒体向新兴媒体转型,促进传统媒体与新兴媒体的融合发展。在文化方面,需要加强文化自信,推动中华优秀传统文化的国际传播,打造具有中国特色的媒体品牌。在经济方面,需要鼓励企业创新和发展,提高市场竞争力,促进媒体产业的可持续发展。

(五)在意识层面,传媒体制改革存在对立性的矛盾

总体来说,传媒体制改革面临的问题不仅包括政策、技术、内容生产等方面的制约,更涉及各方利益的复杂博弈。传统媒体和新兴媒体之间的竞争与合作,传媒体制内部的改革与革新,传播渠道与受众需求的变化等方面的交织,都构成了当前媒体融合发展中的瓶颈。因此,传媒体制改革需要综合考虑各方面的因素,以推动媒体融合发展,实现传媒产业高质量发展,促进社会进步与文化繁荣。

(六)媒体政策的制定、执行与行业反应存在不对称现象

以上分析较为深刻,传媒产业发展过程中的各种问题,既有技术、资本、运营等市场因素的作用,也离不开传媒体制、政策的影响。在当前的数字化时代,传媒融合是发展的大趋势,但是融合发展的过程中还面临着多重难题,需要全面深入地研究和探讨,从而寻找突破的方式和途径。同时,我们也需要注意到,政策制定和推行不是一帆风顺的,要尊重市场规律,科学有效地引导传媒行业的发展,让各种力量在良性互动中共同推动传媒融合发展进程。

三、媒体融合发展的路径创新探讨

媒体融合是传媒生态重构的关键,是构建科学、合理、高效的现代传播体系所必须的基础。经过对媒体融合问题及原因的分析,我们对媒体融合的发展方向有了比较科学的认识。在此基础上,我们从以下几方面出发,探讨加快推进中国传统媒体与新兴媒体融合发展的路径创新。

(一)优化顶层设计,引领传统媒体和新兴媒体深度融合发展

总的来说,优化顶层设计,引领传统媒体和新兴媒体深度融合发展的主

要目标是提升主流媒体话语权、占领信息制高点、壮大主流思想舆论,加快推进中国传统媒体与新兴媒体融合发展的路径创新应该从以下五个方面入手。

(1)创新思维模式。需要在理念、思路、观念等方面进行创新,坚持创新、协同、发展的理念,不断挖掘融合发展的新动力,促进传媒企业的转型升级和创新发展。

(2)加强顶层设计。政府应该以媒体融合发展为主线,优化顶层设计,推出有利于媒体融合发展的政策,加强对媒体融合发展的引导和规范,促进传媒市场的健康发展。

(3)加强技术应用。在媒体融合发展过程中,技术应用是非常重要的一环,需要加强对新兴技术的研发和应用,为媒体融合提供更加完善、高效的技术支持。

(4)提高主流媒体话语权。需要积极引导媒体融合发展的方向,提高主流媒体在内容生产、传播、引导等方面的话语权和影响力,维护主流思想舆论的安全和稳定,促进媒体融合发展的健康有序。

(5)加强跨界合作。传统媒体与新兴媒体之间需要加强合作,共同推进媒体融合发展。同时,媒体企业也需要加强与其他行业的合作,拓展业务领域,实现多元化发展。

综上所述,加快推进中国传统媒体与新兴媒体融合发展的路径创新需要政府、媒体企业、从业者、科技人员等各方共同努力,积极引领媒体融合发展方向,打破传统媒体与新兴媒体之间的壁垒,实现媒体融合发展的高质量、有序、健康发展。

(二)基于媒体融合发展要求,重构内容生产流程

重构内容生产流程是媒体融合发展过程中必不可少的一步,通过以大数据智能分析为基础、面向立体化传播的需要,使不同生产任务和环节具体化、模块化,能够实现更加高效、精准、智能的内容生产和传播。但需要注意的是,生产流程的重构不能一概而论,必须根据不同媒体的运营逻辑展开,并且要基于融合发展的要求,重构适合自身的内容生产流程,不能简单地模仿其他媒体的做法。因此,在重构生产流程的过程中,需要深入分析媒体融合的要求,充分考虑不同媒体的特点和需求,注重个性化和差异化的处理,以实现更加精准、高效的内容生产和传播。

(三)在渠道与内容的良性互动中加速媒体平台化发展

促进传统媒体与新兴媒体的融合发展,需要借鉴对方的长处,实现良性互动,以创造更好的渠道平台化条件。通过推动内容生态的繁荣,不同内容之间的对话和碰撞有助于平台化过程的进一步优化。对于掌握内容优势的传统媒体,建立起完整的双边市场盈利模式,将有助于完成在互联网时代的平台化转型,把握渠道转型的机遇,扬长避短,促进渠道平台化的发展。

(四)面向市场转型、直击用户痛点的跨界媒体运营方式

跨界运营确实是渠道发展的趋势,而且可以为用户提供更多方便和价值,但需要注意的是,跨界运营需要基于对用户需求的深入了解,否则可能会出现"盲目跨界"而得不偿失。此外,跨界运营也需要考虑平衡不同业务之间的利益和风险,以及对现有业务的影响。综合来看,跨界运营的成功需要以用户需求为导向,谨慎处理各种利益关系,保证跨界业务与现有业务的协调发展。

跨界运营是渠道发展的趋势之一,但要取得预期效果,需要深入了解用户需求。一种成功的跨界运营案例是,利用渠道资源对自家电商平台进行宣传,降低成本,同时掌控产品供应链。此外,传媒可以利用媒介优势解决社会生活资源和公共服务体系不足的问题,从而转型为综合生活媒介。这种跨界运营方式为用户提供方便,激发渠道作用和潜能,为传媒带来新的机遇和挑战。

(五)在媒体深度融合中创新产业运营思维,提升媒体发展 战略水平

调研发现,许多媒体的产业创新仍受限于传统思维和格局,重复性建设会加剧过剩现象。在移动时代推进融合发展时,需要采用新的产业运营思维。创新盈利模式,注入"商业基因"和"技术基因"以提高内部机制,把握深度融合过程中的内在变化,如依赖用户发展等,为从更高战略水平提升运营思维创造条件。

(六)面向细分垂直方向深挖媒体产业扩展空间

百度、阿里巴巴、腾讯等互联网企业已经基本完成了对多种形态信息传

播平台生态的构建。虽然面向平台转化的创新存在着很大阻力,但是平台生态的影响力在许多细分垂直领域仍然相对有限,因此存在较大的创新空间。细分垂直创新更便于切实解决用户痛点问题、扩大市场规模并丰富产业形态。在执行层面,整合路径基于"新木桶效应",即将自身的"木桶"解构并与其他企业合作,共同构建更大的"木桶",把焦点放在最擅长领域,凸显主体的竞争优势。细分垂直的产业空间挖掘,需要充分发挥自身"长板"优势,迅速将优质资源转化为市场竞争力。

(七)推动媒体改革与创新的势能,用发展解决存在的问题

传媒体制改革是中国当前重要任务之一,涉及制度的转型、重建与新建问题。尽管制约传媒体制改革的因素很多,但整体改革的势能已经形成,问题的解决只是时间与方式的问题。在媒体融合的规律与要求下,需要进一步推动改革与创新,克服阻碍因素,解决体制创新问题。

(八)根据媒体深度融合发展要求,加快调整创新媒体体制改革

媒体运营的逻辑已超越了传统管理体制的出发点,这对体制改革提出了新的要求。中国传统媒体管理基于行政逻辑的分业管理,虽经过多轮改革,但这一基础并未得到根本改变。在媒介融合的背景下,传统分业规制将在分层规制的基础上转化为分类规制,打破传统分业管理方式的格局。分类规制可以实现不同层级对不同类别市场的一致性规制,解决规制不确定性问题。新闻出版与广播电视的深度融合可以打破分散、分割管理弊端和瓶颈,形成发展合力,提升内容和产品的价值链延伸能力。媒体融合进程不断深入,体制改革思路需要不断调整和创新。

总的来说,媒体融合发展已经成为传媒业界的重要议题。虽然面临一些挑战和困难,但是也在实践中积累了很多经验。媒体运营者需要转变思维,树立创新和再创业的意识,以全新的理念看待传媒与传播。媒体融合生态正在向移动平台转移,这也带来了新的技术挑战和变革。为了适应传媒业态的需求,需要持续创新,并保障良好的管理机制和政策法规,以跟上行业发展趋势。媒体融合发展需要媒体管理部门、媒体内部管理者和从业人员的共同努力和扎实推进,加快推进中国传统媒体和新兴媒体的深度融合发展,构建现代化、立体化的国家传播体系。

第三节　新媒体传播模式创新

一、传播者的创新

（一）受众成为新媒体的传播者

新媒体的最大特点是互动性，这也是新媒体定义的共识。与传统媒体不同，新媒体的出现改变了以往传播者对新媒体内容的控制，让越来越多的受众从被动接受信息转变为能主动传播和加工信息，参与信息的传递。对新媒体受众来说，他们能够自主选择信息，转变原有的传播模式。新媒体的主动性能够代替一部分的信息传播功能。此外，新媒体的信息传播也不再仅仅依靠专业机构进行信息的生产。

（二）新媒体传播组织的形成

除了受众能够加入新媒体传播工作，还出现了新的信息传播者，为信息传播与发展提供了新的动力和潜在力量。在社会发展中，很多企业和事业单位都具备信息传播的潜在力量，在动力的趋势下，这些企业也能够实现对信息的传播，并将信息传播的潜在力量转变为新媒体。例如，交通运输部可以通过开发公交、船只等形成新媒体，电影院也能在电影播放期间播放广告，这些都是企业进行信息传播的过程，为信息传播与发展提供了新的机遇和动力。

二、传播内容的创新

随着新媒体的不断发展，其传播内容也在不断创新，媒体体验成为媒体内容的一种新形式，如手机蓝牙、液晶触摸屏等。借助这些新技术，受众能够在接收信号的过程中与媒体或传播者进行互动，并获得定制化的服务，提升受众对新媒体传播内容的好感度。在互动中，新媒体能够提供与传统传播方式不同的感受，让受众反复对信息进行确认，甚至能通过简单的流程图实现互动交流,具有简明的体验感,更加关注受众主体的感受,充分发挥媒体的传播优势。

传统的新媒体传播方式是在保留原有传播内容的基础上对媒体内容进行转移,形成新媒体,例如,电影能通过贴片的方式进行广告投放,并实现对信息的经营,成立影视公司并在院线进行上映,成为院线企业争相推广的新媒体。植入广告是这一传播方式的代表,在影视和游戏领域中广告植入的方式已成为常见现象。好的广告看上去像是电影的一部分,同时,广告的植入能有效提升影视作品的经济效益。

三、传播渠道的创新

新媒体的传播空间不断创新,能够挖掘传统媒体无法覆盖的死角,并寻找与受众的接触点,实现信息的广泛传播。例如,超市卖场网络的形成,每个进入超市的消费者都需要观看电视节目,利用超市人流量大的特点,该媒体的传播方式得到推广。新媒体的渠道广泛,消费小票、购物袋印刷、餐饮行业卫生纸包装上的印刷等都可以实现信息的传播,将信息放置于新的信息接触空间,让更多的受众看到信息,了解媒体的传播,这就是信息的体现。在半封闭的空间中进行媒体传播是较为有效的传播方式,公交车、卫生间、火车等地点的受众较多,接触时间较长,企业可以充分利用受众的注意力价值,在地铁、等候大厅等位置进行新媒体的宣传。新媒体渠道的创新还体现在传播工具的变化上,新的传播方式是新媒体发展的重要环节之一,部分学者将新技术引入新媒体中,应用新设备为新媒体信息的传播提供更充足的条件。当前社会中数字化技术广泛应用到社会发展过程中,成为新媒体发展的主要阵营,技术的融入与转变能在新媒体内部实现技术的变革,转变媒体的传播形态。

对于媒体内部而言,媒体数字化主要体现在办公数字化和媒体效率提升上。而对于媒体形态而言,新媒体能够转变传统媒体基于受众的传播方式,通过电子杂志、互联网媒体等方式传播传统媒体所需要传播的内容,是传播技术优化的体现。各种电子传播方式的出现让传统媒体的传播方式更加便利,也能大大改变传统媒体能动性较差等现象。

新技术的产生推动了新媒体的发展,这种形式被很多学者视为新媒体的狭义定义,比较容易理解。从受众角度来看,新媒体的定义包括信息设备的变化,如计算机、移动多媒体设备等。这种新媒体形式可以开发传统媒体内容,例如,在音视频传播的同时形成虚拟社区等内容,通过 LED 显示屏将游戏与广告内容相结合。

四、传播受众的创新

当前,新媒体改革的核心是对受众进行细分。传统媒体注重频道的专业化,以在激烈的媒体竞争中寻找突破口。例如,CCTV 推出付费电视频道,让排斥广告的高端用户摆脱了众多广告的打扰,以观众付费的方式进行经营,形成了新媒体。受众市场已在传统媒体的参与下形成相对稳定的媒体格局。新媒体可以在其中寻找渗透点,根据观众的实际需求不断发展,提高了新媒体的精准性,并促进了新媒体的不断发展。这种经营方式让新媒体更加灵活。

第六章
新媒体传播过程中的问题探析

第一节　新媒体传播中的问题概述

新媒体技术对我国信息技术的传播、人们之间的交流和沟通产生了深远的影响，使人们的交流和沟通更加便捷。然而，在新媒体技术应用和实施的过程中，也遇到了一系列问题，这些问题给人们的生活带来了不利的影响，形成了一定的社会负能量。需要进一步解决这些问题，以更好地发挥新媒体技术的作用。

一、传播内容虚假

新媒体的开放性非常高，每个人都可以在上面发布信息和数据。然而，由于信息传播的复杂性，存在大量虚假信息。例如，研究者调查发现，微信公众平台上大多数文章提供虚假和诈骗信息，类似的报道和文章也很多。如果公民无法辨别文章的真实程度，将会对他们本身造成严重危害。此外，为了吸引更多的公众浏览，很多文章会采取夸张的手法进行编辑处理，甚至扭曲事实，导致舆论传播。

二、公信力下降

新媒体平台发布的信息和数据混乱，难以分辨真假。很多从业者在发布和传播消息的同时,故意夸大事件过程或进行夸张评判。公众在获取信息和数据的过程中,往往不会去调查或明确事件的来源,这会误导社会公众并对公众日常生活带来负面影响。例如,网络上常常出现以政府名义发布的信息和数据,但大多数信息和数据并不是来源于政府。因此,在获取和传播信息和数据时,应该深入调查明确来源,以确保信息的真实性和准确性。

三、信息内容不规范

新媒体作为信息传播平台,会对公众的价值观和人生观产生影响。但由于不良信息的存在,很多人无法正确辨别信息的真伪,导致被误导和煽动。长期接触负能量信息会让公众失去社会责任感,情绪更加负面,整个社会变得消极和浮躁。因此,我们必须重视新媒体信息的准确性和良性传播,保障公众的利益。

四、新媒体平台缺少监督体系

随着时间的推移,新媒体已逐步渗透到人们的日常生活和工作中,对于新媒体平台的监管和制度体系的建立成为迫切的需求。在我国,尚未建立起完善的约束和监督新媒体平台的制度体系,这可能导致新媒体在发展过程中出现一系列问题。

其中一个突出问题是版权保护。版权是法律授予作者对其创作产品的专利权,然而,网络是一个虚拟的世界,许多人倾向于匿名发布言论和想法,这使得在现实生活中很难找到真正的作者,进而无法维护自己的权益和利益。此外,一些人出于抄袭、复制和转载他人成果的目的,可能使用虚假身份注册账户,给版权保护带来困难。如果没有相应的监督和制度约束,这种情况将阻碍和制约新媒体自身的发展和进步。

因此,我们急需建立一套完整的监督和制度体系,以规范新媒体平台的运作。这样的体系可以包括版权保护机制、用户身份验证机制、信息审核机制等,以确保内容的合法性、真实性和可信度。同时,监管部门需要积极参与,制定相关政策和法规,加强对新媒体平台的监督和执法力度,维护公众利益和社会秩序。

五、专业型人才匮乏

近年来,新媒体传播方式的兴起带来了许多挑战和不足之处,主要原因在于我国缺乏专业型人才。为了满足时代的需求,新媒体工作人员需要具备高水平的技术和操作技能,并将相关专业知识应用于实践中。在新媒体传播的高效发展过程中,工作人员需要具备复合能力,以创造全新的新闻热点,促进我国信息和数据的浏览和查阅。

然而,目前从事新媒体工作的人员在专业素养和综合能力方面存在较大不足,缺乏相关培训和学习的机会,直接从事工作。在工作中,他们难以明确自己的工作范围和内容,容易出现错误,从而影响工作效率和质量。此外,他们也难以按照上级领导的要求和标准开展工作,无法达到预期的效果和目标。

因此,我们需要加强新媒体人才的培养,提高工作人员的专业素养和综合能力,以推动新媒体传播方式的健康发展。

六、舆论导向存在偏差

新媒体作为信息传播的媒介,其算法推荐系统能够根据公众的喜好传播相关信息,对社会公众的主流思想和价值观念产生一定的引导作用。例如,在微博等平台上,一些用户对信息的辨别能力较差,容易相信微博传播的信息。同时,一些新媒体从业人员放大了舆论信息,引发消极情绪,导致社会群体陷入消极情绪中,让公众借助微博等平台发泄负面情绪,降低社会责任感,不利于和谐社会的建设。

因此,我们需要警惕新媒体对公众思想和价值观念的影响,并加强信息辨别和判断能力。公众应该具备辨别虚假和误导性信息的能力,避免被错误引导。此外,新媒体从业人员也应该增强社会责任感,尽量传播真实、客观、有价值的信息,促进社会正能量的传播。

第二节　新媒体传播中的伦理困境

在新媒体传播的发展和应用过程中,存在一系列问题和困境。因此,需要积极探索和建立新的伦理价值观,制定相应的法律法规,以平衡新媒体传播的积极影响和其所带来的负面影响,保障社会的稳定和发展。

一、网络谣言

(一)网络谣言概述

新媒体传播具有共享性、去中心化、时效性、互动性和匿名性等特点,这些特点与谣言传播的特点吻合,因此网络谣言成为新媒体与谣言结合发展的产物。网络谣言是指通过网络媒介制造并广泛传播缺乏事实根据的带攻击性、目的性的言论,主要涉及突发事件、公共领域、政治人物、颠覆传统、离经叛道等内容。

网络谣言传播具有突发性和快速性,并且难以鉴别真假,容易引发严重社会问题,扰乱社会秩序,甚至引发社会动荡。为了应对这一问题,许多国家将打击网络谣言作为谣言治理的重要内容,呼吁广大网民自觉抵制网络谣言,做到不造谣、不信谣、不传谣。

新媒体使网络谣言具有了传播速度快、传播范围广、传播途径多样化和主体身份隐蔽性等特点。网络谣言借助互联网新媒体传播,其速度比以往的口头、信件、电话传播更快,可以在几分钟内在全球范围内传播。随着网络用户数量和互联网新媒体的普及,网络谣言呈裂变式传播,无论身在何地,只要有网络信号,谣言就能被推送到手机上。网络谣言通过各种形式传播,如语音、文字、图片、视频、动画和电影剪辑等,传播渠道丰富多样,监控和打击变得更困难。此外,传播主体身份隐蔽,网络空间虚拟性是对网民身份的庇护,使得传播主体敢于在网络上随意发表言论,忽略道德和社会伦理准则。因此打击网络谣言是重要的谣言治理内容。

网络谣言的目的可以归纳为三类：一是，经济利益驱动，以谋求非法回报为目的；二是，以娱乐恶搞为目的，满足公众对于热点事件、明星、公众人物等的好奇心；三是，以满足从众心理为目的，发布谣言以引起共鸣并参与某个团体。网络谣言的传播有着快速、广泛、多样化、主体身份隐蔽、目的繁杂等特点，造成了不良影响，扰乱了社会秩序。在互联网发展的过程中，加强对网络谣言的管理，减少网络谣言的传播，是重要的工作之一。

（二）网络谣言产生的原因

目前的分析认为，民众对网络谣言的危害缺乏正确认识，防范意识薄弱是网络谣言产生的原因之一。因此，要有效地开展治理工作，必须树立正确的指导思想。要治理好网络谣言，首要任务是必须充分认识到其危害性，时刻保持警惕，将网络谣言消灭于萌发阶段，最大限度地降低网络谣言的危害。

1. 对网络谣言危害的认识不足

人们对网络谣言的危害尚未有足够的认识，认为网络谣言只是在网上流传，对线下不会造成多大影响，掀不起多少波澜。这种陈旧的观念容易让管理者在网络谣言治理中放松警惕，错失先机，无法在网络谣言发展的初期将其制止。

2. 权威或辟谣信息发布不及时

在网络谣言传播的过程中，真相是破除谣言的有力武器。但是，如果权威或辟谣信息缺失，就会为谣言的产生和传播提供时间和空间上的可能。如果权威部门不能在第一时间公布事件真相，网络上就会出现大量未经证实的谣言，误导公众，造成极大的负面影响。因此，权威部门需要更加重视信息的公开和透明，及时发布真相和辟谣信息，以破除谣言，保护公众利益。同时，公众也需要提高信息素养，增强辨别谣言的能力，不要盲目相信未经证实的信息，以免被谣言误导。

3. 相关法律缺位

尽管国家出台了相关法律法规进行管理，但网络谣言仍屡禁不止。一方面，法律规定本身的原则性以及谣言与一般言论、不实言论的法律界定不清晰,使得执法难度较大。另一方面,某些法律规定在具体的司法实践中操作性不强,导致法律适用的社会效果不佳。因此,在制定和实施相关法律法规时,应该更加注重实际操作性,加强法律界定的准确性和可操作性,以更有效地管理网络谣言。同时,还需要加强执法力度,对发布网络谣言的行为进行严格打击,维护公众的合法权益和社会公正。

(三)网络谣言的危害

网络谣言的危害不仅仅局限于上述几个方面,还包括以下四点。

1. 扰乱社会秩序,造成社会动荡

网络谣言在传播过程中,往往会带有一定的攻击性、挑衅性,甚至会引发对某些人、事、物的仇视情绪,这种情绪的积聚有可能在某些时候爆发,造成社会动荡。

2. 破坏人际关系,引起恐慌

网络谣言不仅会误导公众,也会让人际关系变得紧张,产生误解和争执,影响人们的情绪和生活。特别是在一些重大突发事件发生时,网络谣言可能会引起社会恐慌,让公众失去理智。

3. 妨碍舆论监督和言论自由

网络谣言的传播不仅妨碍了媒体对事件的客观报道,也会让政府对事件的回应变得犹豫不决,进而削弱了公众对政府的信任度,也损害了言论自由的价值。

4. 造成经济损失

一些网络谣言可能会涉及商业利益,例如对某些企业、品牌的攻击,会对它们的声誉和市场形象造成损害,进而导致经济损失。

因此,为了避免网络谣言的危害,我们需要提高公众的防范意识,建立健全的舆论监督机制,完善相关法律法规,并加强对网络谣言的打击和惩治。同时,我们也需要通过教育等手段,提高公众对网络谣言的辨别能力,让人们在获取信息时更加理性、客观和负责任。

二、网络暴力

(一)网络暴力概述

网络暴力是在互联网空间内发生的一系列行为,通过言论、图片、文字、视频等形式,以攻击、谩骂、诋毁、曝光他人隐私等方式,直接或间接地侵害他人合法权益并造成身心伤害。网络暴力表现出来的是个人甚至全社会成员责任感、道德感薄弱的问题。其中,最具代表性的网络暴力主要表现为过激的人肉搜索和网络语言暴力。

人肉搜索是指广大网民联合起来运用网络平台对某个人或某事的事实和隐私发起搜索,将结果直接曝光于网上的搜索方式。过激的人肉搜索会损害事件当事人的合法权益。

网络语言暴力则是网络暴力中常见的方式之一,其本质是对社会言论表达自由的一种异化,而言论自由不意味着可以随意表达损害他人权利、伤人自尊的话语。网络语言暴力通过恶毒偏激的言论对特定的人或事进行情绪化攻击,从而造成他人精神上的伤害。由于网络隐身衣的作用,虚拟空间中民众的行为难以受到道德准则规范的约束,再加上个体认为可以轻易逃避责任的心理,这在某种程度上会陷入伦理困境。

(二)网络暴力成因

1. 网络暴力的道德失范

随着新媒体的发展,网络暴力层出不穷。有些网民仅仅为了发泄情绪而对事件进行各种批判,不顾事件的来龙去脉,一味地进行口诛笔伐,甚至编造事情炒作,最终导致惨剧发生。这种现象反映出社会公民道德失范,导致"网络暴民"数量增加,网络暴力事件不断发生。

2. 网络舆论监督与法治建设不健全

网络舆论监督是人民群众通过互联网交流表达意见和建议,对国家政治、经济、文化、教育等方面进行检查、评价和督促。然而,由于监督机制不健全,缺乏必要的严谨性,很难辨别信息的真伪,导致网络舆论监督难度加大。同时,网络法治建设也不完善,缺乏专门的法律法规来应对网络暴力侵权的行为。加之网络评论具有匿名性和群体性,追究网络暴力实施者的责任难上加难。

3.互联网环境的自由开放性

互联网具有自由和开放的特征,网民可以在网络上找到全世界所有自己需要的信息。然而,这种自由开放也成为网民滥用自由的平台,毫无节制地进行网络暴力行为。如果网民不能够自我控制,国家监管不力,网络暴力就会有泛滥的倾向。因此,互联网环境的自由开放也是造成网络暴力的一个重要原因。

(三)网络暴力的影响

1.网络暴力扰乱网络环境

网络暴力事件中,大量网民聚集在一起,发表偏激和暴力的言论,严重扰乱了网络话语生态。网络暴民甚至会公布当事人的隐私信息,给当事人带来心理创伤。这种集体暴力行为不仅影响网民和受害当事人的心理健康,更不利于互联网的健康发展。

2.隐私权被践踏

在互联网时代,隐私侵权问题日益突出,特别是在网络环境下,隐私信息的传播渠道更加宽广,隐私侵权的扩散力强,危害性大,而且还会出现极化和磁化的现象。当隐私信息被公开后,会引起巨大的舆论风暴,不仅侵犯个人的隐私权,也会影响社会和谐发展进程。

3.阻碍社会和谐发展进程

网络暴力是一种非理性行为,误导了社会主义正义观,不利于建设社会主义和谐社会。当网络暴力事件被无限扩大时,暴力因素也必然随之增多,最终就会令暴力事件蔓延到现实世界,这样就必然会使当事人及其家人、朋友受到精神和物质方面的伤害,阻碍社会和谐发展进程。

三、网络色情

(一)网络色情概述

1. 网络色情概述及影响

网络色情是指以互联网为传播载体,主要通过色情文学、图片、游戏、聊天、音视频等方式来传播的,包含具有危害身心健康且缺乏艺术或科学价值的信息。网络色情的出现污染了网络环境,扰乱了网络社会秩序,导致性侵犯、性虐待等犯罪事件的出现,特别对于青少年来说,长期沉迷于网络色情信息会对他们的生理和心理造成摧残。

2. 网络色情的类型

网络色情主要分为网络色情文学、图片、游戏、聊天、音视频等表现方式,这些信息主要以激起使用者性欲为目的,缺乏实质价值,扭曲思想。

3. 网络色情的特点

网络色情具有隐蔽性,色情信息常常先被上传到服务器,再传到互联网,而且传播速度快且影响范围广,不同国家地区对网络色情信息的管理要求不同,且使用网络的人群包含各年龄阶段。此外,网络色情具有危害性,长期沉迷于网络色情信息会对人们的身心健康造成影响,特别是对青少年的影响更为严重。

(二)色情资源在网络上泛滥的原因

网络色情的传播具有两个方面的原因。首先,网络的全球联通性和匿名性使得色情信息能够在网络上进行更广泛的传播。同时,网络法规和伦理规范的缺失也加剧了网络色情信息的传播。虽然中国已经修订了网络禁止传播淫秽、色情等不良信息自律规范,并且《中华人民共和国刑法》也对有艺术价值的文艺作品的色情内容进行了区分,但是网络色情问题依然严重,需要进一步加强网络监管,完善网络法规和伦理规范,以及对具体行为失范主体进行细分和规范。

(三)网络色情的危害

1.网络色情对未成年人的危害

网络色情对未成年人的危害主要表现在四个方面:①影响未成年人的学习,分散其学习精力,导致学习成绩下降,甚至出现辍学等不良行为。②危害未成年人的道德养成,抑制其形成健全的人格,导致其道德观念淡化、性道德弱化与性责任淡化,从而引发严重的社会问题。③危害未成年人的心理健康,网络色情信息中传播的关于性行为、性态度、性道德等内容是畸形的、扭曲的,不利于未成年人建立基于自尊自爱的健康性伦理观,从而对未成年人的行为方式产生了不良影响。④诱发未成年人性违法犯罪行为,导致青少年放荡不羁,过分追求性刺激,从而可能出现性行为失控甚至性犯罪行为。

2.引发其他的犯罪行为

网络色情也是诱发其他犯罪的重要原因,如人口贩卖、强奸、儿童性虐待等,对社会造成极其巨大的危害。长期沉迷于网络色情信息中的人,容易丧失传统的道德观和价值观,从而被引诱走上犯罪的道路。

3.败坏社会道德

网络色情信息的传播,不仅会影响网民的道德价值观,使人们产生变态的心理,也会影响全社会对于道德观的判断。随着网络的普及和网络信息传播速度的加快,网络色情的影响力是非常巨大的,会使意志薄弱的人迷失方向,走向不良的道路。如果不加以遏制,网络色情信息将使全社会处于一种不良的道德环境之中。

四、侵犯知识产权

(一)知识产权概述

作为新媒体,互联网已成为知识传播的重要方式。但是,知识产权易受到他人侵犯,而权利人难以控制。知识产权包括作品;发明、实用新型、外观设计;商标;地理标志;商业秘密;集成电路设计;植物新品种;等等。网络知识产权具有特殊性:①无形性加深,网络知识成果以信息数据形式存在,给知识产权保护带来新挑战;②知识产权的专有性弱化,计算机用户可以在网络中随意获得知识;③地域性降低,知识可以被全球传播;④时间性缩短,知识成果传递速度加快,保护时间减少。由于缺乏保护知识产权的传统和法治建设滞后,网络知识产权侵权事件屡屡发生,形式包括网络主体对网络外社会中知识产权的侵犯、网络主体对网络主体知识产权的侵犯、社会主体对网络主体知识产权的侵犯。

(二)互联网新媒体环境下易于侵犯知识产权的成因

我国采取了一些措施,扩大了保护范围,取消了目的要件,增加了权利对象,以更好地保护网络知识产权。然而,尽管已有大量法律规范,网络知识产权的侵权现象仍然十分严重。主要原因体现在以下两个方面。

1.互联网新媒体环境下传统的价值判断标准失去了规范制约机制

我国社会缺乏对知识产权的权利保护意识,侵犯知识产权的行为在某些群体中被认可。在互联网上,传统的价值判断标准和规范制约机制基本失去了意义,是非观念和善恶标准变得模糊不清。

2.网络环境和知识产权的特殊性使得侵犯知识产权具有新的特点

知识产权具有无形和可复制的特性,而互联网则具有无形和无地域性的特点。这两者的结合使得侵犯知识产权的自然障碍大大降低,使得网络知识产权更容易受到侵犯。同时,侵权行为人的目的也更容易得逞。

因此,我们需要加强对知识产权的保护,提高公众对知识产权的认知,加强法律法规的执行力度,加强打击网络知识产权侵权行为的力度,减少侵权行为的发生。同时,也需要加强技术保障,探索使用技术手段保护知识产权,提高保护效果。

(三)侵犯知识产权的伦理困境

在信息化时代,如何平衡尊重和保护信息网络化中的知识产权与保持信息共享之间的矛盾是一个重要的伦理困境。一方面,互联网的便利性促进了信息的共享和利用,也促进了社会科学研究的进步。在此过程中,信息生产者和传播者的知识产权应该得到保护,以便他们通过销售信息产品收回成本和赚取利润。另一方面,未经作者同意就在互联网上传播其作品是对合法权益主体著作权和出版权的侵犯,损害了合法权益主体的利益。因此,我们需要寻找一种平衡,既保护知识产权,又保持信息共享的通畅。由于网络自身的特点,侵犯知识产权的事件在互联网上更容易发生,且边际成本更低。因此,一些学者认为应该更强有力地保护知识产权,否则将阻碍创作者的创新热情,使新信息无法在网络上流通。然而,也有学者提出相反的看法,认为应该削弱知识产权的保护力度,以促进信息的自由共享和流通,降低全社会的信息生产成本,推动社会进步。在这个问题上,我们需要寻找一种合适的平衡机制,既保护知识产权,又保持信息共享的通畅。这需要加强法律法规的制定和实施,增加对侵犯知识产权行为的打击力度,加强公众对知识产权的认识和尊重。同时,我们也应该采取更加开放的态度,允许一定程度的信息共享,以便推动社会进步和发展。

五、侵犯个人隐私

(一)个人隐私概述

随着互联网应用的普及,人们越来越依赖新媒体,网络安全问题也变得更加突出。恶意程序、钓鱼、欺诈、黑客攻击和个人隐私泄露事件不断增加。个人隐私是私人秘密或生活秘密,包括私人空间、个人居所、日记相册、电话短信等不愿公开的信息,以及情报、资料、数据、财产和健康状况等。然而,随着互联网新媒体的发展,个人隐私在网络中不断被侵扰,而传统的隐私保护方式已经远远不能满足时代的需求。在网络时代下,个人隐私保护呈现以下特点:①个人隐私的数据化,个人信息广泛分布在网络中,通过对网络数据的整合,互联网企业可以掌握个人隐私数据。②个人隐私的商业化,个人隐私数据被二次利用存在市场价值,越来越多的个人数据交易现象出现。③个人隐私换取个性化服务,企业通过对个人数据的分析提供个性化的服务,而这也导致了数据库之间的共享和线上、线下数据的融合。

(二)个人隐私泄露原因

1.我国法律体系的不完善

尽管公安等部门已经严厉打击了个人隐私泄露等违法行为,但这些问题仍然存在。这主要是因为我国的法律体系不够完善,尤其是在个人隐私保护方面缺乏直接的法律保障。在受到侵权后,人们通常采取保护名誉权等方式间接实现,增加了追究侵权的成本。此外,在救济方式的选择上也存在局限性。我国法律更多的是以停止侵害、恢复名誉、消除影响的方式进行,这在解决个人隐私泄露问题方面也存在困难。

2. 用户缺乏个人隐私保护意识

虽然网络应用软件通常都建立了多种保护措施,但个人隐私泄露的问题仍然存在。这主要是因为用户缺乏安全意识,不了解相关的安全设置,也不知道如何使用这些软件的保护功能。另一方面,许多用户在使用相关软件时缺乏保护意识,给不法分子以可乘之机,导致个人隐私泄露。

3. 社会中个人隐私保护环境氛围的影响

良好的社会氛围是保护个人隐私的重要举措,但目前我国个人隐私保护的社会氛围还不够高。相关部门对个人隐私保护的宣传力度不足,没有形成常态化的宣传,无法净化个人隐私保护环境。企业在保护用户信息和树立良好社会形象之间面临利益冲突。一些企业为了获得经济利益而侵犯用户的合法权益。此外,社会公德意识的降低导致个人隐私保护文化氛围不高。在市场经济环境下,为了追求经济利益,企业和用户都会参与侵犯个人隐私的行为,加剧了社会对个人隐私信息保护风险。

(三)泄露个人隐私的伦理困境

随着信息技术的飞速发展,社交网络如微博、微信等得以广泛发展,为人们之间的交流提供了更便利的途径,同时也最大化了社会信息资源的利用空间。然而,这些网络社交平台上聚集了广泛的用户个人信息,保护个人隐私成了一项基本的社会伦理要求和文明进步的标志。在网络时代下,社交平台为了达到某种目的,往往需要在个人信息泄露和隐私保护之间作出艰难的道德选择。

第三节　媒体舆论对司法审判的影响

随着互联网和新媒体的快速发展,信息传播范围和速度前所未有地增强,为言论自由和司法独立的发展带来了新的机遇和挑战。尽管新媒体在传播真相、曝光不公方面发挥了重要作用,但同时也存在一些不良现象,如虚假信息传播、侵犯隐私、侮辱他人等。此外,新媒体对司法独立的干预和舆论审判的现象也在不断出现。解决这些问题需要公众、主流媒体和司法机关共同努力,彼此相互配合、协同发力。公众要在新媒体平台上正确表达意见,主流媒体则应引导公众理性发言,而司法机关则要保持冷静、理性,不受舆论干扰,防范不良言论对司法公正的影响。在这个过程中,需要充分重视舆论监督的作用,但同时也要避免过度干预,确保新闻自由和公民知情权得到保护。

一、新媒体时代司法审判的独立性

我们生活在信息化时代,新媒体已经渗透到我们的日常生活中,司法领域也不例外。新媒体的兴起使公民不再是被动接受信息的主体,而成为国家大事、政治新闻以及司法审判的参与者。然而,新媒体的传播具有导向意义,易被一些"有心之人"利用并引导,掀起了网络舆论的热潮,对司法独立、司法公正和司法权威产生影响。一些热门案件在新媒体上引发了广泛的讨论,但当公民心中的道德衡量标准与法官运用法律思维推理出来的审判结果产生矛盾时,往往使人们产生"司法不公"的错觉。这种舆论压力对司法独立产生冲击,法官需要在平衡媒体舆论与司法独立之间寻找平衡。在法制民主化和言论自由权的背景下,如何处理好司法独立和新媒体带来的舆论压力之间的关系,成为司法审判所面临的困境。

二、新媒体传播中网络舆论形成的过程

在信息化时代,新媒体已经深入到我们生活的各个领域,改变着我们的

生活方式。微信、微博等媒介平台,使公民可以迅速地发表评论,参与、感知最新信息的传播。网络舆论的形成源于公共事件的信息刺激,而这些刺激与公众的价值观念、历史记忆、物质利益、心理因素等碰撞,便会激起多种议论或者产生多种情绪的表现。个人意见以自发形式出现,呈现出个人意志和观念的单独活动方式。随着大量的新闻报道与评论,一个又一个小"舆论场"形成。当更多的网民参与讨论并发表"声音"时,就会形成"公众舆论场"。在公众舆论场中,各种利益群体、各种网络事件参与人都可以自由表达个人对某一共同话题的意见。而一些具备影响力的网民,凭借自身素质和知名度,成为网络中的"意见领袖",能够左右众多网民的意见,并促成网络舆论的最终形成。在舆论事件中,被大多数网民接受、认可的观点迅速占据了上风,成为主流意见,形成"支配性舆论氛围",其他观点则逐渐边缘化或者消失。一旦其他观点出现,也必会被"主流意见"回击并打压。

三、网络舆论对司法审判的消极影响

新媒体传播下,谣言充斥,破坏法律秩序;言论失当,引发名誉权;信息过度曝光,招致隐私泄露;乱象丛生,法律规制缺陷……结合现实具体案例,作者认为新媒体传播下的大众舆论对司法审判带来的消极影响有以下四点。

(一)网络舆论易导致"群体极化",破坏司法公正性

审判机构的独立性是为了确保法律适用的严肃性和法官判案的公平性。然而,网络舆论的大众化、便捷化、随意化特点使得人们可以在网络平台上随意发表不具备法律分析的言论,很多时候这些言论对于法律不具有参考价值。新媒体审判所代表的民意因为发表言论者所处的环境、所站的立场、所受的教育等不同而存在巨大差异,这种随意性和碎片性的言论可能会对审判者的法律判断造成误导,破坏司法的公正性,损害公民的基本权利,以及阻碍法律观念的建设。

因此,由于新媒体传播下的公众舆论本身具有非理性的特征,审判机关需要面对的是信息严重不对称的环境,其中民众接受信息的封闭性难免会导致对案件事实的了解不准确。随着舆论的层层过滤,形形色色的言论难

免会损害案件本身的真实性,而这种非理性环境下发表的舆论又给审判机关带来了巨大的压力,破坏了法律原有的规则制度。虽然人们向往民主法治,但是在这种情况下,严肃性、公平性都要求审判机构的独立性,才能保证司法的公正性,维护公民的基本权利,促进法律观念的建设。

在新媒体时代,"去中心化"和"个人媒体"的趋势愈发明显,导致微博评论和观点呈现碎片化特点。如果这些碎片化言论不能聚合成共同观点,舆论压力会影响案件处理过程。规制微时代下的民众舆论和引导大众价值观的方向困难重重,极易导致"群体极化"现象。该现象指的是,团体成员在商议后,朝着已有的偏向继续移动,最终形成极端观点。在网络发达的今天,立场一致的团体更容易进行交流,最终可能形成更极端的想法,与另外一些团体形成对立。

(二)网络舆论对司法施加压力

网络媒体的传播,常常夸大某些言论和报道,从而激起公众的情绪,尤其在报道中所呈现的调查数据和事实很容易形成"媒体审判",主导了公众的意志。这种舆论压力对司法机关产生的影响主要有两个方面。①中国法律采用成文法的规则,法官只能适用已经制定或修改的成文法,不能自行弥补法律漏洞或创造新的判例。在中国,只有县级以上级别的全国人民代表大会及其常委会才有立法权,旨在保证法律的稳定性和可预测性。然而,在经济转型期间,法律的制定定不能及时跟上时代的发展,从而产生了法律漏洞。当案件适用的规则在法律框架之外,需要通过立法机关进行司法解释或重新立法,而这个过程需要很长时间。此时,缺乏法律知识的公众会误解司法判决,甚至捏造谣言来诋毁司法公正,对司法机关施加各种压力,影响司法独立行使权。②相比受过严格法学教育的审判者,媒体和大众的思维方式往往是不同的。法律工作者要求用法律思维处理案件,以事实为依据,以法律为准绳,严格按照法律所规定的程序独立办案,不受其他情感因素的影响。然而,大众的思维往往受到感情、道德、人道主义等因素的影响。当两者产生矛盾时,如果司法审判人员迫于舆论压力选择符合民意但不符合法律规定的审判方式,那么对司法独立和整个司法系统正常运行都会产生不可消除的负面影响。

在新媒体时代,舆论的力量给审判机关带来了巨大的压力。新媒体传播下的公众舆论往往带有非理性的特征,难以听到接近真相的呼声。碎片化的言论如果不能聚合成一个共同的观点,也会影响整个案件的处理过程。此外,新媒体舆论对司法机关的舆论压力是一种软力量,其影响力在于舆论,对司法机关的独立性和公正性造成一定程度的影响,让法官进退两难,而这种压力是不可小觑的。

法官在审判案件时需要考虑到许多非理性因素,如判案经验积累、个人内心价值的判断、个性、情绪、态度、价值观和信念以及生活经历等。法官也是社会人,不可能不考虑判案结果所带来的社会影响力和民意或公众舆论。法官在适用法律审理案件的过程中,是不可能不受自身理性、价值判断、气质、生活经历等因素的影响的。因此,法官需要维持法律的权威和公正性,同时也需要考虑到新媒体舆论可能产生的社会效果。最终的审判结果需要符合道德价值取向,而当法律与道德的价值取向背道而行时,引发的社会舆论也会对法律结果造成一定的影响。

(三)新媒体的过度关注影响司法公正

在中国的法治化进程中,新媒体的优势和弊端都应该被认真考虑。新媒体传播具有双向性、多媒体、分众化和全球化的特征,使得它的传播速度快、对象广泛、效果普遍,而且在法律审判中信息的公开化也取得了显著进步。但是,新媒体也带来了一些负面影响,比如它可以传播谣言和不实信息,导致公众在错误舆论引导下对案件产生误解,影响司法独立。在审判过程中,我们不能忽略那些被谣言误导的网友们义愤填膺的评论,或是引起整个网络沸腾的言论。由于新媒体的传播速度快,它很容易让一个正常的刑事案件被放大,以至于一些被告被妖魔化或原告被定义为"非完美受害者",这会导致司法系统在一个悬崖上进行审判。因此,在审判过程中,我们必须保证司法人员的独立性,同时也要警惕新媒体传播对司法产生的负面影响。

(四)新媒体的过度监督影响司法独立

随着法治民主化进程的不断推进,越来越多的案件得到了公开审理。这是新媒体在法治民主化进程中取得的显著进步。然而,新媒体相较于传统媒体的优势也带来了一些弊端。①新媒体传播的双向性增强,但是网络舆论不加控制可能会挑唆不明是非的民众,使其在错误舆论的引导下越走越远,影响司法审判的公正性。②新媒体是一种多媒体,但是大多数网民的评论都是随意的,缺乏深思熟虑,可能会发布不实的言论。③新媒体通常以个人形式向外传播,大多为分众媒体,而不是大众媒体。这导致网络空间可能成为利欲熏心者及不法分子获得不法利益的工具。④新媒体的传播速度快,传播效果普遍性强,但网络舆论的洪流常常偏离法律的限度,使得舆论监督似乎在道德上是对案件的一种"道德审判",但同时也使侦查机关和审判机关承担着无比巨大的压力,失去了对当事人实体权利以及程序权利的保障。因此,我们必须深刻反思新媒体可能对司法独立带来的消极影响。

四、新媒体下舆论监督的未来期望

新媒体下的舆论监督对于维护社会公正、促进司法透明、实现民主化具有重要意义。然而,在实践中,新媒体舆论监督也存在许多问题和挑战。为了更好地实现新媒体下的舆论监督,我们需要从以下四个方面进行努力:

(一)加强法律知识普及和公民素质教育

法律是社会秩序的基础,而公民素质是舆论监督的前提。通过加强法律教育和公民素质教育,提高公众的法律意识和素质,使其能够理性地参与舆论监督,避免因为缺乏法律知识和理性判断而造成对司法机关的干扰和误解。

(二)建立完善的舆论监督制度和管理机制

在新媒体时代,建立完善的舆论监督制度和管理机制,具有十分重要的意义。需要制定相关的法律法规,规范新媒体舆论的行为,明确舆论监督的标准和范围,同时加强对于网络舆论的管理和监管,减少虚假信息的传播和造成的负面影响。

(三)加强司法机关与社会大众的沟通和互动

司法机关应该积极地向社会公开案件的审理情况,解答公众对于案件的疑问和关注,以此增强司法的透明度和公信力。同时,应该倾听公众的意见和建议,及时修正不足之处,促进司法与社会大众的良性互动。

（四）加强新媒体舆论监督与司法审判的协调和平衡

新媒体舆论监督和司法审判是相互依存的,需要建立起良性互动的关系,实现协调和平衡。舆论监督应该在法律的框架下进行,对于司法审判的结果进行理性的评价和监督,而不是干扰司法审判的正常进行。同时,司法机关也需要适当地回应舆论监督的呼声,及时修正问题,保持司法机关的公信力和权威性。

总之,在新媒体时代下,加强舆论监督和司法审判的协调与平衡,需要公民、媒体和司法机关的共同参与。

第四节　突发公共事件中新媒体传播分析

随着科技进步和移动设备的高速发展,新媒体已成为主要的信息传播载体,特别是在重大突发公共事件出现后,新媒体的传播作用和优势更加突出。本节以新闻传播特点为背景,探讨新媒体在传播重大突发公共事件信息时面临的风险,并提出具体的传播方法。

一、重大突发公共事件中新媒体传播的特征

随着科技的不断进步和新媒体的高速发展,人们可以随时随地在各大媒体平台获取或发布与突发事件相关的视频、影像资料和文字信息等。这种媒介平台可以充分满足人们多元化的信息需求,刺激人们瞬间聚焦事件,使事件信息得到瞬间释放和聚合,形成具有影响力和吸引力的话题,并快速扩散到网络空间。然而,在主流媒体和权威媒体尚未发声之际,这些碎片化信息极易被人们情绪化解读、错误传播,从而形成舆论暴力。因此,在突发事件传播中,需要采取适当的措施,提高信息的准确性和权威性,避免信息的错误传播,维护舆论的和谐与稳定。

二、重大突发公共事件中的新闻传播作用

(一)及时阐述真相

在正确应对重大突发公共事件方面,新闻媒体对社会稳定发展具有积极意义。然而,随着互联网时代的到来,新闻媒体工作人员面临着诸多压力。例如,公共事件往往会迅速发酵,部分群众容易被碎片化信息引导,甚至在一些极端网民的煽动下,部分网民缺乏理性思考,易造成群体极化现象。此时,新闻媒体人应该以尊重受众知情权为基础,借助权威媒体向大众公布事情真相,并积极呼吁群众不造谣、不传谣。这样可以有效地遏制谣言的传播,减少社会负面影响,维护社会稳定和公共秩序。

(二)纠正社会取向

重大突发公共事件通常具有偶然性和突发性,无法预测和预防。如某食品安全事件发生后,新媒体必须真实、细致地报道事件的具体真相,让消费者恢复他们对食品安全的信任。在新媒体传播中,大篇幅、详细具化的连续报道不仅能揭露行业黑幕,还能纠正行业价值观,引导食品加工企业正确认识国家食品安全法,确保消费者食用安全。这种全面、细致的报道方式,可以有效地提高公众的食品安全意识,推动相关部门加强监管,促进食品安全问题的解决。

三、重大突发公共事件中新媒体传播面临的风险

(一)传播主体方面

利用新媒体传播重大突发公共事件时,传播主体具有多元化特征。在重大突发事件出现后,相关组织要明确自身职责,既要及时了解事件的起因,又要系统收集事件相关信息,并将事件的全貌、现状、应对措施等内容全面地传递给群众。然而,随着科技的进步和智能手机的广泛普及,信息发布和传播的门槛越来越低,新媒体用户都可以随意在网络平台上发表自己的观点,拥有充分的话语权。例如,在重大突发公共事件出现后,群众往往倾向于在各大新媒体网络平台上发泄自己的情绪,这不仅影响了事态的平息和正向信息的传播,还可能对公平正义产生负面影响。

(二)传播内容方面

随着社会的不断发展,新媒体传播途径也得到了进一步拓展,从而加快了新闻信息传播的速度和扩大了传播的维度。然而,这同时也带来了多种问题,例如传播内容的良莠不齐、难以有效监测传播信息等,给事件舆情引导和信息监测带来了极大的考验。此外,新媒体传播在一定程度上弱化了信息把关人的功能,尤其是随着微博、抖音、微信等现代新媒体的出现,群众更倾向自主发布信息。在开放式平台上,只要出现重大突发事件,便会在网络平台上聚集碎片化信息,从而形成热门话题。这些碎片化信息往往是零散的、缺乏准确性和权威性的,容易引发误解和不良影响。因此,需要加强对新媒体传播的监管和引导,提高信息发布和传播的准确性和权威性,以确保公众得到准确、及时、权威的信息,维护社会稳定和公共秩序。

四、重大突发公共事件中的新媒体传播路径

(一)风险预警,制定应急预案

1. 预警新闻信息报道

当重大突发公共事件出现后,新闻媒体需要做好相关信息的收集、归纳、筛选和整理工作,与相关处理组织进行采访对接,及时、完整地发布群众急需了解的信息。预警新闻内容的报道应该包括事件发生的要素、进展情况、社会危害、采取的应对措施以及群众应当如何配合等内容,这些都是新媒体与政府组织在预警阶段需要整理的内容。在预警期间,新媒体应该对个体用户发布的所有信息展开全面监测,尤其是针对部分谣言和消极舆论内容,做好分析和应对准备。在此基础上,为进一步控制事件的传播,新媒体与政府组织在事件风险预警阶段必须保证言辞准确,内容叙述完整,才能将事件真实情况传递给群众,并有效地遏制谣言的传播,维护社会稳定和公共秩序。

2. 科学制定应急新闻报道预案

在新媒体的背景下,媒体都应该意识到科学设定应急报道新闻预案的重要性。就重大突发公共事件而言,自然灾害类事件通常会在预警期出现

相应征兆,而事故类公共事件则会在出现后显露信息。因此,媒体必须提高自身敏感度,结合以往新闻报道经验和传播规律,在预警阶段及时制定可行的应急报道预案。由于预警报道是一个长期工程,现代新媒体可以利用自身优势,向群众集中传递自然灾害发生的征兆、防范措施、自救方法以及国内外应对这种灾害的经验等信息。同时,还应与政府做好配合,加强预警新闻信息的报道,最大程度地减少恐慌。

(二)应急处置,加强信息处理

1.信息处理机制

目前,国内的一些舆情监测组织只是对监测到的信息进行正负面分析,而未能从宏观角度系统了解全网信息。实际上,如果想快速掌握网络信息和舆情发展情况,需要对网络信息进行合理的划分,结合新媒体传播方式和信息类型,设置完备的信息处理机制。针对新媒体中群众的言论,政府组织应该作出快速反应,形成制度化、标准化的应急处理流程,积极受理群众的诉求和质疑,创建长效问责制度,防止负面情绪和消极信息大范围传播。同时,政府要利用媒体及时向群众公布事实,与媒体合作正确引导信息。在应急处理阶段,最关键的部分就是谣言传播,必须及时处理谣言,并全面剖析谣言的产生源头,避免因谣言产生二次灾害。

2.跨平台联动

针对突发事件,新媒体的传播应该以完备的跨平台联动机制为基础。政府组织应该发挥宣传引导的作用,媒体也应该承担起社会责任。传播要及时、准确、全面,同时确保传播内容的规范性和正向性。这种互动对于促进新媒体传播更加规范、更加标准,具有重人意义。

(三)信息引导,重建媒体形象

1.引导舆论

当信息传播逐渐进入缓解期后,各大新媒体平台将会聚集大量信息,有些平台还会整合出综合性信息。但是,在对信息进行整合时,如果忽略了信息来源的筛选和真假辨别,就很容易引发另一轮舆论危机。因此,无论在什么传播阶段,都必须高度重视舆论引导和监测,及时发现和整改错误信息,以避免对社会稳定造成不良影响。

2. 调控信息

在信息传播缓解期,群众对信息的需求已经不仅局限于"事实",更需要政府、媒体和自媒体等传播媒介做好事件信息调控工作,构建信息调控机制,确保信息正常传播。传统媒体和新媒体应该对事件展开深度报道,发布和传播调查类信息,了解下一步政府组织的应对措施和规划。同时,与自媒体人合作,发起相关公益项目,正确引导群众关注点,促进社会和谐稳定的发展。

3. 积极反思

新媒体在传播重大突发公共事件信息时,难免会出现遗漏问题。政府、媒体和自媒体在应对突发事件时,是否充分发挥了自身的作用和效能,需要进行反思和整理。只有不断反思,才能明确自身的不足之处,进而提高新媒体传播的成效,更好、更及时地应对各类突发事件的考验。

第七章
新时代我国新媒体传播的未来展望

第一节　新时代我国新媒体传播的特点

一、传播现状与发展趋势

（一）新媒体战略传播体系助推数字中国建设

随着互联网和移动互联网红利逐渐消退，新媒体行业的发展进入了一个波动较大的阶段。为了应对这一挑战，需要加强对新媒体行业的预期管理，从战略层面全面谋划行业的整体发展，并构建起一个完善的新媒体战略传播体系。

在数字中国建设的顶层设计中，新媒体的作用和影响日益凸显。政务号和主流媒体等各类新媒体通过运用新技术和新媒介，不断扩大其传播力和影响力，推动公共文化服务水平的提升，促进社会知识文明的进步。同时，新媒体也在加速基层治理体系和治理能力的现代化进程，为智慧城市建设提供了有力支撑，成为推动数字中国建设的重要引擎。

随着国家对新媒体发展的政策支持和专项规划的出台，新媒体行业将迎来更好的发展机遇。政府在政策层面提供的支持和激励，为新媒体企业和从业人员提供更广阔的发展空间。同时，加强新媒体行业的规范化管理和监管，推动行业良性竞争和健康发展，有助于打造更加可持续的新媒体生态系统。

（二）数字经济迈向"脱虚向实"之路

数字经济已经成为全球发展的主要趋势,而中国作为数字经济大国,在数字经济领域的参与程度和受益能力位居全球前列。根据联合国发布的《2021年数字经济报告》,中国和美国在数字经济方面表现最为强劲。根据2021年8月发布的《全球数字经济白皮书》,2020年美国的数字经济规模达到13.6万亿美元,位居世界第一,而中国的数字经济规模为5.4万亿美元,位居世界第二。

中国数字经济快速发展的原因可以归结为两个方面的优势。①中国拥有雄厚的产业基础和庞大的市场规模,这为数字经济的发展提供了坚实的基础。②中国在数字技术领域拥有一定的技术优势,如人工智能、大数据、云计算等领域的创新和应用。这些技术的推动促进了数字经济的快速增长。此外,中国市场的活力和消费者的数字化转型也为数字经济的繁荣提供了有力支撑。

为进一步推动数字经济的发展,中国于2021年11月正式提出申请加入《数字经济伙伴关系协定》。这一举措显示中国积极参与数字贸易国际规则制定和数字经济国际合作的决心。加入该协定将进一步促进全球数字贸易的发展和推动数字经济的国际合作与治理。

我国数字经济发展已成为国家战略,发展数字经济意义重大,是把握新一轮科技革命和产业变革新机遇的战略选择。数字经济事关国家发展大局,需要做好数字经济发展的顶层设计和体制机制建设,加强形势研判,抓住机遇,赢得主动。发展数字经济是当务之急,不断做强做优做大数字经济已成为发展方向。同时,制度与机制保障也至关重要。

当前,全球正在快速推进数字产业化和产业数字化的进程,而我国政策引导和监管为数字经济的高质量发展提供了重要的制度保障。我国正在集中力量推进构建数字经济发展的制度体系,其中《中华人民共和国国民经济和社会发展第十四个五年规划和2035年远景目标纲要》将数字经济单列为一章,明确了发展数字经济的方向和目标。通过加强关键数字技术的创新应用、加快推动数字产业化、推进产业数字化转型等重要举措,我国政策文件为打造数字经济新优势指明了路径。

党的十九届六中全会通过的《中共中央关于党的百年奋斗重大成就和历史经验的决议》提出了"壮大实体经济,发展数字经济"的要求。这一重要决议将数字经济发展作为实现经济发展的重要方向之一。中央经济工作会议和国务院也相继提出了数字化改造和数字经济发展的重要任务,明确了数字经济在我国经济发展中的重要地位和作用。

为了进一步推动数字经济的发展,国务院印发了《"十四五"数字经济发展规划》,这是我国数字经济领域的首部国家级专项规划。该规划明确了数字经济发展的八个重点任务,将进一步推动我国数字经济的发展,提升我国在数字经济领域的竞争力和影响力。

自2021年3月起,《浙江省数字经济促进条例》成为全国首个以促进数字经济发展为主题的地方性法规,各地方也相继出台相关文件,加快数字经济发展。数字经济与实体经济的融合是数字技术与工业技术、互联网企业与制造企业深度融合的体现,数字技术赋能实体经济,带来硬件和软件的同步转型升级。实体经济基础为数字技术提供了丰富的数字场景,同时数字经济与实体经济融合发展已成为互联网企业的新增长动力,一些数字原生企业应运而生。国内云巨头厂商阿里巴巴、腾讯、华为等正以技术实现跨行业发展,拓展业务场景,为新经济增长点注入动力。阿里云与南方航空、小鹏汽车、vivo等行业龙头企业合作,共同打造了一系列云上创新标杆。数字经济与实体经济的深度融合已成为发展数字经济的必然路径,2022年数字经济与实体经济融合发展将进入深水区。

数字经济和实体经济的融合是数字技术和工业技术、互联网企业和制造企业深度融合的结果。数字技术为实体经济赋予了新的能力和机调。一方面,通过数字化技术的应用,传统企业可以改变原有的生产方式和商业关系,获得技术资源和数字化解决方案,实现硬件和软件的同步升级和转型。另一方面,中国实体经济所具备的行业基础,包括产品、员工、组织和市场等,为数字技术提供了广阔的应用场景,促使数字技术不断优化和更新,以满足实际需求。

(三)媒体融合进入提质增效的新发展周期

自2021年以来,传统媒体机构改革持续进行,呈现向西下沉的趋势。为了促进媒体融合发展,优化资源配置是必要的。近年来,一些报刊、电台、电视台相继撤销,媒体融合发展领域不断拓展,涵盖文化旅游、科技和出版等领域。相关政策的出台有助于推动行业转型升级,如 2021 年 11 月工信部印发的《"十四五"信息化和工业化深度融合发展规划》和 2022 年 4 月中宣部印发的《关于推动出版深度融合发展的实施意见》。

主流媒体融合发展的关键在于把握传播内容的导向,增强政治敏锐性和鉴别力,提升微传播力和影响力。主题报道是主流媒体融合发展的优势领域,针对中国共产党成立 100 周年、2022 年北京冬奥会等重要事件制作具有竞争力和差异化的新媒体产品,是提升主流媒体竞争优势的有效途径。

当前媒体融合发展亟待解决的重要课题是实现经营突破。数字订阅是国际主流媒体增加网络收入的方式,但此种途径对媒体报道内容有较高要求,因此不适宜广泛推广。我国媒体也在通过引入资本力量倒逼机制改革,创新媒体投融资模式,拓展盈利方式和来源。

虚拟数字人是技术带来的媒体融合发展亮点。2021 年,虚拟人梅涩甜在腾讯新闻平台上发布了全网第一个虚拟人脱口秀《梅得说》。根据《2022 年中国虚拟人产业商业化研究报告》,2021 年中国虚拟人带动的产业规模和核心市场规模分别为 1074.9 亿元和 62.2 亿元,预计 2025 年分别达到 6402.7 亿元和 480.6 亿元。虚拟人领域投资火爆,相关投资有 16 笔,其中不乏知名投资机构。虚拟数字人 IP 矩阵将不断拓展,场景化与智能化将不断增强。

(四)互联网治理"强监管"与"重保护"两手抓

自 2021 年以来,政府对于反垄断、互联互通、网络安全和用户信息保护等议题提出了更为严格的要求。在这方面,《数据安全法》《个人信息保护法》和《网络安全法》成为我国数字安全与信息保护法律体系的核心法规,为网络治理奠定了坚实的基础。

我国互联网治理注重平衡产业发展需求与信息安全保护的关系。政策支持体系和制度监管体系的建设,为互联网平台和用户之间发挥了重要的引导和监督作用。政府可以扮演"裁判员"的角色,确保市场公平竞争和规范运行,同时也充当"教练员",引导互联网企业加强自律、保护用户权益。

2022 年初,国家发展改革委等九个部门联合发布了《关于推动平台经济规范健康持续发展的若干意见》。该文件旨在规范平台经济中存在的突出问题,加强监管和改进,推动平台经济为高质量发展和高品质生活提供服务。这一举措对于维护市场秩序、促进公平竞争和保护消费者权益具有重要意义。

与此同时,反垄断和促进互联互通也是 2021 年互联网治理的重点。国家反垄断局于 11 月正式挂牌,这标志着中国反垄断进入了新的阶段。反垄断工作的加强有助于维护市场公平竞争,防止垄断行为的发生,促进经济的健康发展。此外,促进互联互通也是推动数字经济发展和实现数字化转型的重要方向,通过打破壁垒、降低交易成本,促进各行业、各地区间的信息流通和资源共享,推动经济的协同发展。

网络安全是网络治理的重要议题,涉及网络数据安全、数据出境安全、未成年人网络保护和用户个人信息安全等多个方面。保障网络安全是维护国家安全和公民权益的重要任务。为此,我国制定了一系列法律法规,如《网络安全法》,加强网络基础设施的防护和安全监测,加强网络数据的保护和安全管理,提升网络安全防护能力,确保网络空间的安全稳定。

保障用户的网络安全是互联网发展的重要基石。为此,我国网络治理日益精细化和精准化,特别注重未成年人网络安全和用户个人信息的保护。

针对未成年人的网络安全问题,我国采取了一系列措施。自 2021 年 6 月 1 日起,《未成年人保护法》修订版正式生效,其中新增了关于网络保护的专章。该法对保护未成年人在网络环境中的权益提出了明确要求。为进一步防止未成年人沉迷于网络游戏,国家新闻出版署于 2021 年 8 月发布了《关于进一步严格管理切实防止未成年人沉迷网络游戏的通知》,强调对未成年人过度使用和沉迷于网络游戏的管理。此外,中央文明办等四部门于 2022 年 5 月发布了《关于规范网络直播打赏加强未成年人保护的意见》,明确禁止未成年人参与直播打赏,并要求平台限时取消打赏榜单。这些举措旨在保护未成年人的身心健康,促进他们健康使用互联网。

在个人信息保护方面,《个人信息保护法》于 2021 年 8 月 20 日通过,成为我国个人信息保护领域的最高综合法律。该法的通过标志着我国个人信息保护迈出了重要一步,为个人隐私权的保护提供了更加坚实的法律基础。

我国在网络治理方面对行业热点和痛点问题的响应、介入和处理的敏捷度和成熟度越来越高。针对一些热点问题如"种草消费""MCN 经济""流量经济"等,国家网信办发布了 2022 年"清朗"系列专项行动的十大重点任务,旨在规范相关领域,维护网络环境的健康和有序发展。其中包括打击流量造假、黑公关、网络水军,对算法进行综合治理,整顿 MCN 机构信息内容乱象等专项行动。通过这些专项行动,国家网信办积极应对行业热点问题,保障网络生态的良性发展。

随着人工智能技术和应用的不断发展,各国都在制定相关法律政策,以规范人工智能技术对社会发展带来的影响。我国在人工智能领域的法律体系和制度建设方面也积极布局。为了管理互联网信息服务算法推荐,国家网信办等四个部门联合发布了《互联网信息服务算法推荐管理规定》,该规定于 2022 年 3 月 1 日开始实施。这一举措旨在规范互联网平台对用户的推荐行为,保护用户的合法权益,并促进算法技术的健康发展。

二、传播热门和焦点透视

(一)元宇宙与 Web 3.0 赋能未来传播

2021 年被称为"元宇宙"元年。尽管元宇宙这个概念并不新鲜,但随着区块链、人工智能和相关硬件技术的发展以及互联网市场需求的增长,元宇宙被认为是数字社会未来的形态,并引起了广泛的关注。Roblox 是第一家在招股说明书中提到"元宇宙"的公司,他们提出了元宇宙的八个关键特征:身份、朋友、沉浸感、随时随地、多样性、低延迟、经济、文明。这些特征已经得到了广泛的共识。元宇宙强调沉浸式体验,它是一个能够提供工作、学习、生活等多个场景的平行数字世界,与现实社会相互融合。互联网行业一直在探索未来的发展形态,随着行业红利的逐渐消失,人们对 Web 3.0 寄予了厚望,并称其为"价值互联网"。Web 3.0 是基于区块链技术的去中心化在线生态系统,去中心化是其核心理念。Web 3.0 实现了用户网络行为数据的资产化,不同平台之间的资产可以自由流动,其愿景是让用户对自己的数据拥有所有权。Web 3.0 可以有效解决数据型资产归属问题以及用户个人数据隐私和安全等问题。目前,元宇宙产业和 Web 3.0 仍处于探索的初期,它们都属于未来数字世界的一部分。

2022 年,元宇宙与 Web 3.0 之间的竞争越来越激烈,产业发展也越来越活跃,吸引了大量资本的注入、巨头公司的探索以及政府的监管介入。

资本方面,全球的风险投资公司向加密货币初创企业部署了超过 300 亿美元的资金,近 50 家加密货币初创企业融资超过 1 亿美元。2022 年年初,元宇宙游戏开发商 Animoca Brands 宣布完成了 3.588 亿美元的融资,投后估值达到了 50 亿美元。国内元宇宙赛道融资也在加速发展。

巨头公司也加入了元宇宙和 Web 3.0 领域的竞争,包括 Facebook、Square、Zynga 和字节跳动等,它们已成为行业发展的风向标。

政府也开始介入元宇宙产业的监管和发展,世界各国的官方力量开始关注和重视加密技术的发展方向和市场需求,提供政策保障。在中国,政府也加强了监管与发展方面的政策保障。

(二)"她经济"与体验经济解锁行业发展新风口

随着网络消费细分,以女性消费为主的"她经济"成为数字经济发展的新动能。2021 年,我国新增注册的"她经济"相关企业超过 130 万家,同比增长 21.8%。女性是家庭消费的主要决策者和实施者,电子商务的特征满足女性购物欲、购物需求、分享欲等消费特点,因此女性成为网络消费的主力军。随着明星达人、网络主播、博主等带来的"种草经济"和"粉丝经济"的影响,女性在各类短视频平台上花费的时间越来越多,各领域 KOL(意见领袖)发布的内容成为当下女性用户获取知识、了解穿搭、种草品牌的重要来源。

女性消费的"她需求"带动了相关热门行业的不断拓展。女性消费者注重颜值、健康、品质、品牌等影响因素,而在消费乐趣的主导下,她们越来越倾向于进行"悦己"消费。传统的服饰、美妆、医美、居家等领域产品不断更新,同时新兴赛道也涌现出了无钢圈内衣、运动内衣、小家电、鲜花电商、低度酒等一批网络爆品和新兴消费品牌。传统行业也开始围绕"她经济"进行营销策略的转型,如汽车行业开始在"小红书"进行品牌运营,以吸引女性消费者。各地方政府也开始布局"她经济"发展,将其打造成为城市发展的重要方向。数字技术的发展使得体验经济成为新的消费赛道,如运动品牌

Lululemon 就强调产品的调性和价值观,并提供了一系列瑜伽训练计划,以提升产品的体验附加值。体验经济的催生不仅更新了网络营销方式,更重视用户的精神感受和需求。

(三)在线知识形态呈现流动性与泛在化

2021 年,随着政策的出台,在线教育行业出现了重大变革。7 月份,中共中央办公厅、国务院办公厅发布《关于进一步减轻义务教育阶段学生作业负担和校外培训负担的意见》,对在线教育行业带来了深远影响。政策的实施导致在线教育市场崩塌,行业面临着危机。根据《2021 年互联网人才招聘白皮书》,只有 7.4% 的教育行业人才选择留在该领域,大多数人选择了职业技能培训、成人培训和素质教育培训等领域。在新冠疫情的影响下,2020 年在线教育市场迅速扩张,但高质量的课程需要时间准备和沉淀,与互联网行业追求高效融资和运营的理念相违背。因此,突飞猛进的在线教育行业本身存在发展问题和矛盾,而"双减"政策的出台则加速了行业的崩溃。

网络教育企业在智能硬件和教育信息化等领域试水,为学校数字化教学提供线上产品与定制方案。2021 年 12 月,好未来推出全新品牌"美校"以提升教育能效。在线教育企业快速转型为 SaaS 软件服务商,获得初步成效,2022 年第一季度收入预计将超过去年同期 10 倍。成人职业教育和素质教育也是在线教育企业的第二增长曲线。此外,直播带货、企业投资、企业服务等也是在线教育企业业务探索的主要方向。互联网视频平台纷纷加快知识类视频布局,泛知识内容生态建设成为视频平台建设的重点。哔哩哔哩、抖音、快手成为知识视频领域的三大巨头,泛知识内容播放量同比增长显著。抖音与快手通过密集策划知识科普直播活动等形式增加平台知识分享与传播体量,提升平台知识化形象,争夺知识学习类用户。

(四)内容建设成为全景流量核心

2022 年,网络视频仍然是互联网行业发展的主要推动力量。根据 Influencer Marketing Hub 发布的数据,2020 年 3 月至 2021 年 7 月,全球直播电商行业迅速发展,直播购买量增长了 76%。在中国,电子商务的市场份额远高于全球平均水平。随着线上购物行为的普遍化和常态化,越来越多的网络营销活动投入短视频和直播,而短视频和直播带来的销量转化也越来越高。短视频和直播已成为网络营销的主流方式。虽然电子商务已经成为促进各种商业应用发展的新引擎,但内容仍是网络视频平台发展中的核心竞争力。版权保护一直是短视频领域的重点和难点问题。一方面,短视频平台内部的视频盗用、洗稿、抄袭、高仿号等版权问题不断出现,是平台治理的重点。除了账号主动举报和申请维权外,如何提高平台主动治理能力和治理水平是平台关注的重点。在抖音平台上,除了原创者联盟计划外,还通过上线粉丝转移和原创议事厅等功能,在账号保护上不断加码。另一方面,不同平台之间的版权归属、使用问题一直是引发争议和起诉的重点,例如,长短视频平台之间的版权问题博弈一直存在。目前,长短视频平台尝试通过合作实现共赢。2022 年 3 月,抖音与搜狐达成合作意向,获得搜狐全部自制影视作品二次创作相关授权。这一网络视频创作版权保护领域的标志性事件,对原创作者、二次创作者、版权方和平台用户实现共赢具有推动作用。

三、传播分析与影响解读

(一)互联网"走出去"模式出海与标准出海

自 2021 年以来,中国互联网企业呈现规模化"走出去"态势,出海的数量和类型不断增长。根据美国云网络安全服务公司发布的数据,2021 年,TikTok 已成为全球流量最大的互联网产品。互联网企业国际化发展的战略层级不断提升,将产品优势、资本优势、技术优势等外溢转变为模式出海、品牌出海、服务出海和标准出海,其中电商类、内容类、游戏类、视频类、教育类是互联网企业出海的主要领域。当前,我国互联网出海主要方向有两个:一方面,互联网公司探索如何将国内积累的先进产业模式、资本优势、竞争优势复制输出至东南亚、南美、非洲等地;另一方面,在欧美等发达国家区域投资人工智能、区块链等先进技术,布局下一代互联网发展。互联网巨头率先通过资本投资占领市场,如快手国际在巴西上线广告平台"Kwai for Businss",面向巴西和印尼等开放,提供内容和广告解决方案;TikTok Shop 在东南亚四国(泰国、越南、马来西亚、菲律宾)上线跨境业务,大力推进跨境电商行业发展。随着 TikTok 的加入,东南亚电商版图已形成由字节跳动、腾讯、阿里巴巴等共同瓜分市场的局面。

中国互联网企业正在推进教育、游戏、网文等领域的出海业务,将教育出海业务列为主要发力方向。除了在线教育产品出海外,企业通过投资收购等资本行为占领海外在线教育市场。在游戏和网文市场,中国产品的市场份额不断提升,中国开发者海外游戏市场占比达到 23.4%,成为全球第一,中国网络文学也向海外传播了超过 1 万部作品。同时,中国互联网企业也积极参与和主导国际标准制定,例如,《基于区块链的数字藏品服务技术框架》国际标准项目立项建议获得通过,有利于掌握行业发展的主动权和话语权。中国应在区块链、云计算、云安全等领域的国际技术标准制定上发力,提升在新技术新领域中的国际竞争力和话语权。

(二)新媒体智库产品亟待精品化与国际化

新媒体智库的建设对于推动新媒体行业的发展和壮大具有重要作用。当前,我国新媒体智库建设呈现出官方与社会力量共同发力的态势,主流新媒体智库一般具有政府背景或依托传统媒体而成立,而社会化新媒体智库则从企业发展与一线实践角度丰富了新媒体研究的视角与议题。然而,我国新媒体智库的建设仍存在一些问题,如机构数量不多、组织力量薄弱、研究产品较少、品牌成果匮乏、资金投入不足、运营能力不足、影响力欠缺等。为此,应加大新媒体智库建设力度,为智库建设提供政策保障,充分挖掘市场活力,从体制与机制上促进智库发展。同时,各类新媒体智库间应加强沟通与协作,形成高效的行业合作机制,提高研究成果的系统化、整体化、集成化程度。这样,才能更好地发挥新媒体智库的作用,推动新媒体行业的创新和发展。

在欧美国家,发布专题或年度调查报告已成为主流媒体智库的惯用手段,以此提升智库的公信力和影响力。中国新媒体智库应积极开展自主性的民意调查,发布年度和系列专题新媒体民意调查报告,及时了解来自市场和民众的数据,掌握国内外新媒体行业发展现状,把握行业发展动向和最新民意。同时,及时、有针对性地发布调查研究报告,有利于提升我国新媒体的国际话语权和舆论引导力。但当前我国新媒体智库还存在机构数量不足、组织力量薄弱、研究产品较少、品牌成果匮乏、资金投入不足、运营能力不够、影响力欠缺等问题,需要加强建设,为智库发展提供政策保障,充分挖掘市场活力,从体制和机制上促进智库的发展。

(三)情感传播与"情绪变现"具有两面性

社交媒体是一种基于情感传播的网络信息交互平台。其形态越来越丰富,如短视频、直播等应用都凸显了情感传播在网络行为中的重要作用。情感传播与现实需求相结合,使情绪健康应用成为健康垂直赛道中的热门分类。围绕用户的心理健康、情绪变化、情感需求等进行产品研发和设计,出现了冥想类、自我肯定类、情绪记录和追踪类、助眠类等应用。同时,在新消费赛道中,品牌也注重搭建完整的独立内容体系,将品牌的价值观和使命感融入产品生产链、用户管理体系、产品营销等各个环节,通过情感沟通与共鸣吸引消费者。

然而,商业利益的吸引也催生了"情绪变现"的利用。社交媒体平台会将公众利益与公司利益对立,通过对仇恨心理、错误信息和政治动荡等内容的推波助澜,放大仇恨言论,实现产品优化和谋取利益的目的。在这种情况下,社交应用需要把握算法和规则,发挥情感传播的有益价值,发挥平台的社会价值,避免负面影响。

社交媒体的本质在于情感传播和网络信息交互。短视频、直播等应用的发展为情感传播产品的形态提供了新的丰富性,凸显了情感传播在网络行为中的重要作用。因此,在互联网爆款产品中一定存在着情感传播的逻辑。

最近的美国民意调查发现,新冠疫情暴发以来,抑郁、焦虑等问题增加,近90%的登记选民认为美国国内存在"心理健康危机"。基于情感传播的逻辑和现实需求,情绪健康应用成为健康垂直领域中的热门分类。围绕用户的心理健康、情绪变化、情感需求等进行产品研发和设计,市场上涌现了冥想类、自我肯定类、情绪记录和追踪类、助眠类等应用。2020年12月,冥想应用 Calm 在 C 轮融资中筹得 7500 万美元,将公司估值推高至 20 亿美元。截至 2021 年 8 月,Calm 的全球下载总量已经超过 1 亿次,成为全球下载量最高的冥想类应用。

第二节　新媒体时代我国国际传播力分析

一、新媒体时代我国国际传播力的概述

(一)我国国际传播力的内涵

在新时期,中国对外宣传的主体已从单一转变为多元,从过去的国家、政府和媒体"宣传""对外传播"到现在的全员参与传播。中国的国际传播经历了从"宣传"到真正意义上的"传播"的转变。这个变化的关键点被认为是在2001年中国加入世界贸易组织和成功申办奥运会后发生的。例如,北京奥运会引入了"媒体服务"概念,北京奥运会后,2008年10月17日《中华人民共和国外国常驻新闻机构和外国记者采访条例》颁布。

在全球化环境下,现代媒体的社会功能被分为对外功能和对内功能。国际传播学者认为,媒体对外政治功能包括提供国际信息、设置国际议程、展示国家形象和输出文化价值。由于国家国际传播力的范围较广,因此国内外学者已从多个角度展开了研究。这里所指的国家国际传播力特指中国利用大众传播媒介与别国进行文化沟通和信息交流的能力。

(二)提升国际传播力的意义

在新媒体时代和全球化背景下,信息传播技术成为主导力量,但国家主权并没有被弱化,相反维护国家主权成为各国更为迫切的任务和目标。即使对发达国家和超国家组织而言,国家主权的维护也极其重要,这就是"主权回归现象"。各个国家在掌握和运用传播技术的能力方面差异巨大。美国在全球信息产业中占有绝对优势,而电子传媒的发展使得美国对全球信息的控制得以通过大众传媒实现,进而大众传媒本身也成了"媒介霸权"的形式。西方媒体在信誉和技术上的主宰地位使其成为全球信息的主要供应商,而美国是最早奉行"新殖民主义"的国家,文化输出意识最为强烈。

国际传播力可促进国际合作和发展。国际传播力的提升有助于改变

"信息孤岛"状况,推进国际合作,加深人民之间的了解和友谊,提高国家在全球治理中的话语权和参与度。同时,国际传播力也是促进对外开放、推动经济发展的重要手段。通过国际传播力的提升,能够扩大国际交流和合作,增加经济合作机会,提高我国的国际影响力和竞争力。国际传播力的提升对于我国来说具有重要意义,它不仅能够改变国际舆论格局,增强国家发展软实力,还能促进国际合作和发展,为实现中华民族的伟大复兴提供有力支撑。

在多极化和全球化的背景下,和平与发展已经成为世界性的主题。国家利益不仅包括外交利益,还包括经济利益和文化利益。国际传播力的大小与国家的可信度和媒体的影响力密切相关。提高中国的国际传播力可以改变国际舆论"西强我弱"的局面,增强国家的软实力,并保护国家的文化安全和国家安全。此外,国际传播力的提升也可以缩小中国与发达国家在信息传播方面的影响力差距,并扩展中国的隐性势力范围。因此,提升国际传播力对于中国在全球舆论格局中的地位和作用至关重要。

(三)新媒体时代的国家国际传播格局变化

科技的日新月异和传播方式的多元化,使得国家国际传播的范畴扩大、手段增多、影响力空前增强。

1. 国际传播范畴扩大

在新媒体时代,传播主体的多元化和媒介形态的多样化成为国际传播的显著特点。传播形式的多样性和互联网等新科技带来的多对多的信息传递方式使信息传播更加迅速和广泛,同时也降低了信息传播的中介成本。新媒体平台的增加和融合使得传统媒体和新媒体之间的边界逐渐模糊化。在政策和技术的双重推动下,中国的主流媒体正在努力构建新型主流媒体,实现媒介形态的多样化。例如,《人民日报》已经开始向新媒体转型,新华社正在着力加强平台和终端建设,中央人民广播电台正在积极整合新媒体资源,中国青年报社正在建立全媒体一体化协调机制等。这些措施有助于提升中国在国际传播中的力量,实现"讲好中国故事,传递好中国声音"的目标。

2. 国际传播手段增多

传播技术的演进对国际传播的发展起到了至关重要的推动作用。互联网的出现打破了传播渠道的地域限制,使信息的传递速度不断加快和范围大大扩大。新媒体的开放性和自由性特点,使得信息的传播途径得以不断扩展,传播的广度也随之提升。BBS、博客、播客、短视频平台等自媒体平台,进一步增加了国际传播的手段,并拓展了传播的范围。通过这些自媒体平台,个人和组织都可以轻松地创造和发布自己的内容,这为全球传播提供了更加便捷、快速、灵活的方式。

此外,新媒体和传统媒体的融合也促进了传播领域的进一步扩展。例如,手机和互联网的融合,为用户提供了更加全面、多元化的信息服务,实现了线上和线下的深度融合。这种融合不仅丰富了传播形式和内容,也为用户提供了更加优质的体验。在这个过程中,新技术的不断创新和应用,也推动了媒介融合的不断深入。

3. 国际传播的影响力增强

在新媒体时代,网络媒体和社交媒体的"转发"和"共享"功能十分强大,这种信息的传播能力前所未有。网络媒体和社交媒体跨越时空的传播突破了限制,人际传播的参与进一步扩大了传播的影响力。这种跨境传播的现象也消除了国内和国际传播之间的边界,同一化的趋势逐渐显现。

在国际传播领域,不同民族国家的信息占有能力、支配能力和快速反应能力至关重要。这也是一个需要克服的挑战。全球化的传播意味着,拥有国际传播优势的国家,就能掌握国际舆论的主导权,获得国际话语权。在这个过程中,新媒体的作用十分明显,因为它们使国际事务变得更加透明,也能带来国际局势的巨大变化。

传统媒体的国际传播在时空方面存在限制,但新媒体打破了信息传播的屏障,网络用户可以突破国界的限制,国际政治局面得以改观。新媒体的兴起,使得国际政治变得更加多元化和复杂化,也为各国政府和国际组织提供了更多的传播渠道和机会。同时,也需要注意到,新媒体的传播是需要受到各国法律和监管机构的限制的,因此,在国际传播的过程中,也需要遵守各国的法律和规定,以免引发不必要的纷争。

二、新媒体语境下的中国国际传播力

新兴媒体随着互联网的兴起而崛起,与传统媒体的特征迥然不同。它建立在数字技术基础之上,具有信息丰富、速度更快、传播方式多样等特点。主要包括光纤电缆通信网、数字电视、手机等。随着社会发展和生活方式的改变,营销理念的变革和泛商业化的运用使本来长期未被发现传播价值的渠道和载体成为新型传播载体,并赋予了媒体的意义。新媒体技术带来广电、电信和互联网的产业融合,即"三网融合",也催促着传统媒体积极融入融媒体变革浪潮。在这个过程中,技术进步、传播语境的改变、传统话语权的解构和内容生产方式的转变,也渗透在国际传播建设中。

(一)新媒体时代国际媒体变革新趋势

随着网络的发展,全球化概念已从经济领域扩展至信息领域。技术的提升再次增强了国际传播能力,网络和社交平台的发展日新月异,促进了全球一体化。信息化和全球化对世界的经济、政治、文化和军事领域都产生了重大影响。在 5G 时代,跟上国际传播趋势和媒介环境变革,才能在不平等的国际传播格局和强势文化中立足。

1. 多元化互联网时代重构国际媒介格局

移动互联网的高速发展引发了人们工作和生活方式的多方面变革,同时改变了以西方发达国家为主导的媒介格局。截至 2019 年 6 月 30 日,全球网民数量已达 44. 22 亿,其中中国网民达 8. 29 亿(互联网普及率为 59.6%),占比 18.75%,规模居全球之首。这表明,以美国为中心的媒介格局已被互联网全球化浪潮所改变,更加多元化的互联网时代已经到来。在新的媒介格局下,各国都应选择"改进国际传播策略,提升融媒体环境下的舆论影响力",以适应国际传播形势的变化。

2. 全媒体时代推动传统媒体渠道融合

互联网时代,声音、文字和图像被整合到一个平台上。互联网和智能终端的普及,使信息流动方式从延时单向传播变为即时互动交流,从官方发布变为全民播报。传统媒体也在不断调整自身传播机制,升级改造和多渠道发行,例如采用新闻中心模式、报网融合模式,甚至转向网络媒体。多样化的传播内容、多元化的主体和立体化的渠道,导致越来越多的"官媒"走向社交媒体,普通民众和民间团体也加入了国际传播大军。在新媒体环境下,国际传播渠道图文并茂,权威媒体和民间记者共存,官方报道和小道消息齐头并进,传者和受者角色互动互换,信息不仅通过传统渠道单向传播,也通过移动终端和人际关系网进行互动式和裂变式扩散。

3. 大数据时代引导传播理念更新迭代

随着信息和通信技术的普及和成熟,大数据应运而生。大数据为人们提供了一种全新的看待世界的方式,很多企业已经熟练运用大数据寻找目标受众和投放广告。对于媒体来说,大数据提供了便利工具,帮助媒体精准接触受众。许多媒体开始通过大数据分析获取受众信息,从而了解用户使用媒介的习惯,实现媒体产品的精准推送。传播理念也逐渐从自上而下传播转变为精准化传播,注重个性化内容的精准传播,从受众思维向用户思维转变。

4. 全民参与时代注重切换文化传播视角

随着电脑、手机和数字电视终端的普及,新媒体平台的多元性、开放性和民主性正在赋权于民,国际传播进入了"人人都是麦克风"的新时代。只要拥有能上网的手机,人人都可以成为国际传播的参与者。过去,传统媒体自上而下的灌输和宣传已经过时,全民参与的时代氛围也让主流媒体开始注重话语的"亲民性"。从提升国家软实力和构建国际话语权的角度,党中央提出了"讲好中国故事,传播好中国声音"的要求,强调对外宣传要注重国际传播的方式方法以提升传播实效。

(二)新媒体时代主流媒体的国际传播策略

2009年,中央下发《关于印发〈2009—2020年我国重点媒体国际传播力建设总体规划〉的通知》,标志着国家着手从顶层设计层面规划国际传播能力建设。十多年来,各重点媒体纷纷以硬件设施建设作为突破口,不断优化海外传播平台的人员、技术配置,完善采编播报网络,拓展对外传播渠道,在短短几年的时间里重点媒体海外传播平台实现了跨越式发展。

1. 打造品牌形象,中国国际电视台(CGTN)组团出海

近年来,中央政府注重主流媒体品牌形象建设,并在战略层面加强管

理。2018 年 3 月,中央决定撤销中央电视台、中央人民广播电台、中国国际广播电台建制,组建中央广播电视总台,对外统一呼号为"中国之声"。这是我国对外传播能力建设或国家传播资源整合的一个新举措,进一步增强了广播电视媒体的整体实力和竞争力,使它们在向世界发出中国声音方面发挥更为重要的作用。

2016 年 12 月 31 日,中国国际电视台正式开播,旨在建设外宣旗舰媒体。以重大主题报道为牵引,以融媒中心启用为契机,CGTN 升级报道手段、开拓报道选题、丰富节目形态,通过一系列创新突破不断提升其国际影响力。这使得新媒体传播得到进一步发展,开启了国际化传播新时代。

基于"一带一路"和"命运共同体"理念,中国正成为"新全球化"重要力量,塑造更公平、公正、包容的全球传播秩序。CGTN 应运而生,并承担"增稠加厚"的使命:对不同历史和文化背景下的多元内容和不同声音进行"复调传播",强调不同文明间的交流互鉴和共生共荣。这是在全球传播新秩序下的应对之举。

CGTN 是中国的全球媒体平台之一,成立不到半年便成为 Facebook 上首屈一指的媒体账号。目前,CGTN 新媒体新闻编辑部管理全球 12 个平台 23 个官方账号,并将所有社交账号更名为 CGTN 下的账号集群,包括主账号、北美账号、非洲账号和 CGTN 多语种账号。CGTN 英语主账号总粉丝数约为 7000 万,其他各语种账号的粉丝总数超过 8800 万。

2019 年 10 月 10 日,CGTN 融媒中心开始投入使用,成为 CGTN 开启国际化融合发展新时代的标志。融媒中心根据融合传播理念打造核心业务平台,采用多形式采集、同平台共享、一体化生产、多渠道多终端分发的运营模式,实现资源最大化共享。这将为 CGTN 提供更广阔的发展空间,使其在全球媒体领域中不断壮大。

2. 不断提升采编能力,增强全球覆盖实力

国内主流媒体积极推进落地建设,以新华社和中国国际广播电台为例,新华社从 20 世纪 80 年代起就开始建设世界性通讯社,随着互联网的发展,我国不断发展多种媒体形态,加速发展新媒体业务,采取了一系列融合发展措施。中国国际广播电台也通过加强与境外媒体的合作,加大海外频率的

建设,提高国际电台覆盖率,增强了国际传播的能力。落地建设是评估国际传播能力的重要标准之一。

(1)新华社。新华网自1997年起开始互联网化发展,成为海内外网民浏览中国新闻信息的首选网站之一。现在,新华网的新闻信息被国内外搜索引擎、政府网站、新闻网站大量转载,日均发稿量已增加到1.2万余条,受众覆盖面扩大到200多个国家和地区,日均点击量接近10亿次,报道形式也不断扩展,增加了音视频、手机短信、彩信、手机报、无线网站、现场直播、网上访谈等形式,并且增加了论坛、博客等,增强了与受众的互动。2000年,新华网改版,形成了24小时实时发布新闻,将深度报道、背景资料、图片图表、新闻检索集于一体的综合性新闻网站。信息量增加了5倍以上,栏目综述较之前增加了15倍。现在,新华网在全球网站综合排名中稳定在190位以内,被称为"中国最有影响力网站"。新华社在网络和新媒体时代不断发展完善各种媒体形态,以多语种进行对外传播,新闻信息产品已经覆盖世界上200多个国家和地区,为提高我国的国际传播能力作出了重要贡献。

(2)中国国际广播电台。中国国际广播电台近年来致力于实现中央提出的改革、创新、发展目标,积极推进全媒体发展,增加播出语种数量,并不断扩大覆盖范围。其中,从2008年年底到2013年年底,中国国际广播电台的播出语种数量增加了将近一倍,从36种增加到了65种;境外整频率电台数量从20家增加到了95家;覆盖范围也从60多个国家和地区拓展到了200多个国家和地区;落地节目每天累计播出时数也翻了一倍多。

截至2013年年底,中国国际广播电台拥有95家境外整频率落地电台、12家境外广播孔子课堂、4112个境外听众俱乐部,以及多语种平面媒体,共发行1325万份,具有全球信息采集能力和传播覆盖能力。2013年,其共收到世界各地受众来信、电子邮件389.3万件,多语种网站日均页面浏览量2464万。以上数据显示,中国国际广播电台在全球范围内的发展速度迅速,其国际传播能力和影响力不断扩大。

近年来,中国国际广播电台积极推进全媒体形态发展,不断拓展传播渠道,丰富媒体形态。其中,重点新闻网站"国际在线"已发展成为由65种语言组成的中国语种最多的网络平台,访问者来自世界180多个国家和地区,日均页面浏览量达 1900 万。通过对外合作,境外转载"国际在线"的网站数量不断增加,目前达到近 15 000 个。同时,"国际在线"已陆续开通了 19 家环球网络电台。

中国国际广播电台通过广播、网络、电视、报纸、新媒体等多个媒体形态的融合发展,从一个以无线广播为主导的单一媒体,发展成为媒介形态最全、传统媒体与新兴媒体相融合的新型综合媒体。在中国国际广播电台的发展过程中,它不断开拓传播渠道,增加播出语种数量,扩大覆盖范围,落地节目每天累计播出时数也翻了一倍多。同时,"国际在线"网站通过开展对外合作,也在全球范围内逐步拓展其影响力。

3. 坚持"移动优先"战略,布局海外客户端

2017 年 9 月,ComScore 发布的《2017 全球移动报告》显示,调查了 14 个市场后发现,仅使用移动设备的用户数量在不断增长,移动端成为主要信息接收平台。这一趋势不容忽视,显示了移动设备已经成为人们获取信息的主要途径。

手机新闻客户端成为移动互联网时代新闻资讯的主要获取渠道,艾媒咨询数据显示,截至 2017 年第四季度,中国手机新闻客户端用户规模达到 6.36 亿人。为此,国内各大外宣媒体积极开发移动终端应用软件,通过实时推送、信息整合、视频直播、社交互动等多种功能来吸引更多海内外受众。

中央三大媒体也积极布局新媒体,通过技术、体制、管理、平台的创新增强在国内的传播力和影响力。此外,三大央媒纷纷开设了外语新闻客户端,搭建国际传播新矩阵。

2014 年 12 月 2 日,央视推出中国首个英语新闻短视频客户端 "CCTVNEWS",由央视英语新闻频道在北京、北美和非洲三地的国际新闻制作团队 24 小时为用户提供中国英语视频资讯和互动服务。这标志着央视在国际传播方面迈出了重要的一步。

2016 年 9 月,中国国际广播电台(CRI)推出的 China Plus 英语新闻客户端正式上线,这也标志着传统媒体向新兴媒体融合转变。同年年底,中国国际电视台开播,并与 CCTN 客户端同步上线。这些新的媒体平台的开设,为中国媒体在国际传播领域中探索新的途径和方式提供了更多的可能性。

2017年10月,《人民日报》推出英文客户端People's Daily,是该报推动国际传播能力建设与媒体融合发展的尝试之一。该客户端依托《人民日报》国际部、对外部、驻外分社机构,以及整合国际报道资源,立足于提供信息资讯服务。该客户端借鉴中央厨房、人民日报客户端、环球时报英文客户端等成功运营经验,聚合全球海量用户。

人民日报社在国外建有39个分社,其中包括7个中心分社,报道覆盖180个国家和地区。People's Daily客户端是该报宣传报道党的十九大的重要举措之一,也是该报推动国际传播能力建设和媒体融合发展的重要探索。

2018年1月,新华社推出英文客户端,利用新技术如新华云、AI主播、智能剪辑系统等不断创新新闻的生产和传播方式,同时也注重满足用户需求,实现个性化信息推送和服务。这是新华社智能化开发取得的成效之一,也是新华社积极推进国际传播能力建设的重要举措之一。新华社的国际传播能力不断加强,新华社在境外拥有50多个分社,覆盖200多个国家和地区,以新华社客户端、新华网、新华社微信公众号等多种形式向世界传递中国声音,树立了良好的国际形象。

4. 增加跨文化视角,利用社交媒体"借船出海"

社交媒体是具有强大传播力和影响力的重要渠道,在国际传播中发挥着重要作用。使用高速便捷的网络传播工具,社交媒体能够跨越时间和空间的阻隔高效传播。通过使用者的线上社会关系人群作为传播渠道,社交媒体将个人变成了信息传播的节点。社交媒体的影响力之所以大,主要是因为它的社交关系性质。人们通常更容易关注那些由相关人推荐的信息,因为这些信息更加具有可信度。社交媒体用户能够自主制作、接收或传播信息和新闻,不需要经过新闻组织或机构的严格把关或者编辑、过滤而发布。这些信息包括用户在日常生活中所见所闻的新鲜事实信息,以及对信息的评价。

根据《中国移动互联网发展报告(2017)》,中国主要媒体在2016年加强了利用移动互联网对外传播的举措。一方面,它们拓宽了对外传播渠道,通过境内第三方平台、海外第三方平台和自建渠道等方式实现。特别是《人民日报》、新华社、中央电视台和《中国日报》等四家主要媒体的Facebook和

Twitter 账号粉丝数和互动量相较 2013 年有数百到数千倍的增长。

另一方面,各媒体在移动互联网平台上提供了丰富的表达手段和渠道,加强内容创新,围绕重大主题唤起人们的情感共鸣,针对热点问题讲明中国主张,推动文化交流互鉴。这些举措为中国主要媒体在国际传播方面探索新的途径和方式提供了更多的可能性。

(三)新媒体与国际传播走向深度融合互动

2021 年 5 月,习近平总书记在主持中共中央政治局第三十次集体学习时强调:"要深刻认识新形势下加强和改进国际传播工作的重要性和必要性,下大气力加强国际传播能力建设,形成同我国综合国力和国际地位相匹配的国际话语权,为我国改革发展营造有利外部舆论环境,为推动构建人类命运共同体作出积极贡献。"这强调了提升新时代国际传播工作效果的重要意义与主要方法。当前,国际传播工作站在新的历史时期、面临新的内外环境,亟待在新环境与新要求下提升传播效能。其中,新形势不仅包括深刻巨变的世界局势、实现中华民族伟大复兴的目标要求,更有新传播技术带来的国际传播新变革。2021 年 9 月,国家主席习近平向 2021 年世界互联网大会乌镇峰会致贺信。习近平指出:"数字技术正以新理念、新业态、新模式全面融入人类经济、政治、文化、社会、生态文明建设各领域和全过程,给人类生产生活带来广泛而深刻的影响。"国际传播工作需要持续抢抓新媒体发展机遇,开启发展新境界。

中国国际传播应该深度融合新媒体发展,树立新媒体战略传播思维。尽管新媒体在拓宽传播渠道、搭建新平台、更新传播方式方面发挥了重要作用,但在国际传播领域,它的价值挖掘不足、使用不充分,呈现出滞后性与被动性。因此,我们应该站在国家战略高度,深度融合国际传播与新媒体发展,促进国际传播理念的转变。

这需要探索更为灵活多样、更为高效便捷的传播方式,将新媒体作为传播手段与平台的重要组成部分,让其在国际传播中发挥更大的作用。我们需要在国际传播中更加注重新媒体对话、互动和反馈机制,积极运用社交媒体和移动应用程序,加强与海外受众的交流与互动。同时,还应加强新媒体内容的创新,注重热点话题、文化交流等方面的报道,提高新媒体的传播力和影响力。这样,才能更好地推动中国国际传播的发展,增强中国话语权和影响力。

新媒体已成为国际舆论场上的主流信息传播方式,随着微信等微传播工具的普及,新媒体在国际传播中的地位愈发重要。在一些重大事件中,新媒体已经成为各方进行信息战的新阵地,例如在俄乌冲突中,各方针对账号封禁、战场直播、舆论操控等问题展开"信息战",这对局势发展和舆论走向产生了深远影响。

此外,社交媒体平台上涌现的"信息海啸"更是引发了网络平台的"武器化",新媒体已经深刻地改变了国际传播格局,推动了全球传播新秩序的形成。在这个过程中,新媒体的重要性和影响力不断增强,成为推动信息传播、文化交流和国际关系发展的重要力量。

国际传播工作需要充分利用新媒体的多元主体优势来优化国际传播主体结构,构建新媒体国际传播话语体系。新媒体的特点与国际传播的全民外宣理念相符合,因此在国际传播中,新媒体应成为重要的主体和方式。

为此,国际传播的首要任务是找准着力点,扩大对外有效发声群体的数量和种类,挖掘各领域机构和个人的潜力,并不断积累经验。企业、社会组织、精英群体、网络博主和公民等都是国际传播工作的主体,需要激发不同主体的主观能动性。此外,建立规范化和体系化的传播主体保障和管理机制也非常重要,确保国际传播国家队和地方队形成合力。

2021年10月,商务部、中宣部等17个部门发布了《关于支持国家文化出口基地高质量发展若干措施的通知》,鼓励有条件的企业建设全球范围内的新媒体平台。这一措施将有力促进新媒体在国际传播中的应用和发展,推动中国文化走向世界,增强国家软实力。

国际传播应融合移动端传播方式和创新融合媒体报道,增加多元内容上线,实现内容新媒体化。同时,要创造与新媒体文化相通的话语方式,提升传播力与影响力,努力打造可信、可爱、可敬的中国形象。共情传播、兴趣传播、服务传播等方式也应加强,以更好地传递中国声音,拓展国际传播的广度和深度。

国际传播长期积淀,也要把握重要节点,快速提升国际认知度和好感度。需要在黄金传播期把握机会,让新媒体国际传播工作体系化、隐形化、高效化。以 2022 年北京冬奥会为例,吉祥物"冰墩墩"在短视频平台上受到极大的欢迎,快速提升了冬奥会的影响力和中国国家形象。短视频平台上,外国运动员分享奥运村里的冰墩墩,平台推出了冰墩墩系列表情包、动图和《冰墩墩之歌》,大量以冰墩墩为主题的短视频成为热门。与冰墩墩相关的视频内容也获得了高推送量。短视频上的成功让冰墩墩成功"出圈",成了提升冬奥会国际关注度的关键所在,同时也成了吉祥物经济发展的新亮点,使冬奥会形象更加可爱和多元。

第三节　新时代新媒体传播的未来展望

一、新媒体传播的未来展望与政策建议

(一)对新媒体传播的未来展望

1.数字化持续赋能"双碳"战略

面对全球气候变化问题的日益严峻,基于促进生态文明建设新发展,建设美丽中国的深度思考,我国在国家战略层面提出了实现"双碳"目标,即到 2030 年碳排放达峰,到 2060 年实现碳中和。这一目标的实现需要倡导公民低碳生产和低碳消费方式,推进绿色能源和清洁技术的应用,同时也需要数字化转型的支持。

数字化转型和"双碳"战略具有内在的发展一致性。两者都强调通过技术进步推进生产方式转型,促进经济社会变革。数字化转型可以提高生产效率,优化能源使用,降低碳排放,从而为实现"双碳"目标提供有力支持。数字化转型将在智能制造、智慧能源等领域发挥重要作用,通过人工智能、大数据等技术手段实现生产方式的智能化和绿色化转型。

同时,"双碳"战略的实施也将带来互联网行业人才结构优化、产业升级等积极变化。随着"双碳"战略的推进,环保产业、清洁能源产业等将得到快

速发展,催生的气候经济也将成为数字经济的重要组成部分。这一趋势将对互联网行业产生重大影响,为数字经济的可持续发展提供有力支撑。

因此,数字化转型和"双碳"战略是实现可持续发展的重要策略。数字化技术的应用和推广将成为实现"双碳"目标的重要手段和现实路径,同时也将推动产业结构升级和人才结构优化,为经济社会的可持续发展提供更加坚实的基础。

2. 短视频与直播平台更趋日常化、专业化、垂直化

短视频和直播推动了网络发展。短视频平台的业务类型不断扩展,成为提高平台经营收入的重要来源。然而,内容建设才是其核心竞争力。通过不断拓展专业化和垂直化内容,短视频平台可以延长用户的停留时间。当前,生活记录、知识讲解、行业分析、治愈解压等内容的短视频占网络短视频总量的比例越来越高,这些内容具有更新的视角、更强的互动性和更好的参与感。一些题材如修牛蹄、清藤壶、洗地毯、开榴莲、开蚌取珍珠等,在引流方面已经表现出显著效果。

当然,内容建设并不仅仅是丰富和多样化,而是要符合用户需求和品味。视频平台需要根据用户的兴趣和需求,不断优化内容和推荐策略,以提高用户黏性和留存率。同时,平台需要关注内容的质量和可信度,严格审核不良内容,维护平台的良好形象和口碑。

此外,对于短视频和直播平台而言,流量和用户量的增长也需要考虑平衡发展。过于追求流量和用户量,可能会导致平台的内容质量下降和用户体验降低,最终影响平台的长期发展。因此,平台需要综合考虑用户需求和平台发展,进行有针对性的内容和用户管理。

3. 互联网资本回归理性

互联网资本在推动产业转型和经济加速发展方面,起到了至关重要的作用。互联网资本不仅提供了必要的资金支持,还带来了先进的技术和管理经验。这些资金和技术创新,是平台经济快速发展的核心驱动力。然而,无序扩张可能导致互联网垄断,破坏网络秩序和网络安全,对行业的健康发展产生负面影响。

为了规范企业行为,自 2021 年以来,我国开始开展反垄断专项治理。该

行动旨在消除垄断行为,促进市场竞争,维护公平公正的市场环境。资本应与"专精特新"企业结合,发挥创新先导和资源整合的作用。只有在推动产业升级和经济发展的同时,实现资本的合理利用和企业的合规发展,才能创造经济发展新局面。

4.新冠疫情持续加速数字化进程

新冠疫情对生活方式与生活习惯产生深远影响,远程办公和线上办公成为主流工作方式。谷歌推行混合办公举措,通过灵活办公实现了工作方式的"去中心化"。新冠疫情加快了数字化转型的步伐,社区团购等本地生活服务赛道的模式不断更新,以数字经济为代表的新兴业态也不断涌现。全球经济呈现出数字化、智能化、绿色化、高质量发展的新趋势,数字化转型正在为各行各业的创新和升级提供新机遇。

5.坚持网络发展和安全并重,以可持续发展促进可持续安全

2022年,我国面临的云安全威胁、深度伪造、勒索软件攻击、加密货币威胁等网络安全问题依然严峻。2022年4月,国家主席习近平在博鳌亚洲论坛2022年年会开幕式上发表主旨演讲,提出全球安全倡议。在网络安全领域,我国将坚持发展与安全并举,充分发挥政府、企业与用户力量,奋力推进网络强国建设。

6.互联网新型人才培育亟待加强

2021年以来,芯片供应紧张成为多个行业发展的掣肘。数字经济需要加强培养高端技术和复合应用型人才。随着产业互联网的发展,网络人才需求激增,高校要加强校企联合,通过产学研合作、实践教学等方式培养符合市场需求的专业技术人才,推动数字经济高质量发展。

7.群体经济与垂直经济成为数字经济发展新兴力量

数字经济的应用场景和表现形式不断拓展和丰富。数字经济以不同的群体为发展对象,例如"银发经济""单身经济"和"Z世代经济"等,这些市场具有广阔的发展前景。此外,"耳朵经济""非接触经济""助眠经济"和"颜值经济"等,也是兴起趋势,展现出极大的发展潜力。数字经济的深入发展将带来更多新的发展机遇和商业模式的涌现。

8.内容创作者经济与网络营销服务机构发展迅猛

内容创作者经济指创作者通过自主发布网络内容获利的经济方式。全球社交媒体创作者市场拥有超过一千万用户,市场规模庞大。与意见领袖不同,创作者经济的主体可以是网络名人或普通用户。随着元宇宙的发展,数字资产的理念日渐普及。用户创作的视频内容成为热门类型。数字营销的矩阵化和跨屏幕的普及,将使连接商家和平台的中介服务变得更加多样化。

9.虚拟社会研究与实践不断升级

新传播技术的发展和新冠疫情的影响培养了人们的数字行为习惯和能力,为虚拟社会构建打下坚实基础。数字美妆、虚拟妆容等领域已开始探索,为在线化妆品销售带来新机遇。技术创新让用户在虚拟世界中的体验越来越真实,虚拟产品和虚拟世界的入口成为互联网公司的发展方向。

10.数字文明成果由世界各国人民共享

2021 年 9 月,国家主席习近平向 2021 年世界互联网大会乌镇峰会致贺信。他强调:中国愿同世界各国一道,"构建数字合作格局,筑牢数字安全屏障,让数字文明造福各国人民,推动构建人类命运共同体"。数字文明新时代是数字化与智能化的新时代,需要全球协同与互动。国际社会需要在数字技术、数据安全与跨境流动、信息保护等方面加强沟通与合作。我国将在提升数字社会的开放度和包容性上不断努力,推动构建人类命运共同体。

(二)对新媒体传播的政策建议

(1)加强数字中国建设,推动数字化乡村建设和多元主体参与共建共治共享数字社会。

(2)推动传统产业数字化转型升级,培育数据要素市场,推动元宇宙与Web 3.0 研究,规范互联网平台资本健康发展。

(3)构建基于全球共性与中国特色的平台治理模式,规范广告与营销服务商发展,推动数字健康领域发展。

(4)大力推动媒体融合发展,建设新型新媒体智库,加强传统媒体网络品牌及信任度建设,构建数字时代公共传播体系。

（5）加强新媒体理论与方法研究，探索基于位置资源的数字新闻与经济模式，提高数字版权保护力度。

（6）引导产品研发回归用户价值与社会价值，不断完善与创新新媒体制度体系。

（7）提升新媒体国际传播产品内容与形式，推动形成具有国际知名度与影响力的新媒体产品，提升我国新媒体国际话语权。

（8）发挥新媒体文化传播在国际传播中的力量，提升出海企业与产品本土化纵深程度，反对技术封锁和数字霸权，防止全球数字民族主义滋长。

二、打造新兴大国的国际传播力

（一）新兴大国的国家传播力建设

随着信息技术的不断发展，中国需要提升对传统媒体和新媒体的运用能力，以在国际传播中立足。传统媒体和新媒体应该相互融合、协同发展，以实现中国媒体做大做强的目标。传统媒体需要加快数字化和网络化进程，而新兴媒体则需要依靠传统媒体的新闻生产能力来谋求健康快速发展。在新媒体时代，中国应该抓住机遇，打造能够与国家综合实力相匹配的传媒实力，以提高国际话语权。同时，中国还应该向西方主流媒体借鉴经验，建立强大而有品牌的传媒集团，以争取更多的国际社会支持和认可。

新媒体时代，中国必须积极推进新型主流媒体建设，以丰富的形式和多样化的渠道拓展传播范围，突破传统媒体的发展瓶颈。针对新媒体的运用和管理，中国应当重视顶层设计，推进媒体融合发展，整合各种媒介资源和生产要素，实现内容、技术、平台和管理手段的协同发展，从而打造一批具有强大影响力、竞争力的新型主流媒体。

随着市民社会的崛起，新媒体技术使公共空间迅速扩展，导致文化多样性、价值多元化和思想多样性。在这种背景下，中国主流新闻媒体必须进行转型和创新，提升辐射力、影响力和传播力，与西方强势媒体形成竞争优势。

为此，中国必须逐步完善传媒体制，建立多元化的对外传播渠道，提高国家软实力和国际竞争力。同时，中国也应积极推进新媒体法治建设，完善新媒体治理体系，保障新媒体的发展和安全。

随着网络媒体和社交媒体的发展,公共外交和文化外交逐渐成为国际交往中重要的领域。这些渠道为中国制定新的话语规则和开展新的话语实践活动提供了更大的空间。中国可以借鉴美国和新加坡在公共外交和文化外交方面的经验,以提高话语权和国际影响力。在新媒体时代,文化交流成为中国公共外交的重要手段之一,比传统媒体传播更具有吸引力和影响力。公共外交和文化外交的发展,将为中国软实力的提升和国际地位的提高带来重要推动力。

中国经济实力的增强为文化外交带来更多机会。中国需要评估和定位中华文化,并采取积极措施进行国际文化传播。孔子学院在世界各地快速发展,已成为中国公共外交的新手段和提升国家形象的有效途径。然而,孔子学院与国家整体传播战略的契合度有待提高,孔子学院自身的定位和职能仍需明确,以更好地发挥对中国外交的辅助作用,增强文化传播效果。

民族国家的核心价值观通过大众媒介的有效传播,能成功塑造国家文化和价值体系,改善国家形象。因此,要加强文化外交的创新性和针对性,通过新媒体、文艺创作和文化产业等多种形式传播文化,为中国文化在国际上的传播做好准备。

全球化的发展使国际话语权的竞争变得更加激烈,其中包括了对传统文化和价值观的竞争。话语权是由话语所包含的概念、逻辑、价值观、意识形态等因素产生的影响力决定的。文化是一个国家的精神和灵魂,价值观念则是一个民族最为核心的构成要素之一。弘扬中华文化能够增强中国民众的国家意识,更能够抵御西方文化的影响。对外文化传播更是增强国家软实力、实现"中国梦"这一中华民族近代以来最伟大梦想的必然途径。

(二)提升中国国际传播力的对策与建议

在新媒体时代的背景下,国际传播环境发生了巨大变化,给发展中国家,开辟了新的博弈空间。作为崛起中的大国,我国在提高国际传播力方面已经取得了长足进步,取得了重要成效,特别是在国家形象塑造和改善国际舆论环境方面。但是,相对于经济建设和国家整体发展来说,我国的国际传播力仍然显得薄弱。虽然我国在传播技巧、传播方法和传播理念方面已经有了很大的提升,但是仍有很大的改进空间,具体表现在以下五个方面。

（1）我国正构建新型主流媒体体系,新媒体技术的融合发展已经非常普遍,广大受众也普遍通过新媒体技术接收信息。传统媒体运用新媒体技术不仅能增加传播途径,还能创造新的经济增长点,传统媒体的价值得到充分发挥。中国在硬件水平上取得了较大提升,但需要增强软实力建设,深化软实力建设的内容、形式、方法和组织机制等方面的工作。

在传播能力方面,新兴的播出平台如抖音、快手等激活了传统媒体的采访和制作等优势,传统媒体的价值得到重新认识。然而,内容仍然是传播的灵魂,也是新媒体时代新闻传播的关键,没有高质量的内容支撑,新媒体同样无法发展。

在传播对象方面,国际传播的主要对象不仅包括英美等西方发达国家,还应关注其他国家,尤其是其他发展中国家,这对营造舆论环境十分有益。

在传播方法方面,为有效传播,应善用巧实力传达中国的基本取向和理念,批驳"中国威胁论""中国崩溃论""中国责任论"等负面论调。

（2）在中国国际传播方面,根据实际国情制定发展战略。在制定传播战略时,可以借鉴半岛电视台和新加坡国家媒体的经验并尊重国家历史,按照国家发展规律稳步推进。在国际传播手段方面,需要做到传播信息全面、真实、客观,并注重受众差异性和传播信息的针对性。传统媒体可以通过和新媒体的融合来提高综合能力,以建立中国自己的主流媒体品牌,提高国际话语权和舆论影响力。在新媒体时代,电视新闻应该尝试新的表现方法,做到更迅速、更开放、更透明。中国新闻媒体需要在面对任何不利于中国的消息和事件时,都能驾驭新闻报道,做到游刃有余,才能真正成熟。虽然新媒体时代新闻的播出渠道多了,播出新闻的形式和方法多了,但新闻的政治属性没有变。网络的虚拟空间特征决定了其自由性。因此,在传统媒体和新媒体融合和合作时,应始终注意传播的导向,坚持维护新闻真实性的基本原则。

（3）中国的国际传播力,不仅仅是媒体传播的概念和数据覆盖与落地的表现,而是多种因素综合作用的结果。良好的国家形象是国际传播的一个重要目标,而这需要中国加强公共外交和文化外交力量的发挥。构建软实力需要完善外交战略和塑造良好的国家形象,同时也需要大力开发文化资源。在加强文化形象塑造方面,文化作为国家的"无形资产"和软实力,具有重要作用。文化形象是国家形象的核心,反映着一个国家的民族精神。因此,中国在传播文化过程中需要深化国家意识,注重国家形象的塑造,并善于利用新媒体平台。

(4)为了提升中国的国际传播力,需要运用巧实力。媒体的"软实力"可以理解为将资源实力转化为传播实力的能力,而传播实力则包括节目的传播范围、时间长度和更新速度。通过巧妙地运用硬实力和软实力,以最小的资源消耗获得最大的效果回报,这就是"巧实力"。巧实力体现在品牌运作、传播效果和经营管理等方面。在进行新闻生产和文化传播时,中国需要善于使用巧实力以达到最佳传播效果。巧实力不同于硬实力和软实力,而是将两者整合运用的整体战略。因此,在主流媒体传播战略和公共外交战略中,中国也应该充分发挥巧实力的重要作用。

(5)中国国际传播的重要性不容忽视,同时,对中国品牌的传播也应当给予足够的重视。中国的国民和中国的产品是中国形象的主体之一。厦门大学陈路爱教授曾指出,新闻信息传播、文化传播和产品品牌形象传播是增强中国国际传播能力的三个平台。因此,中国制造和中国品牌的传播需要深入研究和探讨。在国际传播中,中国国际传播学者应该清晰认识到,中国的国际传播问题往往是各国博弈的结果。同时,传播中国的核心价值观是提升国际传播力的关键。中国国际广播电台原台长王庚年曾提出,争夺国际话语权的关键因素是中国的核心价值。中国的核心价值对国际话语权具有统摄力,是国际话语权的价值源泉。因此,只有突出自己的核心价值——中国价值,中国国际传播才能在国际舆论竞争中占有主导地位。

参考文献

[1]宫承波.新媒体的多维审视[M].北京:中国广播电视出版社,2008.

[2]匡文波."新媒体"概念辨析[J].国际新闻界,2008(6):66-69.

[3]彭兰."新媒体"概念界定的三条线索[J].新闻与传播研究,2016(3):120-125.

[4]景东,苏宝华.新媒体定义新论[J].新闻界,2008(3):57-59.

[5]陈力丹.自我传播与自我传播的前提[J].东南传播,2015(8):30-33.

[6]魏永征.关于组织传播[J].新闻大学,1997(3):31-34.

[7]胡勇,张翀斌,王祯学,等.网络舆论形成过程中意见领袖形成模型研究[J].四川大学学报(自然科学版),2008(2):347-351.

[8]尚志恒.新媒体技术[M].武汉:华中科技大学出版社,2021.

[9]匡文波.新媒体理论与技术[M].北京:中国人民大学出版社,2014.

[10]唐俊开.HTML5 移动 Web 开发指南[M].北京:电子工业出版社,2012.

[11]谭汪洋.5G 时代视觉传播的智能化突破与发展空间[J].新闻记者,2019(8):59-65.

[12]喻国明,王佳鑫,马子越.场景:5G 时代 VR 改写传播领域的关键应用[J].现代视听,2019(8):31-35.

[13]卢迪,邱子欣.5G 新媒体二大应用场景的入口构建与特征[J].现代传播(中国传媒大学学报),2019(7):7-12.

[14]彭兰.万物皆媒:新一轮技术驱动的泛媒化趋势[J].编辑之友,2016(3):5-10.

[15]孙宇,马晓丹.立体、叠加与拟真实:5G 时代传播场景升维的基本方向[J].中国出版,2020(19):43-46.

[16]约翰·帕夫利克.新媒体技术:文化和商业前最[M].2 版.北京:清华大

学出版社,2005.

[17]蒋宏.新媒体传播技术发展趋势研究[J].上海交通大学学报(哲学社会科学版),2008(6):31-38.

[18]熊澄宇.新媒体研究前沿[M].北京:清华大学出版社,2012.

[19]邱林川,陈韬文.新媒体事件研究[M].北京:中国人民大学出版社,2011.

[20]彭兰.中国新媒体传播学研究前沿[M].北京:中国人民大学出版社,2010.

[21]陈先红.新媒体与公共关系研究[M].武汉:武汉大学出版社,2009.

[22]保罗·莱文森.新新媒介[M].上海:复旦大学出版社,2011.

[23]蔡维德,郁莲,王荣,等.基于区块链的应用系统开发方法研究[J].软件学报,2017(6):1474-1487.

[24]秦书生.自组织的复杂性特征分析[J].系统科学学报,2006(1):19-22.

[25]金婷.浅析政务新媒体的发展现状、存在问题及对策建议[J].电子政务,2015(8):21-27.

[26]陈然."双微联动"模式下政务新媒体公众采纳的实证研究[J].电子政务,2015(9):46-51.

[27]贾哲敏.互联网时代的政治传播:政府、公众与行动过程[M].北京:人民出版社,2017.

[28]杨光斌.政治变迁中的国家与制度[M].北京:中央编译出版社,2011.

[29]安德鲁·查德威克.互联网政治学:国家、公民与新传播技术[M].任孟山,译.北京:华夏出版社,2010.

[30]曼纽尔·卡斯特.网络社会的崛起[M].夏铸九,王志弘,等译.北京:社会科学文献出版社,2020.

[31]布鲁斯·宾伯.信息与美国民主 技术在政治权力演化中的作用[M].刘钢,等译.北京:科学出版社,2011.

[32]戴长征,鲍静.数字政府治理:基于社会形态演变进程的考察[J].中国行政管理,2017(9):21-27.

[33]俞可平.治理与善治[M].北京:社会科学文献出版社,2004.

[34]韩兆柱,马文娟.数字治理理论研究综述[J].甘肃行政学院学报,2016
    (1):23-35.

[35]麦奎尔.麦奎尔大众传播理论[M].伦敦:伦敦塞奇大学出版社,2005.

[36]洛根.理解新媒介:延伸麦克卢汉[M].何道宽,译.上海:复旦大学出版
    社,2012.

[37]麦克卢汉.麦克卢汉如是说:理解我[M].何道宽,译.北京:中国人民大
    学出版社,2006.

[38]塞勒.移动浪潮:移动智能如何改变世界[M].邹韬,译.北京:中信出版
    社,2013.

[39]刘德寰,傅杰,崔凯.没有极限的未来[M].北京:机械工业出版
    社,2014.

[40]李曦珍.理解麦克卢汉:当代西方媒介技术哲学研究[M].北京:人民出
    版社,2014.

[41]董士海,王坚.人机交互和多通道用户界面[M].北京:科学出版
    社,1999.

[42]马歇尔·麦克卢汉.理解媒介:论人的延伸[M].何道宽,译.北京:商务
    印书馆,2000.

[43]喻国明,潘佳宝."互联网+"环境下中国传媒经济的涅槃与重生[J].国
    际新闻界,2016(1):42-52.

[44]蔡雯,黄金.规制变革:媒介融合发展的必要前提:对世界多国媒介管理
    现状的比较与思考[J].国际新闻界,2007(3):60-63.

[45]武志勇,赵蓓红.二十年来的中国互联网新闻政策变迁[J].现代传播
    (中国传媒大学学报),2016(2):134-139.

[46]郭全中.传统媒体转型的"一个中心"与"四个基本点"[J].现代传播
    (中国传媒大学学报),2015(12):104-110.

[47]张志安,曾子瑾.从"媒体平台"到"平台媒体":海外互联网巨头的新闻
    创新及启示[J].新闻记者,2016(1):16-25.

[48]黄楚新."互联网+媒体":融合时代的传媒发展路径[J].新闻与传播研
    究,2015(9):107-116.

[49]梁智勇.移动互联网入口竞争的市场格局及传统媒体的竞争策略[J].
新闻大学,2014(3):127-135.

[50]马锋.媒介深度融合呼唤观念转型[N].光明日报,2015-03-19(16).

[51]曹思宁.美国报业的数字化转型对中国报业的启示:皮尤《2016新闻媒
体状况》报告分析[J].新闻传播,2016(8):35,37.

[52]威尔伯·施拉姆.传播学概论[M].何道宽,译.北京:中国人民大学出
版社,2010.

[53]汤宇时.社交直播开启视频报道新阶段[J].中国传媒科技,2016(7):62
-63.

[54]严小芳.场景传播视阈下的网络直播探析[J].新闻界,2016(15):51
-54.

[55]杜江,杜伟庭."VR+新闻":虚拟现实报道的尝试[J].青年记者,2016
(6):23-24.

[56]陈功.保罗·莱文森的媒介演进线路图谱[J].当代传播,2012(2):27-
29,38.

[57]田智辉,张晓莉.纽约时报的积极转型与创新融合[J].新闻与写作,
2016(6):19-23.

[58]龚志伟,兰月新,张鹏,等.基于案例分析的网络谣言传播规律研究[J].
中国公共安全(学术版),2016(3):84-90.

[59]牛静.新闻传播伦理与法规:理论及案例评析[M].上海:复旦大学出版
社,2015.

[60]刘湘毅.我国网络色情类型与治理研究[J].视听,2016(1):128-129.

[61]迈克尔·J.奎因.互联网伦理:信息时代的道德重构[M].王益民,译.
北京:电子工业出版社,2016.

[62]陶月娥.论侵犯网络知识产权犯罪[J].辽宁警专学报,2005(6):
48-50.

[63]陶茂丽,王泽成.大数据时代的个人信息保护机制研究[J].情报探索,
2016(1):12-19.

[64]刘英花.新媒体环境下个人隐私的保护[J].青年记者,2015(13):

75-76.

[65]黄楚新,郭海威.论资本影响与媒体舆论的博弈[J].国际新闻界,2018(11):82-97.

[66]唐绪军.建强不易 用好更难[J].新闻与写作,2021(5):1.

[67]赵磊.强者通心:国际传播能力建设[M].北京:国家行政学院出版社,2022.

[68]刘国强.媒介身份重建:全球传播与国家认同建构研究[M].成都:四川大学出版社,2009.

[69]宫玉萍,赵刚.国际传播中的"软权力"与信息控制权[J].当代世界,2007(10):45-46.

[70]田智辉.论新媒体语境下的国际传播[J].现代传播(中国传媒大学学报),2010(7):39-42.

[71]匡文波,杨正.人工智能塑造对外传播新范式:以抖音在海外的现象级传播为例[J].对外传播,2018(10):11-13.

[72]刘波维.短视频社交平台传播力探析:以"抖音"App 为例[J].传媒,2018(19):53-54.

[73]梁国典.媒体融合转型与新型主流媒体建设研究[J].传媒,2019(13):66-70.

[74]王庚年.中国国际传播的三重境界[J].中国广播电视学刊,2013(11):29-31.

[75]张志洲.中国国际话语权的困局[J].人民论坛,2009(18):60.

[76]孟东方,王资博.中国梦的内涵、结构与路径优化[J].重庆社会科学,2013(5):12-23.